Pierre Bellemare
Jean-François Nahmias

Trahison

Documentation : Anne Deguy

Flammarion

ISBN : 978-2-0813-5132-5

Avant-propos

Avoir confiance… être sûr, certain que cet homme ou cette femme sont de confiance. Pouvoir leur confier votre avenir ou votre amour ou votre santé ou votre vie. Quelle merveilleuse qualité notre civilisation nous a donnée.

Pouvoir se reposer sur votre ami, votre frère, votre conjoint pour les choses les plus intimes, les plus secrètes, les plus dangereuses ; être retenu au-dessus du vide par une main qui ne vous lâchera pas, avoir confié son argent à une personne qui le fait prospérer. Remettre son enfant à une femme qui veillera sur sa sécurité.

Cette remarquable qualité n'est heureusement pas rare et notre vie est d'autant plus tranquille que nous sommes bien entourés.

Il y a pourtant un grand danger qui peut venir effacer le bonheur de votre vie. Cet ami, cette femme, ce camarade seront peut-être un jour amenés à vous trahir sans que vous ne vous en rendiez compte. Pire encore, il ou elle pourra volontairement vous tromper pour bénéficier de ce que vous avez construit et rendre lentement votre vie infernale.

Le traître est par sa dissimulation, son mensonge, porteur des pires malheurs qui vont détruire celui qui est sa victime. Le traître se dissimule derrière la confiance pour tromper la personne et rendre invivable son existence. Au bout, il y a le suicide ou le crime et c'est pourquoi la révélation de la traîtrise relève bien souvent de la justice. Voici dans les pages qui suivent le pire de l'homme : la trahison.

Pierre BELLEMARE

1

L'affaire Farewell

5 mars 1981. L'hiver s'attarde à Moscou. Alors qu'en Europe occidentale, le printemps est en avance, ici, il neige et il fait froid. Bien qu'il ait mis le chauffage, Luc Lemoine n'a pas chaud dans sa voiture. Il est garé depuis un bon moment dans cette large avenue qui borde le parc Lénine et celui qu'il attend n'est toujours pas là... Luc Lemoine est ingénieur chez Thomson, la grande firme d'électronique française. À près de quarante ans, il a brillamment conduit sa carrière et il a des responsabilités commerciales importantes en URSS. Pourtant, ce qu'il est en train de faire n'a rien à voir avec sa fonction ni avec ses compétences : il est en mission d'espionnage.

C'est son supérieur hiérarchique, Paul Parent, qui lui a demandé ce service. Bien entendu, il pouvait refuser, mais moralement il s'est senti obligé d'accepter. Et maintenant, le voilà engagé dans une aventure abracadabrante... Paul Parent lui a dit l'identité de l'homme qu'il allait rencontrer, sans lui préciser comment il le connaissait. Il s'agit d'un colonel du KGB, répondant au nom de Vladimir Vetrov. Il allait lui remettre des microfilms et en échange, il a demandé, selon ses propres termes, un « livre de poésie française ».

Un livre de poèmes en échange des secrets du KGB, cela semble une plaisanterie et pourtant, apparemment, ce n'en est pas une. Luc Lemoine s'est demandé comment trouver une telle chose à Moscou et il s'est souvenu qu'il avait emporté avec lui le *Lagarde et Michard XIXe siècle*, avec lequel il avait étudié. L'ouvrage est passablement défraîchi et il y a quelques annotations qu'il a faites lui-même en marge…

Luc Lemoine sursaute : perdu qu'il était dans ses pensées, il n'a pas vu l'homme s'approcher de sa voiture. La portière du passager s'ouvre, tandis qu'un courant d'air glacé pénètre dans le véhicule. Un Russe d'une cinquantaine d'années prend place à ses côtés. Il est de corpulence athlétique, avec un visage énergique, aux traits marqués par l'existence. Il enlève sa chapka couverte de neige et lui tend la main.

— Enchanté de faire votre connaissance, Monsieur Lemoine !

Il parle français avec un fort accent slave, mais avec aisance.

— Vous avez ce que j'avais demandé ?

Luc Lemoine lui tend le *Lagarde et Michard.*

— C'est mon ancien livre de classe. Il y a aussi des prosateurs, mais les poètes sont tous là.

Vladimir Vetrov le prend en main, indifférent à son aspect fatigué et le feuillette. Il a un large sourire.

— C'est bien, c'est très bien !… Vous êtes marié, Monsieur Lemoine ?

— Oui. Ma femme m'a accompagné ici.

— Vous habitez Paris ?

— Oui.

— Parlez-moi de Paris…

L'ingénieur dit ce qui lui passe par la tête, faisant naître un air ravi chez son interlocuteur.

— Je suis enchanté, Monsieur Lemoine, positivement enchanté ! Je ne veux plus rencontrer personne d'autre que vous. Vous le direz à Paul, n'est-ce pas ?

Il met sa main à sa poche et en sort un mince rouleau de pellicule.

— Tenez !… Vous avez là l'emplacement de tous les radars américains, les codes pour entrer à la maison blanche, les codes des ambassades américaines pour communiquer entre elles, les déplacements des sous-marins nucléaires français pour les six mois à venir et quinze personnalités de l'Ouest qui travaillent pour nous.

Luc Lemoine écoute, incrédule. Il n'y a rien à dire devant un tel discours. Il a, en revanche, un message à transmettre de la part de son supérieur.

— Avez-vous besoin d'argent ? Si oui, dites-moi combien.

Vladimir Vetrov hausse ses larges épaules avec irritation.

— Quel argent ? Ce que je vous donne n'a pas de prix ! Je fais cela pour que les choses changent.

Il se radoucit.

— Mais je veux bien une cassette du groupe Queen pour mon fils et une cassette de Léo Ferré pour moi. Et aussi, une bouteille de cognac.

Il ouvre la portière et tend de nouveau sa main.

— Nous nous reverrons. J'aurai bientôt des choses plus importantes pour vous.

Vladimir Vetrov, qui vient de se manifester d'une manière aussi étonnante dans la guerre des services secrets qui bat son plein entre l'Est et l'Ouest, est né en 1932, à Moscou. Sa famille est des plus modestes : son père est ouvrier, sa mère, illettrée, fait des ménages. Mais il est intelligent et travailleur : il fait d'excellentes études, entre dans une école d'ingénieur, se spécialise en électronique et obtient un poste dans une usine de machines à calculer.

Entre-temps, il a rencontré Svetlana, une étudiante en histoire, avec laquelle il s'est marié et il a eu un fils. Il mène une vie régulière et équilibrée, il se montre un époux et un père attentionné, il fréquente les salles de sport… Ce parcours exemplaire lui vaut d'être remarqué par les agents recruteurs du KGB. Vladimir est intéressé par leurs propositions et suit la longue formation des agents, il apprend l'anglais, le français et se forme aux différentes techniques d'espionnage.

En 1965, il est prêt et reçoit sa première affectation. Il est envoyé à l'ambassade d'URSS à Paris. Officiellement, il est attaché au développement du commerce soviétique avec la France. En fait, il fait de l'espionnage industriel et prend contact avec des ingénieurs français, afin d'obtenir, contre rémunération des matériels de haute technologie, interdits à l'exportation.

Il est difficile de dire l'enchantement que représente cette nouvelle existence pour Vladimir et Svetlana. Eux, qui sont issus d'un milieu modeste et qui ont vécu dans un triste appartement des faubourgs de Moscou, découvrent un confort et un niveau de vie qu'ils n'imaginaient pas. Ils sont logés rue de la Faisanderie, dans le XVIe arrondissement, et ont une belle voiture de fonction. Et puis, il y a la France. Ils sont l'un comme l'autre épris de sa langue et de sa culture, ils vont au cinéma, au théâtre, voir des concerts, ils sont fréquemment invités à de brillantes réceptions. Pour eux, ce sont les « années champagne », comme ils disent ; ils ne les oublieront jamais.

Vladimir Vetrov ne fait pourtant pas un travail ordinaire et, comme tous les employés de l'ambassade soviétique, il est fiché par la DST, le contre-espionnage français. Ses activités ne tardent pas à le faire repérer, mais le service préfère ne pas intervenir et se contente de le surveiller.

Un homme en est particulièrement chargé, Paul Parent, haut cadre chez Thomson et collaborateur occasionnel de la DST. Vladimir et lui se voient souvent et, bien vite, des relations d'amitié s'installent entre eux. Paul Parent garde un œil sur le Russe, mais il est charmé par son esprit et sa chaleur et il l'assure qu'il est prêt à lui rendre n'importe quel service. L'occasion ne va pas tarder à se présenter…

C'est la nuit… Le téléphone sonne dans l'appartement de Paul. Au bout du fil, Vetrov. Il a la voix embrouillée, il bute sur les mots. Il a visiblement beaucoup bu.

— Paul, il m'est arrivé un pépin. Il n'y a que vous qui pouvez me tirer de là !

— De quoi s'agit-il ?

— Ma voiture… J'ai eu un accident. Elle est très abîmée. Si mes chefs l'apprennent, je risque de graves ennuis…

Paul Parent ne manque pas de relations. Il fait remorquer le véhicule dans un garage et, quelques heures plus tard seulement, il est réparé. Vladimir Vetrov a désormais une dette envers lui. Elle va jouer un rôle capital.

Tout a malheureusement une fin. Après un séjour de cinq ans, Vladimir Vetrov doit retourner à Moscou. Il est affecté à un ministère technique, avant d'être envoyé au Canada. Mais le pays ne lui plaît pas et son travail non plus. Il ressent cette nouvelle affectation comme un désaveu. Il travaille mal, il se met à boire… La sanction est inévitable et elle tombe rapidement : au bout de seulement neuf mois, il est renvoyé en Union soviétique.

Il est nommé chef adjoint du département de l'information, responsable de l'espionnage technique à l'étranger. Il s'agit d'une fonction importante, puisqu'il a accès à l'ensemble des sources parvenant des informateurs occidentaux. C'est la preuve que, malgré son incartade canadienne, ses chefs lui gardent leur confiance.

Mais Vladimir ne l'entend pas ainsi. Il considère ce nouveau poste comme une sanction insupportable. Il n'a plus aucune fonction opérationnelle et il ne voit que cela. Il a beau faire partie des responsables du KGB, pour lui, c'est un placard… C'est un curieux personnage, Vladimir ! Paul Parent le trouvait généreux et il l'est certainement, mais il possède la contrepartie de cette qualité : il est emporté, excessif, coléreux et, dans le courant de l'année 1981, pour des raisons somme toute insignifiantes, il décide de franchir le pas, de passer à l'adversaire.

C'est cette psychologie si particulière qui va lui permettre de réussir… Bien entendu, les agents du KGB sont surveillés par leur hiérarchie, même les plus brillants, même les plus sûrs en apparence. Mais cette surveillance repose sur deux critères : la politique et l'argent. Si un membre du service ne semble pas sûr idéologiquement ou s'il manifeste des goûts de luxe, il ne tardera pas à être repéré et démasqué.

Ce n'est absolument pas le cas de Vetrov. Politiquement, il est du genre indifférent. Ce n'est pas un communiste acharné, mais il s'accommode sans problème du régime et lui a donné, en toute occasion, les preuves de sa fidélité. Quant à l'argent, c'est pour lui, quelque chose de secondaire. Il a des goûts modestes et peu de besoins.

À cela, il faut ajouter une dernière circonstance due à Vetrov lui-même. Lorsqu'il décide de livrer les secrets du KGB, il s'adresse à Paul Parent. D'abord en raison de la dette qu'il se sent envers lui pour l'histoire de la voiture. Mais aussi parce que le haut cadre de Thomson travaille avec la DST. Normalement c'est au SDECE, l'espionnage français, qu'il devrait s'adresser, pas à la DST, la Direction de la surveillance du territoire, qui, comme son nom l'indique, n'a pas vocation à opérer à l'étranger.

Mais Vladimir Vetrov sait – et il est bien placé pour le savoir – que la DST est beaucoup moins surveillée que le SDECE. Il prend donc contact discrètement avec Paul Parent et, comme ce dernier travaille à Paris et non à Moscou, il demande au cadre de la maison en place dans la capitale russe de remplir cette mission. Surpris et peu enthousiaste, Luc Lemoine se sent obligé d'accepter. Voilà comment il s'est retrouvé dans une artère glaciale de Moscou, pour ce rendez-vous, qui semble sorti tout droit d'un film d'espionnage.

La scène suivante a lieu à Paris, au mois de mai 1981. Entre-temps, il s'est produit un événement politique important : l'élection de François Mitterrand à la présidence de la République. L'entrevue se passe dans un café tout ce qu'il y a de plus banal. Elle réunit Luc Lemoine, qui se rend régulièrement dans la capitale au siège social de son entreprise, Paul Parent et un troisième personnage, Marcel Chalet, le directeur de la DST en personne, à qui les documents de

Vetrov ont été transmis... Luc Lemoine s'adresse à lui. Il est certain de ce qu'il va entendre.

— Alors, c'est bien un mythomane, n'est-ce pas ?

Mais le chef du contre-espionnage français secoue la tête négativement. Il s'exprime avec gravité.

— Ce sont les renseignements les plus importants depuis le début de la guerre froide.

Luc Lemoine en reste bouche bée.

— Je ne comprends pas !

— Je suis comme vous, je ne comprends pas. Nous avons d'abord pensé à une intoxication, à de fausses informations, mais non, tout est exact et cela va leur porter un coup terrible. Vous êtes sûr qu'il ne veut pas d'argent ?

— Absolument ! Il s'est presque fâché quand je lui en ai parlé.

— Qu'est-ce qu'il veut alors ?

— La prochaine fois : deux cassettes de variétés et une bouteille de cognac.

— Et contre cela, qu'est-ce qu'il vous a promis ?

— « Des choses plus importantes » : ce sont ses propres termes.

— « Plus importantes » : on se demande ce que cela peut être !... En tout cas, je compte sur vous !

Mais Luc se ferme.

— Justement, j'ai beaucoup réfléchi. J'ai accepté la première fois, mais je ne veux pas continuer, j'ai une famille...

— L'enjeu est trop grave, Monsieur Lemoine, et il ne veut parler qu'à vous.

Paul Parent intervient pour la première fois.

— Je confirme : il a repris contact avec moi, pour me le dire.

Le chef du contre-espionnage français lui pose la main sur l'épaule. Son ton est devenu solennel.

— Je comprends vos réticences et même vos craintes. Mais le hasard a fait de vous le personnage central de cette affaire. C'est la plus importante que j'aie connue, peut-être l'affaire du siècle. Je vous parle au nom du pays : vous ne pouvez pas refuser !

Luc Lemoine soupire… Effectivement, dans ces conditions, il ne peut pas refuser. Il hoche la tête en silence. Il ira au prochain rendez-vous avec Vetrov.

Marcel Chalet n'exagérait pas en parlant d'une affaire à l'échelle de tout le pays. Et elle ne va même pas tarder à prendre une ampleur internationale.

Le directeur de la DST est reçu un peu plus tard par le président de la République, qui, après son entrée en fonction, fait le tour des divers services, y compris les services secrets… François Mitterrand s'attend à un rapport de routine, au lieu de cela, c'est une véritable bombe que lui apporte Marcel Chalet. Il n'en revient pas.

— Vous êtes sûr que ce n'est pas un piège, que les informations sont exactes ?

— Absolument. Nous avons vérifié.

— Comment se fait-il que ce soit vous, et non le SDECE, qui soyez en charge de ce dossier ?

Marcel Chalet l'informe que c'est Vetrov qui l'a voulu et lui explique pourquoi il serait préférable que cela continue ainsi. Ensuite, il ajoute :

— Je me suis permis de donner un nom de code à l'affaire : « Farewell ».

— Pourquoi un nom anglais ? Pourquoi pas un nom français ?

— Parce que, si les Russes l'apprennent, ils penseront que ce sont les Américains qui sont en cause, pas nous.

Les Américains, ils vont entrer en scène rapidement… Ce n'est un secret pour personne qu'ils n'ont pas apprécié l'élection d'un président socialiste en France et, moins encore, l'entrée de ministres communistes au gouvernement. Dans ces conditions, la révélation de l'affaire Farewell va faire l'effet d'un coup de théâtre…

Au mois de juillet suivant, lors du G7, le sommet qui réunit chaque année les principaux dirigeants occidentaux et qui a lieu cette fois-ci à Montréal, Mitterrand demande un entretien en tête-à-tête avec son homologue Ronald Reagan et lui livre tous les documents.

Le président américain est effaré de l'efficacité des services secrets russes. Ainsi donc, ils ont démasqué toute la couverture aérienne des États-Unis, ils savent comment entrer dans la Maison Blanche et peuvent intercepter toutes les communications entre les ambassades ! Il va falloir prendre des mesures d'urgence et réparer les dégâts qui ont été commis depuis des mois, peut-être des années.

Mais en même temps, Reagan modifie radicalement son opinion sur le président français. L'aide la plus précieuse lui est venue de l'allié qu'il pensait le moins sûr... À la suite de cette entrevue, les rapports franco-américains ne seront plus les mêmes. Vladimir Vetrov vient de modifier de manière fracassante le cours de la politique internationale. Il n'a pas fini de le faire.

Car, à Moscou, le même manège continue. Vetrov continue de rencontrer Luc Lemoine, dans sa voiture ou ailleurs, et il continue de l'alimenter en documents. En échange, il demande du champagne ou du parfum pour sa maîtresse, car, maintenant, il a une maîtresse : Ludmilla, qui travaille au KGB, en qualité d'interprète.

Le Russe prend de moins en moins de précautions. Il agit avec une totale désinvolture et, de manière incroyable, il n'attire pas le moindre soupçon. Il annonce à son service qu'il ramène du travail à la maison et emporte des documents ultra-secrets dans des sacs plastiques. Luc Lemoine les transmet à un agent de la DST, qui les photographie et il les rend la fois suivante.

En même temps, l'humeur de Vladimir change. Il avait toujours été un peu fantasque, il devient sombre, tourmenté. Luc Lemoine, avec qui il a de longues conversations et à qui il fait désormais des confidences, est témoin de cette évolution.

Par moments, il s'en veut de tromper Svetlana, à laquelle il reste attaché. D'autre fois, il doute de la conduite de Ludmilla, qu'il soupçonne d'être volage. Et surtout, pour la première fois, il se pose des questions sur sa conduite.

— Je vis dans le mensonge, je trahis les miens et je ne peux en parler à personne, sauf à vous. Un jour, j'ai peur de craquer...

Il continue néanmoins à alimenter le Français de documents. Luc Lemoine n'est pas à même de juger de leur valeur, mais il peut apprécier leur quantité : il y en a de plus en plus. En échange, Vetrov ne demande toujours que des babioles.

Fin 1981, il annonce un nouvel envoi et il prévient que ce sera le dernier.

— Je vais vous faire passer la Liste X.

Il explique que ce sont les noms de quatre cents agents du KGB, chargés de recueillir des renseignements scientifiques partout dans le monde ; des gens que personne ne soupçonne, parfois haut placés dans le pays où ils sont et qui ont toujours obtenu des résultats remarquables.

Il précise :

— C'est grâce à eux que l'URSS tient le coup. Il faut que vous sachiez que l'espionnage représente 40 % de son budget militaire. Il n'y a presque plus de recherche scientifique. Toute l'innovation est copiée sur les Occidentaux.

Et il conclut :

— Avec ça, ils sont fichus !

La fameuse liste arrive à la toute fin de l'année 1981... La dernière entrevue des deux hommes est pénible. Ils savent l'un et l'autre qu'il n'y en aura pas d'autre. Luc Lemoine en est soulagé, mais pas Vetrov, qui a beaucoup bu. Sa parole est embrouillée, il semble au bord des larmes. Le Français ne peut s'empêcher d'être ému lui aussi, en lui posant la question dont l'ont chargé ses correspondants.

— Voulez-vous passer en France ? Tout est prêt et, une fois là-bas, votre sécurité sera assurée.

Mais Vladimir secoue la tête.

— Non. La Russie est mon pays. J'ai beau l'avoir trahi, c'est là que je veux vivre.

— Vous êtes en danger ! Un jour ou l'autre, ils vous découvriront.

— C'est là aussi que je veux mourir…

Et il quitte la voiture brusquement, en s'enfuyant presque, sans un mot d'adieu ni un serrement de main.

En tout cas, il n'a pas minimisé l'importance de ce dernier envoi. La « Liste X » porte un coup décisif à l'espionnage russe. À la suite de sa divulgation, le KGB ne fonctionne plus ou presque. D'autre part, les propos de Vladimir, retransmis par Luc Lemoine, parviennent au président français, et, par l'intermédiaire de ce dernier, au président américain.

Du coup Reagan, qui avait été effaré en découvrant l'étendue des informations découvertes par les Russes, comprend qu'ils ont obtenu ce résultat en dépensant des sommes considérables. D'autre part, maintenant qu'elle est quasiment sans service d'espionnage, l'Union soviétique est incapable d'un effort de haute technologie.

C'est dans ces conditions qu'il lance ce qu'on a appelé « la guerre des étoiles ». Il s'agit d'un projet de réseau de satellites ayant pour rôle la détection et la destruction de missiles balistiques adverses. L'URSS s'épuise en vain à suivre et c'est, de l'avis général, une des causes de sa chute.

Pour Vladimir Vetrov, le dernier acte est arrivé. Il est à la fois tragique et imprévu, ce qui est, dans le fond, conforme au personnage, qui, avec le temps, est devenu de plus en plus fantasque et même quelque peu déséquilibré.

Avec sa maîtresse Ludmilla, les rapports sont de plus en plus orageux, les brouilles succèdent aux réconciliations. Et c'est une réconciliation qui a lieu le 22 février 1982, dans la Lada de Vladimir, garée sur un parking de Moscou. Il débouche une bouteille de champagne, une des dernières qu'il lui reste de Luc Lemoine. Ils lèvent leurs verres et ils trinquent…

Que se passe-t-il alors ? Dit-elle quelque chose qui lui déplaît ? On ne le saura jamais. Toujours est-il qu'il se jette sur elle et tente de l'étrangler. Un policier, qui passait par-là ouvre la portière et tente de s'interposer, Vladimir Vetrov se retourne contre lui. Ludmilla s'en sort indemne, mais le policier est tué.

Passant en jugement peu après, Vladimir Vetrov est condamné à douze ans de prison, une peine relativement indulgente, compte tenu de la gravité des faits. Pendant le procès, il n'est pas fait mention d'espionnage. Son activité reste inconnue des autorités.

Celle-ci finit tout de même par le rattraper. Deux ans après le début de son incarcération, il est enfin identifié comme Farewell. À partir de là, on perd sa trace. Reconnu coupable de haute trahison, il est vraisemblablement exécuté d'une balle dans la nuque à la prison de Lefortovo, à Moscou, au cours de l'année 1985.

Ainsi s'est terminé ce qui a été sans doute la plus importante affaire d'espionnage du XXe siècle. Selon Marcel Chalet, Vladimir Vetrov a remis exactement 2 997 pages de documents du KGB, la majeure partie frappée du cachet indiquant le niveau de secret maximum. Et tout cela pour rien ou presque : en raison d'obscures rancœurs et en échange de maigres babioles.

L'affaire Farewell, c'est l'histoire d'un homme, qui, pour quelques bouteilles de champagne, quelques flacons de parfum et un *Lagarde et Michard*, a changé le cours de l'histoire.

2

Le premier traître

Benedict Arnold naît en 1741, à Norwich, dans le Connecticut. Il fait partie des colons aisés, qui mettent en valeur la colonie anglaise d'Amérique. Son père, armateur, mène un commerce actif avec l'Angleterre et le reste de l'Europe. Le jeune Benedict a une enfance heureuse, dans une période d'abondance et de prospérité, mais lorsqu'il prend à son tour la tête de l'entreprise familiale, les circonstances ne sont plus les mêmes.

Les relations se sont tendues entre les colons et les autorités britanniques. Le roi, qui a besoin d'argent dans ses coffres, accable ses sujets d'outre-Atlantique d'impôts et de taxes, qui finissent par leur devenir intolérables. Le mécontentement enfle, se durcit et débouche sur un soulèvement généralisé. C'est la guerre entre la métropole et les Américains insurgés.

Benedict Arnold est un des combattants les plus actifs. En 1775, il s'engage dans les milices du Massachusetts et multiplie les actions d'éclat contre les forts anglais. Mis au courant d'une expédition au Canada, il propose de former une seconde armée, qui suivra le chemin fluvial jusqu'à Québec. Il finance entièrement l'opération, ce qui lui vaut d'être nommé colonel par George Washington et le Congrès américain récemment élu.

Arrivé le premier à Québec, en décembre 1775, il ne peut remporter de succès décisif, les renforts qui lui avaient été promis n'arrivant pas et l'hiver empêchant la poursuite des actions. Il revient déçu et blessé, de surcroît, à la suite d'un affrontement. Il est alors affecté à des tâches défensives, dont il s'acquitte, d'ailleurs, à la satisfaction de tous. En avril 1777, notamment, il a le commandement des troupes qui protègent Philadelphie. Mais il brûle de reprendre le combat.

George Washington, qui croit en ses qualités, lui confie une armée et l'envoie au nord de New York. C'est ainsi qu'il participe à la bataille de Saratoga, le 17 octobre 1777, sous les ordres du général Horatio Gates. Sa bravoure et son esprit d'initiative permettent aux Insurgés de remporter une éclatante victoire, la première depuis le début de la guerre.

Bien que blessé à la jambe, Benedict Arnold peut espérer faire partie des dirigeants de ceux qu'on commence à appeler les Américains, mais c'est le contraire qui va se produire. Il est appelé à tenir un tout autre rôle, dans l'histoire du jeune pays en train de se constituer : celui du traître.

Tout de suite après la bataille de Saratoga, le général Gates l'accuse d'avoir désobéi à ses ordres. C'est probablement la vérité, mais sans doute son initiative hardie et imprévue est-elle à l'origine du succès. L'affaire n'a pas de suite, George Washington le soutenant encore une fois, mais elle l'affecte douloureusement.

Les problèmes physiques s'ajoutent à ses tourments moraux, car l'état de sa jambe s'aggrave et il est question de l'amputer. C'est à ce moment que le Congrès s'y met à son tour ! Il refuse de rembourser les sommes qu'il avait engagées sur sa cassette personnelle pour l'expédition au Canada. Arnold est obligé de batailler, de faire jouer les relations qu'il possède, pour, malgré tout, n'arriver à rien.

S'il a des amis, sur lesquels il peut compter, il a aussi des ennemis et ils sont nombreux. L'un d'eux le dénonce pour corruption, devant le Congrès. La tentative ne donne rien, mais, peu après, il passe devant une cour martiale, sur le curieux chef d'accusation de « malfaisance ». S'il est acquitté, il est encore une fois durement touché au plan moral. Il écrit à George Washington : « Devenu infirme en servant mon pays, je ne m'attendais pas à subir des réactions aussi ingrates. »

Une dernière circonstance l'affecte enfin : en 1778, les Insurgés deviennent les alliés des Français, qu'il exècre. Il s'agit d'un souvenir d'adolescence, remontant à la guerre entre les Français et les Anglais, qui se disputaient le Canada. En 1756, âgé de quinze ans, il s'engage dans une milice anglaise du Connecticut, mais sa formation est défaite par les troupes du roi de France. Celles-ci laissent leurs alliés indiens massacrer deux cents prisonniers anglais, sous les yeux du jeune Benedict Arnold...

Cette même année 1778, George Washington décide d'édifier, sur les collines dominant l'Hudson, au nord de l'État de New York, un fort destiné à barrer le chemin à l'ennemi britannique. L'endroit, au lieu-dit West Point, est éminemment stratégique. Les treize colonies insurgées seraient coupées en deux si le fort tombait aux mains des Anglais. Et, preuve de la confiance qu'il n'a jamais cessé de manifester à Arnold, Washington le nomme commandant du fort de West Point.

En 1780, Benedict Arnold se marie. L'élue de son cœur se nomme Peggy Shippen. Elle est charmante, blonde, avec un regard mutin et un petit nez retroussé. Elle est aussi beaucoup plus jeune que lui : elle vient d'avoir vingt ans, il en a presque quarante.

Il n'y a pas que l'âge qui les différencie, ils ne partagent pas les mêmes sentiments sur la situation politique. Le père de Peggy est loyaliste. Ce riche avocat, qui a des bureaux aussi bien à Boston qu'à Londres, est farouchement opposé à l'indépendance et sa fille partage plus ou moins son point de vue.

Lorsqu'elle s'installe à West Point, avec son mari, Peggy fait la moue devant cet endroit à l'écart de tout. Elle n'a aucune envie de vivre une existence de sauvage, même le temps de la guerre. De plus, elle n'a aucune sympathie pour ces Américains mal dégrossis, alors qu'en face, ce sont des gens civilisés, chez qui ils pourraient avoir une existence digne de ce nom… Dès lors, sa décision est prise, elle entreprend de faire le siège de Benedict. Un soir, au dîner, elle jette un regard méprisant sur la salle à manger du fort.

— Quel endroit sinistre ! On vous a bien mal récompensé de vos exploits !

— Il est vrai qu'on a été ingrat avec moi. Je l'ai dit à George Washington…

— Et qu'est-ce qu'il a fait pour vous ?

— Il m'a nommé ici. C'est un poste de confiance.

— Est-ce qu'il vous a nommé général ?

— Non.

— D'autres l'ont été, qui le méritaient moins que vous.

Benedict Arnold soupire sans répondre…

— Et l'argent que vous avez dépensé pour l'expédition au Canada et qu'on ne vous a pas remboursé. Vous trouvez cela juste ?

— Non, mais que faire ?

Ce qu'il faut faire, Peggy Benedict Arnold ne le dit pas encore à son mari, de crainte que l'idée de trahison le fasse reculer. Elle attend une occasion favorable. Et elle croit la trouver dans la victoire du général anglais Clinton, qui s'empare de Charleston, aux mains des insurgés, faisant cinq mille prisonniers dans leurs rangs.

— Après ce qui s'est passé à Charleston, les Anglais vont l'emporter.

— C'est à craindre…

— Pourquoi ne pas en profiter, au contraire ?

— Je ne vous suis pas.

— Passez de leur côté. Eux, ils vous rendront l'argent du Canada et ils vous accorderont le grade de général, vous pouvez en être sûr !

— Pourquoi feraient-ils cela ? Je les ai combattus sans relâche.

— Parce que vous leur apporterez quelque chose qui est sans prix pour eux : les plans du fort de West Point !...

Peu après, le général Rochambeau débarque à Newport, dans l'État de Rhode Island, à la tête de douze bataillons d'infanterie. La France s'engage résolument dans le confit et la victoire anglaise n'est plus du tout certaine, mais Arnold a franchi moralement le pas. Il ne reste plus à Peggy qu'à s'occuper des aspects concrets.

— Connaissez-vous quelqu'un chez les Anglais ?

— Non. Il y a longtemps que j'ai rompu avec eux.

— Moi, je connais quelqu'un, un ami de mon père, John André.

Peggy Arnold omet de dire qu'il s'agit surtout d'un ami à elle. C'est un de ses anciens amoureux, avec lequel elle a gardé des rapports amicaux, mais Benedict ne se montre pas curieux. Il lui écrit à l'adresse qu'elle lui donne et une correspondance s'engage entre les deux hommes. Un rendez-vous est fixé dans une cabane à égale distance du fort et du *Vulture*, un navire de guerre anglais ancré sur l'Hudson.

Benedict Arnold s'y rend sous prétexte d'une opération de reconnaissance. Il y rencontre un beau garçon d'une trentaine d'années, doué d'une incontestable distinction. D'origine suisse, André possède le grade de major, c'est-à-dire commandant, dans l'armée anglaise, mais par discrétion, il est habillé en civil.

Après les politesses d'usage, les deux hommes entrent dans le vif du sujet.

— Quelles sont vos exigences ?

— Soixante mille livres et le grade de général. En échange, je vous donne les plans de West Point.

— Pour le grade de général, cela ne pose pas de problème. Mais je ne peux pas vous donner les soixante mille tout de suite. Disons vingt mille et le reste quand nous prendrons le fort.

— Cela ira...

— Vous avez les plans sur vous ?

— Je les avais apportés en cas d'accord.

Benedict Arnold les sort de sa veste. John André les examine, les plie soigneusement et les dissimule dans une de ses bottes. Puis il remet vingt mille livres en pièces d'or à son interlocuteur. Après quoi, ils se séparent.

Si tout se passe bien pour Benedict Arnold, qui regagne West Point sans encombre, il n'en est pas de même pour André. Il retourne vers le *Vulture*, mais à l'endroit où il était amarré, il n'y a plus rien. Le navire de guerre, pris à partie par une batterie américaine, a choisi de se réfugier plus loin. Il pourrait attendre sur place, mais il préfère se rendre à New York à pied.

Mal lui en prend : il tombe en chemin sur trois miliciens indépendantistes, qui le fouillent et découvrent sur lui les documents compromettants. Il sera, par la suite, jugé pour espionnage et pendu. Quant à Benedict Arnold, il a la chance d'apprendre sa capture avant les autres militaires du fort. Il s'enfuit en toute hâte et réussit à monter sur le *Vulture*. Sa trahison a échoué, mais il est sain et sauf.

George Washington, pourtant trompé personnellement dans cette histoire, prendra la chose avec philosophie. Dans une lettre au général Rochambeau, il en tire cette leçon désabusée : « L'événement m'occasionne beaucoup de regrets et de mortification. Mais il y a des traîtres dans tous les pays et, dans une révolution de cette nature, il peut paraître étonnant qu'il n'y en ait eu qu'un. » Benjamin Franklin, autre dirigeant américain, se montrera moins modéré : « Judas avait vendu un homme, Arnold en a vendu trois millions ! »

Toujours est-il que l'intéressé ne manifeste pas de remords, se mettant sans état d'âme au service de ses nouveaux maîtres. À la tête de seize cents soldats anglais, il s'empare de la ville de Richmond. Mais s'ils lui confient des commandements, les Britanniques ne tiennent pas leur parole et se refusent à lui accorder le grade de général qu'il espérait. Quant à ses anciens compatriotes, il n'a pas d'illusion à se faire à leur sujet. Un prisonnier le renseigne sur le sort qui l'attend s'il se fait prendre.

— On coupera votre jambe, on l'enterrera avec les honneurs militaires et on pendra le reste !

Après la défaite de Yorktown, les Anglais se retirent de leur ancienne colonie et le rapatrient avec eux. Arnold reprend ses activités de commerce maritime, de l'autre côté de l'Atlantique. En 1792, se trouvant à la Martinique, il est fait prisonnier par les Français, qui l'accusent d'espionnage pour les Anglais et il manque d'être pendu. Il meurt, pauvre, malade et oublié de tous, à Londres, en 1801.

Mais s'il a été oublié des Anglais, il ne l'a pas été des Américains. Benedict Arnold a été le premier traître des États-Unis et il l'est resté à jamais. Le temps a passé, mais son nom est, là-bas, toujours synonyme de trahison. En 1861, lorsque les Sudistes ont fait sécession, ils ont été qualifiés d'Arnold par les Nordistes. Même de nos jours, plus de deux siècles plus tard, tout Américain sait qui il est et maudit sa mémoire. Et cet acharnement est sans doute moins injuste qu'il y paraît. Car, de toutes les conduites humaines, la trahison est celle qu'on a toujours jugée comme la plus odieuse et la moins digne de pardon.

3

Mariage en traître

Une chambre de clinique aux murs bleu pâle. Les stores vénitiens à moitié fermés laissent passer quelques rayons d'un beau soleil de printemps. Une femme blonde de quarante-cinq ans environ semble sur le point de se réveiller. De part et d'autre de son lit, deux corbeilles de fleurs où dominent les orchidées.

Une infirmière entre dans la chambre.

— Vous avez bien dormi, Madame ?

La malade ouvre un œil, puis les deux. Elle s'étire et se hisse sur son oreiller. C'est une jolie femme, malgré la pâleur de son teint.

— Il y a longtemps que je dors ?

— Une semaine.

La femme a un sursaut d'inquiétude :

— Une cure de sommeil ? Mais pourquoi ? Où suis-je ?

L'infirmière s'installe au chevet du lit.

— À la maison de repos Les Glycines. Vous avez fait une dépression nerveuse. Vous étiez dans un triste état lorsqu'on vous a amenée ici. Vous aviez tenté de vous suicider.

Dans l'esprit de la malade, les souvenirs reviennent rapidement. Elle s'appelle Dominique Comte. Elle est propriétaire d'une grande pharmacie à Orléans. Et puis il y a Laurent, Laurent Girault… Il l'a tant fait souffrir ! C'est sans doute à cause de lui qu'elle a fait cette dépression.

Mais elle ne se souvient absolument pas d'une tentative de suicide.

— Depuis combien de temps suis-je ici ?

— Deux mois. Vous êtes entrée le 15 février et nous sommes le 17 avril.

Le regard de Dominique Comte tombe sur sa main gauche. Elle pousse un cri.

— Mais c'est une alliance !

L'infirmière a un petit rire.

— Cela n'a rien d'étonnant, Madame…

D'un geste rapide, Dominique Comte enlève le bijou. Elle regarde la face intérieure de l'anneau et lit sans en croire ses yeux : « Dominique & Laurent 14-02-55 ». Elle balbutie :

— 14 février : c'est la veille de mon hospitalisation. Ce n'est pas vrai ! Ce n'est pas possible !

L'infirmière s'approche d'elle.

— Ne vous agitez pas, sans quoi je vais être obligée de vous faire une piqûre.

Mais Dominique Comte ne se calme pas, bien au contraire.

— Mariée avec Laurent ! Mais c'est faux ! Je n'ai jamais voulu l'épouser. C'est une erreur.

L'infirmière fait sans hésiter une piqûre à la malade.

— Voilà… Comme cela, vous allez vous détendre. Il ne faut pas dire des choses pareilles, Madame. Votre mari est si gentil. C'est lui qui vous a apporté toutes ces belles corbeilles de fleurs.

Dominique Comte sent le sédatif faire rapidement son effet. Avant de sombrer dans l'inconscience, elle murmure une dernière fois :

— Je ne suis pas mariée !

20 avril 1955. Dominique Comte achève sa valise dans sa chambre de la maison de repos Les Glycines. C'est aujourd'hui qu'elle s'en va. La veille, lors de la visite, le médecin-chef l'a trouvée complètement guérie. Dominique s'est bien gardée

de lui parler de cette histoire d'alliance et de mariage, mais elle est décidée à tirer la chose au clair avec Laurent, qui doit venir la chercher tout à l'heure.

Habillée avec goût, Dominique Comte n'est plus la malade au teint pâle d'il y a trois jours à peine. Elle s'est maquillée avec soin. C'est maintenant une femme pleine de charme.

À quarante-cinq ans, Dominique Comte a tout pour être heureuse. Outre sa beauté, elle est riche, très riche. De ses parents, morts quand elle était adolescente, elle a hérité cette pharmacie, une des plus importantes d'Orléans. Dominique a beaucoup de bon sens et l'esprit de décision. Elle a su développer son commerce, faire des placements avantageux. En un mot, elle a réussi.

Mais si elle est remarquablement douée sur le plan professionnel, elle a toujours été une instable sur le plan sentimental. Cela fait quatre ans qu'elle vit avec Laurent Girault, de vingt ans son cadet. Laurent est artiste peintre ou du moins se prétend tel, car il ne peint jamais. Dominique sait bien que Laurent vit à ses crochets et que tout ce qui l'intéresse, c'est son argent. Elle se l'est dit cent fois. Mais Laurent est sa faiblesse. Seulement, l'épouser, jamais !

Dominique Comte fait la grimace… Qu'a-t-elle fait dans les jours qui ont précédé son internement ? Pas plus que de ce mariage gravé sur l'alliance, elle n'a de souvenir d'une tentative de suicide. Elle sait simplement que, les derniers temps, elle ressentait un grand vide et qu'elle multipliait les tranquillisants et les somnifères, qu'elle prenait à la pharmacie.

Dehors, une luxueuse voiture s'arrête devant le perron, en crissant sur le gravier. Madame Comte se penche à la fenêtre. Laurent n'a pas changé : il est toujours ce grand garçon brun et souriant, il est vêtu d'un costume de sport d'un goût raffiné, on dirait une photo de mode.

Après les retrouvailles, au cours desquelles Laurent se montre particulièrement empressé, Dominique se retrouve à ses côtés dans la voiture. Elle se décide à aborder sans attendre le sujet qui la préoccupe. Elle désigne son annulaire gauche.

— Qu'est-ce que cela veut dire ?

Laurent Girault ne répond pas directement.

— Tu es heureuse, ma chérie ?

Dominique Comte s'impatiente.

— Mais enfin, quelle idée d'avoir fait faire cette alliance pendant que j'étais à la clinique et de me l'avoir mise au doigt ? C'était par souci de respectabilité vis-à-vis du personnel ?

Le jeune homme sourit de toutes ses dents éclatantes.

— Qu'est-ce que tu racontes ? Nous sommes réellement mariés !

Il prend tout à coup une expression attristée.

— Tu ne te souviens pas ?

— Arrête ce jeu stupide !

Laurent parle toujours avec la même douceur.

— Chérie, c'est toi-même qui me l'avais demandé...

Dominique a l'impression de vivre un mauvais rêve.

— Tout cela n'a pas de sens. Pour se marier, il faut publier les bans, il faut des témoins, aller à la mairie.

— Mais j'ai publié les bans dès que tu me l'as dit. Nous avions comme témoins la bonne et le jardinier. Quant à la mairie, nous n'y sommes pas allés. Vu ton état, le maire du village s'est déplacé : le mariage a eu lieu chez nous.

— C'est une plaisanterie ! Tu dis cela pour me faire marcher.

Laurent ne sourit plus. Il répond sérieusement et même un peu sèchement :

— Je te montrerai notre livret de famille en arrivant à la maison.

Dominique est devenue livide.

— Et sous quel régime sommes-nous mariés ?

— Sous le régime de la communauté, ma chérie. Tu as signé toi-même les papiers...

Cette fois Dominique Comte – ou plutôt Dominique Girault – a compris qu'il ne s'agissait pas d'un mauvais rêve mais d'une incroyable réalité.

Elle regarde Laurent comme elle ne l'avait jamais regardé jusqu'à présent, avec stupeur, avec dégoût... Il sourit de nouveau à présent, sûr de lui, dans son costume dernière mode qu'il s'est offert avec son argent, comme la voiture, comme tout le reste. Elle explose :

— Salaud ! Ignoble salaud ! Pourquoi ne m'as-tu pas simplement fait signer une procuration pour la banque ? Tu aurais raflé tout ce qu'il y a sur le compte ! Cela aurait été plus vite !

Laurent Girault a l'air franchement peiné.

— Tu n'es pas tout à fait remise, ma chérie. Tu verras, je vais te soigner...

La voiture pénètre dans une vaste propriété d'un village des environs d'Orléans, Dominique Comte prend sa valise sur le siège arrière et se rue dans la maison. Elle appelle Luisa, la domestique, et court s'enfermer dans sa chambre. Quelques instants plus tard, on frappe à sa porte. Luisa, brunette d'une vingtaine d'années, lui sourit gentiment.

— Comme je suis heureuse de vous voir, Madame !

Dominique lui coupe la parole :

— Luisa, est-ce que je suis mariée avec Monsieur Laurent ?

— Mais bien sûr, Madame.

— Vous étiez là ?

— Mais bien sûr.

— Et j'ai dit « oui » !

— Vous avez dit « oui » !

— J'avais l'air... bien ?

— Ça, je ne peux pas dire, Madame. D'ailleurs, c'est le lendemain matin que je vous ai trouvée dans votre chambre après que vous avez essayé de...

Dominique Comte fait signe à la domestique de se retirer... Maintenant, les souvenirs lui reviennent tout à fait. Oui, elle a bien tenté de se suicider en absorbant un tube entier de médicaments. La trahison de Laurent ! C'était cela la cause de sa dépression et de sa tentative. Elle avait découvert qu'il avait pour maîtresse la jeune laborantine de la pharmacie. Et le mariage, il lui revient aussi. Il figurait bien dans sa mémoire, mais comme quelque chose de flou, de crépusculaire, comme les rêves qu'on a oubliés.

Dominique se dirige vers sa table de nuit pour y prendre un tranquillisant, mais elle s'arrête au milieu de son geste… Une idée affreuse vient de la traverser. Tout à l'heure, elle a dit à Laurent qu'il aurait été plus simple de profiter de sa confusion mentale pour lui faire signer une procuration à la banque. Laurent y avait sans doute pensé. Mais ce n'était pas quelques millions pris sur son compte qu'il voulait, c'était toute sa fortune. Elle n'a pas d'enfant. Maintenant, il est son seul héritier. Avec tous les somnifères qu'elle prend chaque soir, elle ne sait pas ce qui peut se passer pendant son sommeil. Quoi de plus facile que de lui en faire absorber quelques-uns de plus ? Elle sort de clinique psychiatrique, après une tentative de suicide. Il n'y aura même pas d'enquête. Dominique Comte sent un affreux engourdissement l'envahir. Elle est prise au piège !

Quelques heures plus tard, Dominique Comte se trouve en face du commissaire Chenaud, d'Orléans. Elle a dit à Laurent qu'elle allait faire des courses en ville et il a semblé ne se douter de rien.

Le commissaire Chenaud l'a reçue sans attendre. Dominique le connaît bien. Sa pharmacie est dans son secteur et elle a déjà eu affaire à lui pour deux vols dont elle a été victime. Le commissaire se tient derrière son bureau, les mains croisées, l'air attentif… Va-t-il la croire ? Tout le problème est là. Peut-on croire quelqu'un qui sort d'asile et qui vous raconte une histoire aussi invraisemblable ?

— Alors, chère Madame, il y a un problème ?

Dominique Comte se jette à l'eau. Sans reprendre son souffle, elle raconte tout ce qui s'est passé et elle fait part des terribles soupçons qu'elle a conçus contre Laurent Girault.

Quand elle a terminé, le commissaire Chenaud reste quelques instants silencieux et prononce :

— Je crois que je vais vous faire interner…

Dominique est secouée par un sanglot de désespoir.

— Je vous en supplie, Monsieur le Commissaire ! Vous devez me croire. Je suis guérie, je vous assure !

— Mais je vous crois, Madame, et c'est justement pour cela que je veux vous faire interner. Je pense qu'effectivement vos jours sont en danger. À la clinique, vous ne courrez plus aucun risque.

Dominique Comte, qui passe par tous les stades de l'émotion, en rit de joie.

— Merci, Commissaire, merci ! Vous me sauvez la vie !

— Je suis là pour cela... Vous m'avez dit que votre mari – puisque c'est bien votre mari, hélas – avait une maîtresse. Pouvez-vous me donner son nom ?

— Bien sûr : Silvani... Sylvie Silvani.

— Pour l'instant, cela me suffira. Je signe une demande d'internement. Une ambulance va venir vous chercher. Vous n'aurez pas besoin de rentrer chez vous.

Quelques minutes plus tard, le commissaire Chenaud se trouve devant Sylvie Silvani. La pharmacie de Madame Comte où la jeune fille travaille comme laborantine n'est, en effet, qu'à une centaine de mètres du commissariat. Sylvie Silvani a l'air inquiet et troublé. Le commissaire décide de profiter de son avantage en attaquant sèchement.

— Je sais tout, Mademoiselle, et je crois que j'arrive à temps.

— Tout quoi ?

— Le meurtre que voulait commettre Laurent Girault, votre amant, sur la personne de celle qui est maintenant sa femme.

— Qu'est-ce que c'est que cette histoire ?

Le commissaire Chenaud regarde la jeune fille bien dans les yeux.

— C'était très bien combiné, presque le crime parfait. Seulement, Madame Comte a eu des soupçons et elle m'en a fait part. Maintenant, s'il lui arrive malheur, il y aura une enquête. Lui, il sera accusé de meurtre et vous de complicité.

Sylvie ouvre la bouche, mais reste muette.

— Dites-moi ce que vous savez, Mademoiselle. Une intention de meurtre n'est pas un délit. Vous ne serez pas poursuivie et je pense que lui non plus.

La laborantine baisse la tête.

— Oui, c'est vrai. Tout est vrai. Il devait m'épouser une fois veuf. Je regrette…

Lors du procès, qui a eu lieu six mois plus tard, Dominique Comte a obtenu l'annulation de son mariage, qui a été reconnu prononcé contre son gré. Ainsi que le commissaire Chenaud l'avait dit, Laurent Girault n'a pas été poursuivi, puisqu'il n'avait, aux yeux de la loi, commis aucun délit.

Sa seule punition a été de se retrouver à la rue sans un sou et c'était sans doute cela qui pouvait lui être le plus pénible. Ce n'est d'ailleurs pas tout à fait exact, Laurent n'est pas parti les mains vides, Dominique lui a fait un cadeau de rupture : son alliance.

4

Le traître au visage d'ange

Nous sommes au mois de mars 1636. Un jeune homme vient de faire son entrée au château de Saint-Germain où se trouve en ce moment la cour de France. Il a seize ans et un visage d'ange... Henri Coiffier de Ruzé d'Effiat, marquis de Cinq-Mars, est le fils d'Antoine Coiffier de Ruzé, ancien surintendant des Finances et maréchal de France, mort aux armées. Ce dernier était un ami très proche de Richelieu, qui a promis de s'occuper de la carrière de son fils dès qu'il serait en âge.

Le marquis de Cinq-Mars est introduit dans le cabinet de travail du cardinal. Il ne peut s'empêcher d'être impressionné par celui qu'il a en face de lui : cette haute silhouette tout de rouge vêtue, ce profil d'aigle, cette barbiche et cette moustache poivre et sel, il les connaissait par ouï-dire, maintenant il est en présence de celui qui dirige les destinées de la France. Le jeune homme balbutie :

— Monsieur le Cardinal, je vous suis infiniment reconnaissant...

De son côté l'homme en rouge, tout en coupant court à ses remerciements et en le priant de prendre place, l'étudie attentivement. Il a rarement vu quelqu'un d'aussi bien fait de sa personne. Le jeune marquis est beau comme un cœur : un visage gracieux mais pas efféminé, de longs cheveux châtain clair bouclés, un sourire charmant.

Le cardinal de Richelieu réfléchit… Depuis son entrée au conseil royal, en 1624, il a progressivement gagné la confiance du souverain et c'est lui qui conduit réellement l'État. Sa politique vise à accroître le pouvoir royal face à la noblesse et à s'opposer aux ambitions de l'Espagne, ce qui lui attire l'hostilité des privilégiés, qui ne supportent pas d'être rabaissés, et du parti catholique, qui lui reproche de s'allier à des princes protestants contre les Espagnols.

Cette hostilité, jointe à celle de la reine Anne d'Autriche, qui ne l'aime pas, fait du cardinal un colosse aux pieds d'argile. Il mène la France avec énergie, mais sa puissance ne tient qu'à la faveur du roi. Or, Louis XIII est ombrageux et versatile, il écoute volontiers les uns et les autres et, s'il lui retire sa confiance, il n'est plus rien.

Justement, depuis quelque temps, la confidente de Louis XIII est une certaine Mlle de Hautefort, demoiselle d'honneur de la reine, qui déteste le cardinal et qui fait tout pour le discréditer. C'est pourquoi, en découvrant le jeune fils de son ami disparu, Richelieu vient d'avoir une idée : il va le faire entrer dans l'entourage du roi, en espérant qu'il supplantera Mlle de Hautefort.

S'il n'est âgé que de trente-cinq ans, Louis XIII a prématurément vieilli et, avec le temps, ses goûts ont changé : il a un penchant de plus en plus prononcé pour les hommes. Il n'est pas véritablement homosexuel, comme l'avait été son aïeul Henri III, avec ses mignons, tout reste au plan des sentiments, mais ceux-ci peuvent être très vifs. Alors pourquoi ne pas essayer avec cet adolescent que le hasard lui envoie ?… Le cardinal sourit au marquis de Cinq-Mars. C'est décidé, il va faire entrer le jeune homme dans l'intimité du roi !

Le résultat va dépasser tout ce qu'il imaginait.

Dès leur première rencontre, Louis XIII s'enflamme pour le jeune homme. Au bout de quelques semaines, il le fait capitaine de ses gardes. Il le veut toujours auprès de lui, il l'emmène dans ses distractions, à la chasse, pour s'occuper de ses oiseaux, sa passion depuis toujours. Tant et si bien que, deux ans plus tard, le marquis de Cinq-Mars est nommé Grand maître de la garde-robe.

C'est là que la cour peut voir l'ascendant qu'il a pris sur le souverain. Depuis quelque temps déjà, Louis XIII versait dans l'austérité et la piété, il ne portait, en particulier, que des tenues sombres. Mais voilà que son maître de la garde-robe décide de changer tout cela.

— Allons, Sire, vous êtes jeune et bien fait, il faut vous mettre en valeur !

Et le roi se laisse convaincre par celui qu'il n'appelle plus que « Mon cher ami ». On le voit apparaître en jaune, en vert, en rouge, avec une flopée de dentelles et de rubans… Quelqu'un d'autre ne tarde pas à éprouver le pouvoir du nouveau favori. Un beau jour, Cinq-Mars dit au souverain :

— Mlle de Hautefort m'a encore mal parlé. Je ne veux plus la voir. C'est elle ou moi !

Elle est disgraciée le jour même et priée de se retirer dans un couvent. Richelieu triomphe : son plan a réussi ! Son protégé a supplanté son ennemie auprès du roi.

Seulement, à partir de ce moment, rien ne se passe comme prévu. Cinq-Mars ne songe nullement à ce qu'il doit au cardinal et à parler en sa faveur au souverain. Il ne pense qu'à lui-même. Il en veut toujours plus. Son appétit n'a d'égale que sa jeunesse. Il demande à être nommé Grand écuyer et il obtient satisfaction. La charge de Grand écuyer ne confère aucun pouvoir particulier, elle est purement honorifique, mais elle est une des plus prestigieuses qui soit. Tout le monde appelle son possesseur « Monsieur le Grand », y compris le roi. Voici donc le marquis de Cinq-Mars devenu « Monsieur le Grand ». Il a dix-neuf ans !

À la cour, il n'est plus question que des relations tumultueuses entre le souverain et Monsieur le Grand. Ce ne sont que brouilles retentissantes, suivies de réconciliations tout aussi bruyantes. Cinq-Mars est grisé par la faveur du roi, mais, en même temps, elle l'étouffe. Car, lui, il aime les femmes et avec toute l'ardeur de sa jeunesse ! Il ne supporte pas Saint-Germain où le roi se tient le plus souvent et il s'enfuit à Paris la nuit, pour rejoindre ses maîtresses. Celle qui a sa préférence est Marion Delorme, une ravissante courtisane, qui reçoit ses galants dans son hôtel du Marais.

Bien entendu, le roi le fait suivre par ses espions, dont les comptes rendus déchaînent sa jalousie. Bien souvent, cela donne lieu à des scènes de ce genre :

— C'est maintenant seulement que vous arrivez, Monsieur le Grand ? Mon lever est passé depuis une heure !

— Mon valet ne m'a point éveillé, Sire.

— Avec ce visage chiffonné, ce teint pâle, à qui ferez-vous croire que vous avez passé la nuit seul ? Vous êtes encore allé dans le Marais, Monsieur le Grand, vous êtes allé voir cette courtisane !

— Je vous assure…

— Toute la nuit dans les bras d'une femme, alors que je vous ai donné mon amitié !

— Et quand cela serait ?

— Ah, tu avoues !… Alors, retourne dans ton Marais.

— J'y vais de ce pas ! Adieu, Sire !

Le Grand écuyer quitte la pièce et revient peu après, en implorant le pardon du roi, qui ne peut le refuser et qui ouvre les bras à son « cher ami »…

Mais Cinq-Mars ne se partage pas seulement entre les tête-à-tête avec le souverain et le lit de Marion Delorme, il a entrepris une cour assidue auprès de la princesse Marie de Gonzague. La jeune femme a dix ans de plus que lui et elle ne tarde pas à perdre la tête pour le favori au visage d'ange. Il la presse de l'épouser. S'il ne tenait qu'à elle, elle dirait « oui » tout de suite, seulement, elle n'a pas le droit de commettre une telle mésalliance. Car Cinq-Mars a beau être marquis, ce n'est rien du tout comparé à un rang princier.

— Mon mari doit être au moins duc et pair. C'est ce qu'exige ma famille.

— Je suis Grand écuyer.

— C'est une fonction, pas un titre de noblesse.

— Alors, je serai duc et pair…

À part les princes, un duc et pair est ce qu'il y a de plus haut dans la noblesse. Sans se rendre compte de ce qu'une telle prétention a d'exorbitant, le jeune homme se met en devoir de le devenir et, avec une rare naïveté, il s'en ouvre à Richelieu.

— Votre Éminence, la princesse de Gonzague et moi voulons nous marier.

Le cardinal n'a aucune raison de se montrer aimable avec quelqu'un qui le sert si mal, de plus, Marie de Gonzague est son ennemie acharnée. Il répond avec mépris :

— Je ne crois pas que la princesse ait tellement oublié sa naissance qu'elle veuille s'abaisser à un si petit compagnon.

— C'est pourquoi je sollicite la faveur de devenir duc et pair.

C'est tellement énorme que son interlocuteur éclate de rire sans répondre. Cinq-Mars est piqué au vif.

— Dans ce cas, je demanderai au roi.

— Je doute que Sa Majesté vous entende…

Quand, peu après, le Grand écuyer présente sa requête au roi, il n'obtient aucune réponse et, chaque fois qu'il aborde le sujet par la suite, ce dernier détourne la conversation. Cinq-Mars comprend que le cardinal de Richelieu a parlé contre lui à Louis XIII et il comprend aussi qu'il a plus de pouvoir auprès du roi que lui-même. Alors, fou de rage, il n'hésite pas. Puisque le cardinal est le principal obstacle à ses ambitions, le cardinal doit disparaître !

À la cour, ce ne sont pas les intrigues, voire les complots véritables qui manquent contre Richelieu, que toute la noblesse ou presque déteste. Jusque-là, Cinq-Mars, qu'on supposait son protégé, en était tenu à l'écart, mais il s'emploie à faire quelques critiques contre Son Éminence et plusieurs personnes se rapprochent de lui : François de Thou, conseiller au parlement, le marquis de Fontrailles et le duc de Bouillon. Les rapports qu'a Cinq-Mars avec le roi en font un élément précieux et il est traité avec les plus grands égards… C'est de Thou qui est, plus précisément, chargé de lui parler.

— M. de Fontrailles et M. de Bouillon sont d'avis de vous faire Premier ministre une fois le cardinal éliminé. Et d'autres personnes, plus hautes encore, sont du même avis.

— Plus hautes encore ?

François de Thou baisse la voix.

— Monseigneur d'Orléans et la reine.

Gaston d'Orléans, frère cadet du roi, n'a, en effet, jamais cessé de comploter contre son frère, depuis son accession au trône, mais son rang l'a, jusqu'ici, protégé. Quant à Anne d'Autriche, elle semble avoir eu une inimitié personnelle, dont elle n'a jamais dit la cause, contre Richelieu… Cinq-Mars s'anime :

— Quand le cardinal doit être assassiné ?

— Rien n'est encore décidé. En attendant, vous avez un rôle décisif à jouer.

— En quoi faisant ?

— En parlant au roi. Vous êtes le mieux placé pour le faire…

Cinq-Mars parle donc pour la première fois au roi contre le cardinal. Mais, de nouveau, il s'aperçoit que l'influence de ce dernier est supérieure à la sienne.

— Le peuple n'aime pas le cardinal, Sire, la noblesse non plus.

— C'est possible…

— Vous êtes le roi. Que ne le renvoyez-vous !

— Tout beau, Monsieur ! Le cardinal de Richelieu est le plus grand serviteur que la France ait eu. Je ne saurais me passer de lui.

Et Louis XIII ajoute :

— Le jour où il se déclarerait contre vous, je ne pourrais pas vous conserver.

Cinq-Mars est bien obligé, dans ses rapports à ses complices, d'avouer qu'il n'arrive pas supplanter le cardinal dans l'esprit du roi. Alors, les conjurés décident de franchir un pas supplémentaire... La France est en guerre contre l'Espagne. Ils vont s'entendre avec elle pour éliminer le cardinal. Un traité de paix est élaboré. La France cédera plusieurs de ses places fortes et renoncera à ses alliances avec les princes protestants. En échange, l'Espagnc fournira aux conjurés une armée de douze mille fantassins et six mille cavaliers. Gaston d'Orléans recevra une rente annuelle de cent vingt mille livres et le duc de Bouillon et Cinq-Mars une rente de quarante mille livres chacun. Fontrailles va rencontrer secrètement le comte d'Olivares, Premier ministre du roi d'Espagne, et lui fait signer le traité.

Pendant ce temps, la guerre se poursuit. Le cardinal de Richelieu et le roi se rendent au siège de Perpignan, en deux cortèges séparés. Dans l'un se trouve Richelieu, dans l'autre le roi et son favori. Louis XIII traverse alors une des périodes d'abattement qui s'emparent de lui périodiquement. Il se plaint d'être devenu l'esclave de son Premier ministre. Cinq-Mars saute sur l'occasion.

— Chassez-le donc !

— Ce n'est pas si simple...

Le jeune homme s'enhardit.

— La voie la plus sûre serait de le faire assassiner dans votre appartement où ses gardes n'entrent pas.

Il y a un silence... Le roi va-t-il entrer en fureur, voire faire arrêter sur-le-champ l'auteur de cette proposition criminelle ? Non : il se contente de rétorquer faiblement :

— Il est cardinal et prêtre, je serais excommunié...

Le Grand écuyer rapporte cette conversation à ses complices et ceux-ci, encouragés par l'attitude ambiguë du roi, décident de passer à l'action à Lyon où il est prévu que les deux cortèges se rejoignent. Le jour fatidique a lieu le 17 février 1642. Cinq-Mars est avec le roi, lorsque le cardinal fait son apparition. Va-t-il se saisir de son épée ? Il hésite et, au dernier moment, renonce. L'occasion ne se représentera pas.

Richelieu tombe brusquement malade. Il est obligé de laisser continuer Louis XIII jusqu'à Perpignan. Il a toujours été admirablement renseigné et il sait que Cinq-Mars complote contre lui, même s'il ne connaît pas exactement la nature de son action. Il souffre, il est cloué au lit et il est impuissant. Va-t-il tomber en disgrâce ? Heureusement pour lui, une lettre du roi le rassure : « Quelque faux bruit qu'on fasse courir, je vous aime plus que jamais. Il y a trop longtemps que nous sommes ensemble pour être désormais séparés. »

Les opérations militaires se poursuivent. Le siège de Perpignan se déroule, semble-t-il, favorablement pour les troupes françaises. De son côté, Richelieu, toujours alité, se morfond à Lyon. Mais le 11 juin, un courrier va le tirer de sa morosité. C'est, ni plus ni moins, une copie du traité signé entre les conjurés et les Espagnols. L'envoi est anonyme, mais il émane sans aucun doute de la reine Anne d'Autriche. Au dernier moment, elle a changé de camp. Elle a d'abord prêté l'oreille à l'entreprise et elle a été mise au courant de tout, mais elle a trop le sens de l'État pour accepter une telle trahison. Sa détestation du cardinal ne saurait l'amener à telles extrémités.

Ce dernier ne perd pas de temps. Dès le lendemain, un de ses proches, le comte de Chavigny, est à Perpignan et montre le traité au roi. Au début, Louis XIII ne veut pas y croire. Il pense à une manœuvre de Richelieu pour perdre Cinq-Mars. Mais il se ravise. Le cardinal est un homme dur, pas un monstre. Il n'accuserait pas mensongèrement quelqu'un de haute trahison.

Il lit et relit ces lignes terribles. Et c'est, en définitive, la pension annuelle de quarante mille livres promise au jeune homme, qui le convainc. Il prononce plusieurs fois, d'une voix blanche :

— Quel saut a fait Monsieur le Grand !

Chavigny s'enquiert respectueusement :

— Quelles sont vos volontés, Majesté ?

— Que le cardinal fasse le nécessaire !

On peut compter sur Richelieu pour aller vite. Il crée une commission spéciale, présidée par le chancelier Séguier, ministre de la Justice. Les conjurés ont pourtant le temps de se réfugier à l'étranger. Mais Cinq-Mars décide de rester en France, sûr de son ascendant sur le roi. Cette fois encore, il a présumé de son pouvoir. Il est arrêté à Narbonne où il se cachait. François de Thou est appréhendé lui aussi.

Le procès est fixé à Lyon. En chemin, la commission s'arrête à Villefranche-sur-Saône où l'attend Gaston d'Orléans. Le frère du roi se montre aussi lâche qu'il avait été fourbe. Il ne nie pas sa participation au complot, mais il charge Cinq-Mars.

— C'était lui le chef. Moi, j'avais seulement accepté de prêter mon concours en cas de réussite. Et ce n'est pas tout !...

Le frère du roi raconte alors, chose que Séguier et la commission ignoraient, la tentative d'assassinat du cardinal de Richelieu, à Lyon. C'est le jeune marquis qui en était plus précisément chargé.

Encore une fois, Gaston d'Orléans parvient à se tirer d'affaire. Le chancelier décide qu'il ne sera entendu qu'à titre de témoin, il ne figurera pas au nombre des accusés. Ceux-ci ne seront que deux : Cinq-Mars et François de Thou. Les autres ont réussi à échapper aux poursuites : le marquis de Fontrailles est resté à l'étranger et le duc de Bouillon a acheté son pardon, en cédant à la France la place forte de Sedan, qui lui appartenait...

Dès son arrivée à Lyon, le 9 septembre 1642, Cinq-Mars est interrogé par le procureur général de Laubardemont, qui lui propose un marché : s'il passe des aveux complets, s'il reconnaît en particulier que de Thou, envers qui le cardinal de Richelieu nourrit une vieille rancune, était au courant de la totalité de la conspiration, il obtiendra sa grâce.

Malgré son ascension fulgurante, Henri d'Effiat, marquis de Cinq-Mars est encore un enfant. Il croit à la proposition qu'on lui fait. Il croit que Richelieu aura assez de générosité pour lui pardonner une entente avec l'ennemi en temps de guerre, doublée d'un complot criminel contre sa personne. Il dit tout ce qu'on lui demande. Ce qu'il ne sait pas, c'est que la police de Lyon a ordre de prendre des dispositions pour l'exécution des deux accusés.

Le procès a lieu trois jours plus tard, le 12 septembre. À 8 heures du matin, Cinq-Mars est conduit devant les juges. Il est seul, François de Thou n'est pas là. Le chancelier Séguier l'interroge et il lui répète tout ce qu'il a déjà dit au procureur. On fait ensuite venir de Thou. N'étant pas au courant des aveux de son coaccusé, il nie tout. Séguier lui lit alors la déposition du jeune homme. Il devient livide et déclare que, s'il n'a pas dénoncé le complot, c'est pour ne pas compromettre le frère du roi.

Les deux accusés sont reconduits dans leurs cellules. Ils n'ont pas d'avocat : le procureur général de Laubardemont prononce son réquisitoire en leur absence.

— Je requiers que les sieurs Cinq-Mars et de Thou soient convaincus de crime de lèse-majesté, pour conspiration, trahison, ligue et traité faits avec des étrangers contre l'État. Pour réparation de ces crimes, je requiers qu'ils soient privés de tous honneurs et dignités et avoir la tête tranchée sur un échafaud, qui sera dressé sur la place des Terreaux. Le sieur Cinq-Mars sera, avant l'exécution, appliqué à la question ordinaire et extraordinaire.

Au moment du vote, Cinq-Mars est condamné à mort à l'unanimité, mais de Thou seulement par onze voix sur treize. Le chancelier Séguier intervient alors :

— Pensez, Messieurs, aux reproches que le roi vous ferait d'avoir condamné à mort son confident, son favori qu'il avait tant aimé et d'avoir montré de l'indulgence pour votre confrère revêtu de votre robe !

Le résultat ne se fait pas attendre : les deux juges modifient leur vote et c'est l'unanimité pour de Thou lui aussi… Réintroduits, les deux hommes entendent le verdict. Ils s'attendaient à une peine clémente et ils s'efforcent de faire quand même bonne figure. Mais l'ancien Grand écuyer ne peut se contenir, en apprenant qu'il va être soumis à la question. Il a un cri :

— Ah, il n'y a pas de miséricorde !

En réalité, une disposition secrète du jugement stipule qu'il ne s'agira que d'un simulacre de torture. Sans doute craignait-on que l'ancien favori se montre trop bavard sur ses relations avec le roi. Après avoir été simplement conduit dans la salle des tortures, il est ramené dans sa cellule.

Il n'y reste pas longtemps. Il est cinq heures du soir quand le guet vient chercher les deux hommes pour les conduire au supplice. Il n'y a pas dix heures que leur procès s'est ouvert. Ils font leur dernière toilette. Cinq-Mars, l'ancien Maître de la garde-robe, tient à faire preuve de coquetterie : un habit de drap brun couvert de dentelles d'or, des chausses de soie verte et un manteau écarlate à gros boutons d'argent. François de Thou a choisi une robe de drap noir.

Ils ont droit à une ultime faveur : ils vont au supplice en carrosse et non en tombereau. Mais le hasard va leur infliger une épreuve atroce, qui n'était pas prévue : le bourreau de Lyon s'est cassé la jambe, il a été remplacé au dernier moment par un boucher de la ville et l'exécution va être, effectivement, une véritable boucherie.

Cinq-Mars tient à passer le premier. Il marche d'un pas ferme, les trompettes sonnent trois fois. La place des Terreaux est noire de monde. Il salue l'assistance comme à la cour, la main gauche sur le côté, en faisant trois révérences. Des lamentations montent de la foule, son confesseur fond en larmes.

Il pose sa tête sur le billot, mais le bourreau improvisé n'arrive pas à lui couper la tête d'un coup, il doit s'y reprendre à plusieurs reprises et, pour finir, la lui scier avec sa hache. François de Thou essaie de garder contenance, mais ce spectacle horrible a raison de lui. Il ne peut plus voir le cadavre sans tête. Il implore le bourreau de lui donner un bandeau. Le boucher lui répond, impassible :

— Monsieur, je n'ai pas de bandeau.

La foule, bouleversée, lui lance des mouchoirs. Il prend l'un d'eux, se bande les yeux et c'est la même boucherie que tout à l'heure.

Par la suite, la justice suit son cours. Le château et les bois de Cinq-Mars sont rasés « à hauteur d'infamie ». Marie de Gonzague réclame les lettres et les souvenirs de son amoureux au cardinal, qui lui répond perfidement : « Il s'est trouvé dans ladite cassette tant de lettres et de cheveux de femmes différentes qu'il faut envoyer une lettre et une mèche pour qu'on les compare et qu'on vous envoie ce qui vous appartient. »

La princesse se consolera peu après, en épousant le roi de Pologne.

Richelieu reprend son ascendant sur le souverain. Il lui fait promettre « de n'avoir d'autre favori que le bien de son royaume, qui seul doit lui occuper l'esprit. » Le roi est affaibli, malade et se laisse totalement faire.

C'est pourtant le cardinal qui meurt le premier, le 4 décembre 1642, moins de trois mois après Cinq-Mars. Louis XIII meurt cinq mois plus tard, en avril 1643, après avoir désigné pour la régence sa femme Anne d'Autriche, en considération de sa dénonciation du complot. C'est la conséquence directe de l'affaire Cinq-Mars et elle aura une importance considérable, quand on pense aux relations futures entre la reine et Mazarin.

Traité en héros par les romantiques, Vigny en tête, Cinq-Mars ne méritait assurément pas un tel honneur. Il a été un jeune écervelé, l'exemple même de l'ingratitude, de la vanité et de la démesure.

5

Le rival de Napoléon

15 octobre 1788. La journée se termine, lorsqu'on frappe à la porte d'une élégante demeure, dans le centre de Marseille. Il y a là François Clary, un marchand de soie d'origine irlandaise, sa femme Françoise et ses deux filles : Julie, dix-sept ans et Désirée, onze. Julie fait de la broderie, la petite Désirée est au piano… Elle s'arrête dans son morceau et ses parents s'interrogent du regard. Ils n'attendent personne. Qui cela peut-il bien être ?

La bonne, qui a été ouvrir, revient peu après. Elle s'adresse au chef de famille.

— C'est un militaire, Monsieur. Il dit qu'il vient habiter ici…

— C'est ce qu'on va voir ! Faites-le entrer.

Quelques instants plus tard, l'homme est introduit dans la maison. Il porte les galons d'adjudant. Il est de haute taille, très brun, avec les cheveux bouclés, le nez long et pointu. Il n'est pas à proprement parler beau, mais il a une incontestable prestance et beaucoup de charme. C'est, en tout cas, ce qu'ont l'air de penser Julie et Désirée, qui échangent entre elles un regard admiratif.

Le jeune homme s'incline devant la maîtresse de maison, les demoiselles et le maître des lieux.

— Monsieur, je viens d'arriver en garnison à Marseille. J'ai un billet de logement chez l'habitant.

La réponse est dite sur un ton courtois, mais ferme.

— Eh bien, vous irez loger ailleurs, adjudant. La municipalité m'a autorisé à ne recevoir que des officiers. J'ai ici un document l'attestant.

Il va vers un secrétaire et en sort un feuillet

— Voulez-vous en prendre connaissance ?

Le militaire y jette un œil, s'incline de nouveau et disparaît. Désirée se remet à son piano, Julie à sa broderie et les époux Clary échangent quelques mots sur ce qui vient d'arriver... Voilà. La scène peut paraître banale, mais elle a réuni, pendant quelques minutes, dans ce salon de Marseille, un futur roi et deux futures reines !

Et il faut ajouter aussi : un futur traître.

Le jeune adjudant, qui vient d'être éconduit de chez les Clary, est originaire de Pau, capitale du Béarn et il n'était pas, au départ, destiné à la carrière militaire... Jean-Baptiste Bernadotte naît vingt-cinq ans plus tôt, en janvier 1763. Sa famille est modeste, elle habite un petit appartement dans un immeuble locatif. Son père, magistrat subalterne, veut qu'il fasse, comme lui-même, une carrière juridique. Mais il meurt brusquement en 1780 et Jean-Baptiste arrête aussitôt ses études. Il ne se voyait pas du tout faire des écritures. Il rêve d'aventure, il est volontiers bagarreur, il a dix-sept ans et il s'engage dans l'armée.

Il choisit le Royal Marine, un régiment qui a pour vocation de défendre les ports. Sa fiche d'enrôlement nous renseigne exactement sur sa taille : 5 pieds, 5 pouces et 9 lignes, c'est-à-dire 1,78 m, ce qui est grand pour l'époque, mais pas exceptionnel. Avec son unité, il voyage dans toute la France, d'Ajaccio à l'île de Ré. Il montre les qualités qu'on peut attendre de lui et il est adjudant, lorsque, après huit ans de service, il est affecté à Marseille.

C'est le grade le plus élevé auquel il puisse prétendre. Sous la royauté, les postes d'officiers sont réservés aux nobles. C'est pourquoi la Révolution prend pour lui des allures de miracle.

Il y adhère sans réserve, il est farouchement républicain. Il se fait tatouer « Mort aux rois » sur l'avant-bras et quand la guerre est déclarée, il combat avec enthousiasme.

C'est que tout est changé ! Il n'y a plus de nobles, plus de roturiers. Les soldats peuvent maintenant accéder aux grades les plus élevés. Chacun d'eux a, selon l'expression consacrée « son bâton de maréchal dans sa musette. » Et c'est ce qui arrive à Jean-Baptiste Bernadotte. Il fait toutes les campagnes de la Révolution. Sa bravoure, puis son sens tactique le font nommer général de brigade dans l'armée de Sambre et Meuse qui opère de l'autre côté du Rhin. Il y côtoie d'autres officiers, comme lui sortis du rang : Soult, Ney, Marceau, Lefebvre. Et, à trente et un ans, en 1794, il est général de division.

Au même moment, loin de là, à Marseille, d'autres événements se déroulent chez les Clary. Ils n'ont, en apparence, pas de rapport avec Jean-Baptiste, mais ils vont avoir une importance décisive dans son existence.

Deux frères fréquentent la coquette maison du centre de la ville. Le cadet, Napoléon Bonaparte, vingt-cinq ans, y est même logé. Cette fois, Monsieur Clary n'a pas pu s'y opposer : il est officier, il est même général. Il vient d'obtenir ce grade, après avoir repris Toulon aux Anglais. Pour l'instant, il est au repos à Marseille, mais il est question qu'il parte pour l'Italie, à la tête d'une armée qui va se former.

L'aîné, Joseph Bonaparte, n'est pas militaire. Il débarque de Corse. Tout naturellement, il est allé trouver son frère et il s'est tellement plu dans cette famille qu'il y revient souvent. En vérité, son intérêt porte un nom : Julie, l'aînée des deux sœurs, âgée de vingt-trois ans. Il est tombé amoureux d'elle, il lui a fait part de ses sentiments, qui sont partagés. François Clary donne son accord et les deux jeunes gens choisissent de ne pas perdre de temps : ils se marient au mois d'août de la même année.

Mais sous le toit des Clary, une autre idylle s'est nouée : Napoléon est tombé sous le charme de la cadette, Désirée.

La petite fille qui jouait au piano quand l'adjudant Bernadotte s'était présenté a bien changé ! Elle a maintenant dix-sept ans. C'est une brune piquante, enjouée, parfois impertinente. Napoléon est sous le charme. Sans doute aurait-il imité Joseph, mais l'armée d'Italie est constituée et il est nommé à sa tête. Il doit partir sans délai. Avant, il tient pourtant à marquer son engagement vis-à-vis de la jeune fille : il se fiance officiellement avec elle. Au retour de la guerre, il l'épousera.

Mais les choses ne se passent pas ainsi. En Italie, Napoléon Bonaparte va de victoire en victoire. Lorsqu'il rentre, une fois sa campagne terminée, il se rend directement à Paris où l'appelle le gouvernement. C'est là qu'il rencontre une Créole dont il tombe éperdument amoureux : Joséphine de Beauharnais. Il l'épouse en mars 1796, sans avoir rompu ses fiançailles avec Désirée.

Les deux généraux, celui de l'armée de Sambre et Meuse et celui de l'armée d'Italie ne peuvent faire autrement que de se rencontrer. L'entrevue a lieu à Mantoue, en janvier 1797. Bonaparte est retourné en Italie pour consolider sa conquête et on lui a envoyé en renfort Bernadotte, à la tête de vingt mille soldats.

Les deux hommes ne s'apprécient guère. Bernadotte, surtout, se montre critique envers son collègue. S'il ne peut mettre en doute ses talents militaires, il est beaucoup plus réservé sur son action politique. Lui-même est resté farouchement républicain, il veut qu'on préserve l'héritage de la Révolution, à laquelle il doit tout. Or, le Corse lui semble un ambitieux, qui aspire à la dictature. Il répète à qui veut l'entendre :

— S'il faut lui tenir tête un jour, foi de Béarnais, comptez sur moi !

Leur prise de contact est froide. Bernadotte déclare en sortant :

— C'est un jeune homme de vingt-sept ans, qui veut en paraître cinquante. Cela ne me dit rien de bon pour la République.

Et Bonaparte n'est pas en reste :

— Il m'assomme, avec sa jactance méridionale !

Ils savent pourtant agir ensemble. Bernadotte est chargé de missions délicates et obtient d'excellents résultats de ses soldats, qui veulent montrer que l'armée de Sambre et Meuse est aussi bonne que celle d'Italie. Après quoi, il est envoyé à Paris. Il s'initie à la politique, il est ambassadeur, puis ministre.

C'est alors que se produit un fait décisif. Il se lie d'amitié avec Joseph Bonaparte. Il fait ainsi connaissance de sa femme Julie, mais aussi de Désirée Clary, qui a accompagné sa sœur dans la capitale. Il a trente-cinq ans, elle en a vingt et un, ils se plaisent, ils se fiancent et, cette fois, le mariage est au bout : il a lieu le 17 août 1798, avec Joseph et Julie Bonaparte comme témoins. Un an plus tard, ils ont un fils Oscar, qui sera leur unique enfant.

L'événement est d'importance, car Bernadotte entre ainsi, même si c'est de manière éloignée, dans la famille Bonaparte. D'autre part, il y a Désirée. Napoléon se sent toujours coupable de la manière dont il l'a quittée et il a peut-être conservé des sentiments pour elle. Elle saura en profiter et en faire bénéficier son mari.

Mais les affaires privées cèdent vite la place à la politique. Le 9 novembre de la même année, le 18 brumaire, selon le calendrier républicain, Napoléon réalise son coup d'État. Il chasse le Directoire et instaure le Consulat, avec lui-même à sa tête.

Bernadotte a refusé d'y participer. L'aventure lui semblait risquée, il préférait attendre. Et puis, il est resté fidèle à la Révolution et toujours aussi hostile au pouvoir personnel que Napoléon veut instaurer. Ce dernier insiste : il lui propose une place au Conseil d'État.

— Je vous demande de venir à mes côtés. J'ai prévu un nouveau programme pour la République. Vous êtes le dernier homme de poids à vous y opposer.

Peine perdue : le Béarnais refuse. Le nouveau maître de la France pourrait sévir, il ne le fait pas. Sans doute faut-il y voir une intervention de Désirée, qui a intercédé en faveur de son mari.

Bien loin d'être sanctionné, Bernadotte est chargé d'une mission de confiance : il est placé à la tête de l'armée de l'Ouest, qui lutte contre les derniers chouans, épaulés par l'Angleterre. Il s'acquitte au mieux de cette tâche délicate. Mais pour le pouvoir, il reste un opposant dangereux et le Premier consul le fait surveiller.

Son nom est évoqué chaque fois qu'on découvre un complot, notamment, le « complot des pots de beurre ». Des proclamations anti-Bonaparte, cachées dans des pots en grès servant à mettre du beurre, circulent dans l'armée de l'Ouest. Leurs auteurs, des aides de camp de Bernadotte, sont arrêtés. Pour Napoléon, la culpabilité de ce dernier est évidente. Il réplique à son frère Joseph, qui tente de le défendre :

— Ne me parle plus jamais de ce bougre-là, il a mérité cent fois la mort ! Sache bien que si cette mauvaise tête méridionale continue à fronder les actes de mon gouvernement, je le ferai fusiller sur la place du Carrousel !

Mais il décide finalement de tourner la page. Encore une fois, les liens familiaux et la personne de Désirée ont dû jouer leur rôle. Bien mieux, le 18 mai 1804, Bernadotte fait partie des dix-huit maréchaux nommés par le nouvel empereur. Honneur supplémentaire, il assiste au sacre, au tout premier rang, près de l'autel, comme on peut le voir sur le tableau de David.

La guerre reprend. Il est présent à Austerlitz et il s'y distingue. Cela lui vaut d'être fait prince de Ponte-Corvo, tandis que Joseph est placé sur le trône de Naples, avant de devenir roi d'Espagne.

Là s'arrêtent toutefois ses succès. Par la suite, il est loin de se montrer à la hauteur de sa réputation. Il n'est pas à Iéna, Napoléon lui fait des sévères reproches pour n'avoir pas prêté assistance à Davout. Il continue quand même la campagne et, à Lubeck, il traite avec une grande courtoisie ses prisonniers, des Suédois. Le geste ne passera pas inaperçu à Stockholm... Mais après, les échecs reprennent. Il ne fait rien à Friedland, en 1807. En 1809, à Wagram, il se montre si inefficace que Napoléon le sanctionne en plein champ de bataille :

— Je vous retire le commandement de votre corps d'armée, que vous dirigez si mal, Monsieur !

Une fois la guerre terminée, il tombe en disgrâce... Napoléon veut l'éloigner définitivement, en lui confiant une mission en Amérique. Il refuse, s'accroche et, sans doute grâce à l'aide de Désirée, parvient à rester à la cour. Et sa présence à Paris change tout, car elle va permettre à son destin de basculer...

Au début du XIXe siècle, la Suède peut être qualifiée de puissance secondaire. Elle est très peu peuplée, guère plus de deux millions d'habitants, et arriérée, tant dans son économie que dans ses structures. Elle est, de plus, en plein déclin, par la faute d'une monarchie incapable. Le vieux roi Charles XIII est malade et terne. Son fils, le prince héritier, est mort brutalement en mai 1810 et il faut lui trouver un remplaçant.

C'est pour parler de tout cela qu'un visiteur suédois, le baron Karl Otto Mörner, vient trouver Bernadotte. Ce n'est pas la première fois qu'ils se rencontrent. Mörner est colonel et il a fait partie des prisonniers que le maréchal a traités libéralement à Lübeck. Il précise qu'il est là de sa propre initiative, sans mandat de son gouvernement, mais qu'il est certain d'être suivi en cas d'accord. Il expose la situation et conclut :

— Le roi est déjà âgé, s'il meurt sans héritier, certaines forces pourraient se réveiller, ce pourrait être la guerre civile.

Bernadotte n'en revient pas d'un tel discours.

— Pourquoi me dites-vous cela à moi ?

— Vous savez bien qu'aujourd'hui, on ne peut rien faire en Europe sans le consentement de Napoléon. Or, vous êtes un de ses maréchaux et vous avez, de plus, des attaches familiales avec lui.

— Mais nos rapports sont mauvais.

— Justement. Un maréchal de France et le seul qui ne soit pas soumis à Napoléon, c'est exactement ce qu'il nous faut !

— Je ne suis pas suédois. Je ne parle pas votre langue.

— Ce n'est pas un problème. Il nous faut du sang neuf…

Jean-Baptiste est abasourdi par cette proposition, aussi inattendue qu'éblouissante. Mais il ne peut que répondre :

— Je dois d'abord en parler à l'empereur. J'ai besoin de son accord.

Le baron Mörner n'avait pas menti en disant qu'il serait suivi : le 28 août 1810, Jean-Baptiste Bernadotte est élu, à la surprise générale, prince héritier de Suède. En agissant ainsi, les autorités suédoises ont espéré forcer la main à Napoléon. Mais la chose est loin d'être évidente. Ce dernier risque, au contraire, d'être furieux de cette initiative et son aversion pour le maréchal n'est pas de nature à arranger les choses.

L'entrevue décisive a lieu le 1er octobre 1810. L'empereur semble, effectivement, très animé. Il exhibe la demande officielle que le Béarnais lui a adressée.

— Vous m'avez soumis une requête peu banale, Monsieur : abandonner la nationalité française et vos fonctions dans l'armée. C'est tout à fait incompréhensible ! Votre beau-frère Joseph est roi d'Espagne et il est resté français. Même chose pour Murat, roi de Naples, pour mes frères Louis, roi de Hollande et Jérôme, roi de Westphalie.

— C'est que les Suédois me l'ont expressément demandé, Sire. Je dois aussi impérativement devenir protestant.

Après un moment de silence, Napoléon finit par s'apaiser.

— Je veux bien y consentir et vous signer les papiers vous libérant de votre nationalité et du service de l'Empire, mais de votre côté, vous allez me signer ceci.

Il va chercher un feuillet sur son bureau.

— Vous allez vous engager par écrit à ne jamais prendre les armes contre la France.

À la surprise de son interlocuteur Bernadotte secoue la tête négativement.

— Il n'en est pas question ! Je préfère renoncer à la couronne.

— Vous voulez vous battre contre moi ?

— Non, Sire. Mais je ne veux pas prendre un engagement qui limiterait ma souveraineté. S'il en était ainsi, je ne serais pas vraiment roi. Et ce serait trahir ceux qui m'ont appelé à cette charge.

La discussion se poursuit quelque temps entre les deux hommes et, à la fin, Napoléon cède. Il renonce à faire signer à Bernadotte le document qu'il avait préparé et lui remet, au contraire, l'autorisation que ce dernier lui a demandée. Ensuite, il lui lance et ce sera la dernière réplique qu'ils échangeront :

— Que notre destin s'accomplisse !

En octobre, le maréchal arrive dans sa nouvelle patrie. En chemin, au Danemark, il s'est converti au protestantisme... La population de Stockholm lui réserve un accueil enthousiaste. Elle l'acclame sous son nouveau nom. Il n'est plus Jean-Baptiste Bernadotte, mais Charles-Jean, fils adoptif du roi Charles XIII. Pour l'instant, toutefois, il n'est pas question qu'il gouverne, il n'est que prince héritier.

Napoléon, qui observe les choses de loin, prend cette réserve obligée pour de la docilité. Il ne semble pas regretter sa décision. Il déclare à son entourage :

— Mettre un Français sur le trône de Suède est le meilleur tour qu'on puisse jouer à l'Angleterre !

Mais son ancien maréchal est loin d'être inactif. Son premier souci est de se concilier les faveurs du roi, ce qui n'est pas facile, car Charles XIII n'a que mépris envers ce parvenu baptisé. Mais le Béarnais est un séducteur. Il déploie tout le charme dont il est capable, tant et si bien qu'il fait totalement sa conquête. Le roi écrit : « Il a belle figure, une taille noble, il a l'air d'être né dans le rang qu'il occupe. Un fils véritable ne saurait montrer plus d'attentions qu'il en a pour moi. »

L'ambassadeur de France Alquier est le premier à s'alarmer. Il écrit à Napoléon : « Il est impossible de donner une idée de l'enthousiasme avec lequel le prince est accueilli toutes les fois qu'il s'est montré dans une représentation publique. »

Fort de la sympathie du roi et de la population, Bernadotte s'enhardit, en effet. Il déclare, lors d'une sortie publique, fin 1810 :

— Je dois beaucoup à l'empereur Napoléon, mais je ne suis pas venu parmi vous pour être son préfet et son douanier en chef. Sans doute, ce serait pour moi un bonheur de concilier vos intérêts avec ceux de mon ancienne patrie, mais si le bien de la Suède l'ordonnait, je n'hésiterais pas un instant à me prononcer contre la France.

Un peu plus tard, début 1811, il est plus tranchant encore :

— J'aime la France, mais j'aime mieux encore la Suède...

La grande absente, dans tout cela, c'est Désirée. Elle n'a pas suivi son mari. S'exiler dans ce pays lointain n'est, pour elle, pas loin d'un cauchemar. Et, lorsqu'elle s'y résout, en janvier 1811, la réalité dépasse encore ses appréhensions. La Méditerranéenne qu'elle est, est horrifiée par l'hiver suédois. Elle gèle dans ce palais lugubre et mal chauffé, elle qualifie la vie à la cour d'enfer, elle continue à pratiquer le catholicisme et elle multiplie les fautes d'étiquette.

Tant et si bien qu'au bout de deux mois seulement, elle demande à son mari de retourner en France. Ce dernier ne s'y oppose pas : il a compris que jamais elle ne s'acclimaterait à Stockholm. De plus, l'hostilité dont elle fait preuve envers tout le monde risque, à la longue, de compromettre sa propre popularité. Enfin, elle sera beaucoup plus utile auprès de l'empereur. Elle pourra servir de lien entre eux deux, au cas où les dissensions devaient s'aggraver...

Et c'est bien ce qui se produit. En mars 1811, à la suite d'une congestion pulmonaire du roi, Jean-Baptiste, ou plutôt Charles-Jean est investi de la régence. Dès lors, il gouverne selon ses conceptions. Il considère que les alliés naturels de la Suède sont la Russie, son puissant voisin, et l'Angleterre, son premier partenaire commercial. Il se rapproche de ces deux pays, alors que l'un est en guerre avec la France et l'autre sur le point de l'être. De plus, il déclare publiquement que le pouvoir de Napoléon repose sur l'oppression des peuples. La rupture est proche.

L'année 1812 est celle où la France déclare la guerre à la Russie, elle est aussi celle où Bernadotte va devenir ce qu'on ne peut appeler autrement qu'un traître...

Désirée Clary, restée à Paris, écrit à son mari pour qu'il revienne à l'alliance française. En réponse, il envoie une lettre à l'empereur, lui disant sans se compromettre qu'il souhaite la paix. Mais un peu plus tard, en juin, tandis que la Grande armée s'est mise en route en direction de la Russie, il écrit au tzar Alexandre Ier. « Je connais bien les habitudes de Napoléon, pour avoir combattu à ses côtés, si vous le voulez je peux vous donner quelques conseils. »

Le tzar est si intéressé par la proposition que, alors que les troupes françaises ont franchi déjà ses frontières, il lui propose une entrevue secrète à Abo, en Finlande. On ne sait pas exactement ce qu'ils se sont dit, mais le maréchal lui a vraisemblablement tenu un discours du genre :

— L'empereur Napoléon sait manœuvrer de grandes armées. En cas de bataille, il sera vraisemblablement vainqueur. Vous devez éviter l'affrontement et l'entraîner le plus loin possible...

Ce qui est certain, en revanche, c'est que le tzar lui a promis en récompense le pouvoir en France.

— Si nous l'emportons, je me fais fort de vous mettre sur le trône de Napoléon.

Ce qui est certain également, c'est qu'Alexandre Ier a apprécié au plus haut point l'aide que lui a apportée Bernadotte. Il dira plus tard :

— Je n'oublierai jamais que, dans des moments critiques pour moi et pour mon empire, il a été mon seul ami.

Quant à ce dernier, il voit avec satisfaction la défaite de la Grande Armée et le désastre de la retraite. Une victoire de

Napoléon l'aurait incité à la retenue, maintenant, il va pouvoir passer au dernier acte : combattre par les armes son ancien pays.

Pendant toute l'année 1813 et jusqu'en avril 1814, Bernadotte se demande s'il va entrer en guerre ou non contre les Français ou plutôt quand il le fera, car il est trop engagé avec l'Angleterre et la Russie pour reculer. Désirée, toujours à Paris, essaie une dernière fois de le faire revenir vers l'alliance française. Elle emploie tous les arguments. Elle va même jusqu'à faire miroiter un éventuel remplacement de Napoléon : « Ne vous déclarez pas contre les Français, de peur de perdre la popularité dont vous jouissez parmi eux. Si l'empereur succombe, vous pourrez jouer un grand rôle dans votre ancienne patrie et y disposer de la régence. »

Il est trop tard. Charles-Jean franchit le pas, le 9 juillet 1813, lors de la conférence qui réunit à Trachtenberg, en Silésie, la Suède, la Russie, la Prusse, l'Angleterre et l'Autriche. Les alliés ont hésité à l'inviter, en raison de son ancienne nationalité, mais ils ont décidé de lui faire confiance et ils ne le regrettent pas. Bernadotte joue un rôle central, il est écouté de tous, en tant qu'ancien maréchal de Napoléon. À l'issue des discussions, une campagne est décidée, avec une armée d'Autrichiens, une armée de Prussiens et une armée de Russes et de Suédois. En échange de son entrée en guerre, la Suède recevra la Norvège.

Bernadotte part en campagne. Il appelle, dans une proclamation, à la lutte contre la France, qui trouble la paix du monde depuis trop longtemps. Furieux, Napoléon déclare la guerre à la Suède. Les portraits du maréchal sont enlevés partout où ils se trouvaient, son nom est rayé des monuments.

Il prend une part active aux combats. Il résiste farouchement à Ney, le 8 septembre, sauvant ainsi Berlin. La bataille décisive a lieu à Leipzig, du 16 au 19 octobre 1813. On voit Bernadotte se porter en tête, dans un costume chamarré, pour encourager ses hommes. Il n'avait jamais aussi bien combattu depuis Austerlitz. C'est une victoire éclatante pour les alliés.

Après Leipzig, Napoléon n'est pas encore vaincu, il faut le poursuivre en France. En même temps, les alliés discutent du sort de leur adversaire. Pour les Russes, c'est Bernadotte qu'il faut placer sur le trône, car Louis XVIII est trop vieux. Mais c'est une vision qui ne tient pas compte de la réalité. Le maréchal est haï de ses anciens compatriotes et, de toute façon, il est exclu qu'un homme ayant combattu la France puisse la gouverner.

Le prince héritier de Suède entre à Paris au milieu des armées étrangères. L'accueil est si hostile qu'il évite de se montrer. Une anecdote l'illustre parfaitement. Il essaie tout de même de rencontrer le maréchal Lefebvre, qui était un de ses plus chers amis. Mais ce dernier refuse de lui ouvrir et la maréchale, la célèbre Madame sans gêne, réputée pour son franc-parler, lui crie à travers la porte :

— Je suis là, traître, mais je ne veux pas te voir !

En Suède, Bernadotte a parfaitement réussi. À la mort de Charles XIII, en 1818, il est devenu roi, sous le nom de Charles-Jean, aux côtés de sa femme Désirée. On dit qu'il n'a jamais voulu se faire déshabiller par son valet de chambre pour qu'il ne voie pas le tatouage « Mort aux rois », sur son avant-bras… Son fils Oscar lui a succédé et ce sont toujours ses descendants qui occupent le trône. Non seulement le petit Béarnais est devenu roi, mais il a fondé une dynastie.

Mais en France, on ne pouvait lui pardonner son attitude. Son nom a longtemps été détesté et a fini par tomber dans l'oubli. Les boulevards ceinturant Paris portent le nom des maréchaux d'empire. Tous y figurent, sauf Bernadotte, et aujourd'hui, il n'y a, dans toute la France, aucune artère à son nom, à l'exception d'une rue à Pau, sa ville natale.

Le dernier mot, nous le laisserons à Napoléon lui-même. Il écrit dans le *Mémorial de Sainte-Hélène* : « Bernadotte a été le serpent nourri dans notre sein. À peine il nous avait quittés, qu'il était dans le système de nos ennemis et que nous avions à le surveiller et à le craindre. Plus tard, il a été une des plus grandes causes de nos malheurs. »

6

La fausse meurtrière

Le lieutenant Horace Vernon est de garde au poste de police de Baychester, une petite ville de l'État de New York, cette nuit du 4 novembre 1955. Le téléphone sonne. C'est une voix féminine affolée.

— Il faut que vous veniez tout de suite !

— Que se passe-t-il, Madame ? Gardez votre sang-froid.

Au bout du fil, il y a un ricanement désespéré.

— Mon sang-froid ! C'est trop tard maintenant. Je viens de tuer un homme…

Quelques minutes plus tard, le lieutenant Vernon se trouve à l'adresse indiquée, celle de Peter Englewood : 703, Washington Drive. Bien qu'il soit trois heures du matin, le pavillon est éclairé et la porte d'entrée est ouverte. Le lieutenant Horace Vernon entre dans le living. Une femme blonde d'environ trente-cinq ans est assise sur le canapé. En temps normal, elle devait être plutôt du genre insignifiant, mais en cet instant précis elle semble n'avoir plus d'existence du tout. On dirait un fantôme. Elle est livide, elle a les yeux hagards, elle est recroquevillée sur elle-même. Elle tient dans sa main droite un revolver…

Mais ce n'est pas vers elle que le lieutenant Vernon se dirige d'abord. Il se penche sur un corps allongé sur le tapis. Peter Englewood avait environ le même âge que sa meurtrière, un grand et beau garçon, mais son visage est tordu dans une grimace de douleur. Une large tache rouge s'étale sur sa poitrine. Le policier l'examine rapidement. Il n'y a, hélas, rien à faire. Il se tourne vers la femme et prend délicatement, avec son mouchoir, l'arme de ses mains.

— Vous vous appelez ?

— Dorothy Bradley.

— Qu'est-ce qui s'est passé ?

— Je passais la soirée avec lui. Il a essayé de se jeter sur moi. Je l'ai repoussé. Il m'a couru après. Il était comme fou. Je savais qu'il avait un revolver dans son bureau, je l'ai pris et j'ai tiré. Voilà...

Et elle ajoute, d'une voix lamentable :

— C'était presque de la légitime défense.

Le lieutenant Horace Vernon regarde attentivement celle qui lui parle et il a une curieuse impression. Tout ce qu'elle dit sonne faux. Elle a l'air de réciter, comme le ferait une mauvaise comédienne... Bien sûr, sous le coup de l'émotion, les gens agissent d'une manière inattendue et on ne peut tirer aucune conclusion certaine de leur comportement. Pourtant, le lieutenant en jurerait : Dorothy Bradley n'est pas coupable.

— Il y a longtemps que vous le connaissiez ?

— Nous sommes voisins depuis six ans.

Sur un signe du lieutenant, les deux policiers qui viennent d'arriver avec une civière emportent le corps. Quant à lui, après lui avoir passé les menottes, il fait monter la jeune femme dans sa voiture.

Le lieutenant Horace Vernon n'aime pas les choses trop faciles. Pour beaucoup d'autres policiers, l'enquête serait déjà terminée. Pour lui, elle commence.

Il mène ses investigations de la manière la plus sérieuse. Dans les aveux officiels qu'elle signe devant lui, Dorothy Bradley donne plus de précisions que lors de son arrestation.

Elle a trente-cinq ans. Elle a perdu son mari à la guerre, en 1945. Elle exerce la profession de comptable dans un supermarché. C'est en 1945 également que Peter Englewood s'est installé dans le pavillon à côté du sien. Entre elle et ce fils de pasteur s'occupant d'œuvres sociales, il s'est vite créé une amitié. La jeune femme désirait vivre seule et Peter est devenu son confident. Elle lui parlait en particulier de ses aventures amoureuses, qui étaient relativement nombreuses. Le soir du drame, elle venait d'annoncer à Peter Englewood qu'elle s'était fiancée. C'est cela qui l'a rendu fou. Il lui a avoué qu'il l'aimait en secret et il s'en est suivi la scène qu'elle a racontée lorsqu'on est venu l'arrêter.

Le lieutenant Vernon interroge ensuite les voisins de la victime, ainsi que sa famille. Son père, le pasteur, est particulièrement affirmatif.

— Jamais Peter n'aurait fait une chose pareille, lieutenant. Et je peux ajouter que Dorothy est incapable d'être une criminelle.

— Vous la connaissiez ?

— Je l'avais vue deux ou trois fois, mais Peter m'avait beaucoup parlé d'elle. Je suis certain qu'il n'en était pas amoureux, sinon il me l'aurait dit.

— Alors, que s'est-il passé selon vous ?

— Je ne sais pas. Je ne comprends pas... Mais je ne crois pas un mot des aveux de Dorothy.

Son enquête conduit le lieutenant Vernon à rencontrer le fameux fiancé qui serait, selon la jeune femme, à la source du drame. Il s'appelle Joe Caloun. Avant même de le rencontrer, le policier possède un certain nombre de renseignements sur son compte. Il n'a eu, pour cela, qu'à consulter le fichier. Car Joe Caloun a déjà été condamné à trois reprises pour escroquerie, abus de confiance et tentative de chantage.

Le lieutenant Horace Vernon regarde attentivement le personnage. Joe Caloun n'a pas perdu de temps pour récolter ce joli palmarès. Il n'a que vingt-cinq ans, soit dix ans de moins que Dorothy Bradley. Il forme d'ailleurs un contraste étonnant avec elle et on a du mal à les imaginer ensemble. Très brun, le type méditerranéen, Caloun est incontestablement séduisant, même s'il y a quelque chose d'un peu trop hardi dans sa personnalité. Il s'adresse au policier avec un ton accablé qui semble un peu exagéré.

— La pauvre petite ! Elle n'est pas réellement coupable. C'était presque de la légitime défense.

Cette formule produit une drôle d'impression dans l'esprit du lieutenant. Il l'a entendue prononcer, mot pour mot, par Dorothy lorsqu'il est venu l'arrêter… Joe Caloun continue :

— Mais dans le fond, cela ne m'étonne pas de ce type. J'avais dit à Dorothy : « Les fils de pasteur, il n'y a pas plus hypocrites que ces gens-là. Ils ont des manières, mais c'est tous cochons et compagnie ! » Elle n'a pas voulu m'écouter, malheureusement.

— En somme, vous la croyez coupable…

— Non, puisque je viens de vous dire que c'était de la légitime défense.

— Je veux dire : vous croyez que c'est elle qui a tiré ?

Le jeune repris de justice reste un instant interdit. Il finit par répondre d'une voix neutre :

— Qui voulez-vous que ce soit ?

18 septembre 1956. Le procès de Dorothy Bradley s'ouvre devant le petit tribunal de Baychester. Le lieutenant Horace Vernon, malgré la désagréable impression qu'il ressentait, a bien été obligé de clore son enquête. Dorothy Bradley avait l'arme du crime en main au moment de son arrestation, sur le revolver, il n'y avait pas d'autres empreintes que les siennes et elle n'a cessé de maintenir ses aveux. Que demander de plus ?

Pourtant, cité comme témoin à l'audience, le lieutenant Vernon fait une étonnante déposition :

— Quelque chose ne colle pas dans la psychologie de l'accusée. C'est la première fois que je vois quelqu'un passer aux aveux de cette manière. On ne dirait pas un coupable, mais une victime.

Dorothy Bradley, tassée sur son banc, n'a aucune réaction. Elle ne lève même pas les yeux. Mais l'accusation, elle, réagit vivement. Le procureur prend à partie le lieutenant :

— Êtes-vous psychologue ou officier de police ?

— La psychologie fait partie de mon métier.

— Oui, mais à condition qu'elle n'aille pas contre les faits… Lieutenant, les faits accusent-ils, oui ou non, Dorothy Bradley ?

— Oui, évidemment…

Le procureur se tourne vers les jurés :

— D'ailleurs je vous rappelle, Mesdames et Messieurs, que l'accusée plaide coupable et que c'est elle-même qui vous demande de la juger en tant que coupable.

Tout cela est parfaitement logique et, de l'avis général, l'attitude du lieutenant Vernon est pour le moins bizarre. Le public semble même choqué qu'il ait cru bon de faire part au tribunal d'impressions purement subjectives.

La déposition de Joe Caloun provoque au contraire une forte impression. Ses efforts pour excuser Dorothy Bradley sont touchants et chevaleresques. Et l'émotion de l'assistance est nettement perceptible lorsqu'il conclut :

— Quoi qu'ait fait Dorothy, je ne l'abandonnerai pas. Rendez-la moi vite, Mesdames et Messieurs les jurés !

C'est sans doute en partie grâce à Joe Caloun que Dorothy Bradley bénéficie d'un verdict relativement indulgent : dix ans de prison.

Cette fois, tout est dit et, chacun se retire avec le sentiment que justice a été faite. Sauf peut-être le lieutenant Vernon. Mais s'il conserve des doutes, ils n'intéressent personne…

En prison, Dorothy Bradley se montre une détenue modèle. Elle n'a pas une plainte. On dirait presque qu'elle est heureuse de se trouver là. Joe Caloun vient lui rendre visite au début, moins souvent ensuite. Et, après avoir purgé sept ans de sa peine, Dorothy Bradley est libérée pour bonne conduite, le 8 avril 1963.

En sortant, elle est un peu surprise de ne pas trouver Joe Caloun. Elle était sûre qu'il l'aurait attendue. Déçue, elle se rend chez lui. Mais c'est pour apprendre qu'il a déménagé.

Et l'adresse que lui donnent les nouveaux occupants est située dans la partie la plus résidentielle de Baychester.

Dorothy Bradley arrive peu après devant un somptueux pavillon, entouré d'un parc. Qu'est-ce que cela veut dire ? Joe vit dans le luxe ? Jamais, lors de ses dernières visites, il ne lui avait parlé d'un tel changement de situation.

Elle sonne... Une femme brune de vingt-cinq ans environ, au physique agréable, vient lui ouvrir.

— C'est à quel sujet ?

Dorothy ne peut cacher un mouvement de recul.

— C'est-à-dire... Monsieur Caloun. C'est bien ici ?

Son interlocutrice hausse les épaules.

— Oui, c'est ici. Je suis Madame Caloun.

Dorothy est abasourdie.

— Madame Caloun ? Mais ce n'est pas possible !

— Évidemment si, c'est possible... Et d'abord, qui êtes-vous ?

Dorothy Bradley se nomme, ce qui provoque la fureur de son interlocutrice.

— Ah, c'est vous ? Allez-vous-en ! Disparaissez et ne revenez plus jamais !

Une voix masculine s'élève à l'intérieur du pavillon :

— Laisse-la entrer, Carol. Il faut que je lui dise deux mots.

Dorothy Bradley pénètre dans un living-room luxueusement meublé. Joe est devant elle. Il n'a l'air nullement gêné. Dorothy est parvenue à reprendre ses esprits.

— Mais qu'est-ce que cela veut dire ?

— Cela veut dire que je me suis marié. C'est mon droit, non ?

— Mais quand tu venais me voir, tu me disais que tu m'attendrais, que tu m'épouserais...

— Je ne voulais pas te faire de peine parce que tu étais en prison. Maintenant que tu es sortie, tu sais !

— Mais tu m'avais promis de m'épouser. Enfin, c'est pour cela que j'ai tout fait...

Le regard de Joe Caloun se durcit.

— Tout fait quoi ?

— Que je me suis accusée du crime à ta place.

Madame Caloun, qui avait assisté à toute la conversation, se met à vociférer. Joe l'apaise d'un geste.

— Ne fais pas attention. Tu vois bien qu'elle est jalouse et qu'elle dit n'importe quoi.

Il se tourne vers son ex-fiancée :

— Ma pauvre Dorothy ! Tu ne te figurais tout de même pas que j'allais épouser une criminelle ? Allez, maintenant, tire-toi !

9 avril 1963, deux heures du matin. Le lieutenant Horace Vernon est dans son lit et il dort, comme il est normal à pareille heure, lorsque le téléphone sonne. Il étend le bras vers sa table de nuit. Il a toujours son récepteur à portée de la main, en cas d'urgence. Il demande, d'une voix ensommeillée :

— Qui est à l'appareil ?

Au bout du fil, une voix de femme :

— Dorothy Bradley.

Horace Vernon met un certain temps à retrouver ses esprits… C'est un nom qui lui dit quelque chose… D'un seul coup, tout lui revient : la jeune femme, condamné pour meurtre il y a sept ans, une affaire qui lui avait laissé une très désagréable impression. Malgré les faits, il ne l'avait jamais crue coupable et il avait été vivement critiqué par ses chefs pour l'avoir dit au tribunal. Mais pourquoi l'appelle-t-elle ?

— Qu'est-ce que vous voulez ?

— Vous parler.

— À cette heure-ci ?

— Oui. Je vous en supplie, écoutez-moi et ne m'interrompez pas. C'est très important !

— Mais enfin…

— Je vais tout vous dire parce qu'il faut que quelqu'un le sache et ce quelqu'un c'est vous… Ce n'est pas moi qui ai tué Peter Englewood, c'est Joe Caloun. C'est ce que vous avez toujours cru, n'est-ce pas ?

Oui, c'est ce qu'a toujours pensé le lieutenant Horace Vernon. Mais une autre pensée le traverse, plus importante encore :

— Pourquoi m'appelez-vous maintenant ? Où êtes-vous ?

— Ne m'interrompez pas... Je vais vous raconter comment cela s'est passé. Ce soir-là, Joe était avec moi chez Peter Englewood. J'avais dit à Peter que j'avais un fiancé et il m'avait demandé de le lui présenter. Tout de suite, ils se sont déplu. Peter m'a dit devant lui de ne pas l'épouser. Joe l'a très mal pris. Il l'a injurié. Ensuite ils se sont battus. Joe, qui était armé, a sorti son revolver et il a tiré...

La voix de Dorothy Bradley s'est affaiblie en prononçant la dernière phrase. Le policier crie dans le téléphone :

— Qu'est-ce que vous avez fait ? Où êtes-vous ?

Dorothy ne répond pas à ces deux questions. Elle poursuit, mais sa voix devient encore plus faible :

— Après... avoir tué Peter, Joe était effondré. Il m'a dit : « Avec le casier judiciaire que j'ai, ce sera sûrement la chaise électrique, tandis que toi... » J'ai tout de suite été d'accord. Il m'a expliqué que je pourrais dire que j'étais en... légitime défense. Il m'avait... promis de m'épouser quand je sortirais de prison...

Le lieutenant l'interrompt :

— Je vous en supplie, dites-moi où vous êtes ! Je vais venir et vous me raconterez la suite.

La voix est devenue pâteuse :

— La suite, je l'ai apprise tout à l'heure : Joe en a épousé une autre. Tout ce qu'il m'a dit n'était que des mensonges. Il s'est servi de moi. J'ai été assez bête pour le croire...

— Qu'avez-vous fait ? Où êtes-vous ?

— Ce que j'ai fait, je peux vous le dire maintenant : j'ai avalé un tube de somnifères. Où je suis ? Je ne vous le dirai pas. Quand vous me retrouverez, il sera trop tard. Lieutenant Vernon, est-ce que vous croyez que je vous ai dit la vérité ?

— Oui je vous crois, mais…

— Merci !

Une sonnerie intermittente résonne dans l'écouteur. Dorothy Bradley a raccroché.

Malgré les recherches entreprises la nuit même par le lieutenant, il n'a pas été possible de sauver Dorothy Bradley. Lorsque les policiers l'ont découverte, le lendemain matin, dans une chambre d'hôtel de la ville, elle était morte.

Il n'y a pas eu de réouverture de l'enquête non plus. Les affirmations de Dorothy n'avaient aucune valeur juridique. Dans sa confession, elle n'avait pas apporté la moindre preuve.

Et d'ailleurs, si le lieutenant Vernon était persuadé qu'elle avait dit la vérité, il était le seul de cet avis. Pour les autres, Dorothy Bradley avait inventé cette histoire sous l'effet de la jalousie, pour se venger de son ancien fiancé. Pour eux, elle était une meurtrière, pas une victime.

7

Trahison à la japonaise

1901. En ce début du XXe siècle, la tension entre la Russie et le Japon est déjà vive. Pour tous les observateurs, il ne fait pas de doute qu'un jour ou l'autre il y aura la guerre. Et le général Gorchilov, chef des services secrets du tsar, est inquiet. La cause de ses soucis est l'attaché militaire japonais : Yamata.

Yamata est un homme exceptionnel à tous points de vue. Par son physique, d'abord, qui n'est pas du tout celui de ses compatriotes. Yamata a la trentaine, il est très grand, un mètre quatre-vingt, avec un visage carré et autoritaire. Issu d'une des plus anciennes familles de son pays, il possède aussi un esprit extrêmement brillant et parle sans difficulté plusieurs langues occidentales.

Ces remarquables qualités l'ont fait tout de suite adopter par la bonne société de Saint-Pétersbourg. Yamata sort beaucoup, il rencontre des personnages importants. Il doit entendre bien des conversations, surprendre bien des confidences.

Pour le général Gorchilov et son service, il est certain que Yamata est un espion. D'autant que, quelques semaines après son arrivée en Russie, ses propres espions au Japon ont signalé que l'État-major japonais était en possession de secrets militaires russes.

Yamata est donc surveillé de très près. Mais pour l'instant, on n'a rien pu découvrir contre lui. Il est trop habile pour laisser des preuves. Yamata représente un grave danger. Puisqu'il n'est pas question de l'éliminer physiquement, on va l'obliger à quitter la Russie par le seul moyen possible : la crainte du scandale.

Gorchilov connaît, comme tout le monde, la liaison de Yamata avec Sonia Poslkaia. Le Japonais et la belle actrice forment un des couples les plus étranges et les plus en vue de la capitale.

Aussi peu élégante que soit sa démarche, Gorchilov se décide à aller trouver l'actrice. Sonia Poslkaia, le reçoit dans son salon, meublé avec raffinement. Elle-même porte une robe du dernier chic parisien ; un parfum capiteux emplit la pièce. Elle lui tend sa main à baiser.

— Bienvenue, général. Puis-je savoir ce qui fait se déplacer l'armée chez moi ?

Le général Gorchilov baise la main tendue et prend place sur le sofa qu'elle lui désigne.

— C'est une affaire délicate, Madame. Je dirais même une affaire d'État.

— Je suis mêlée à une affaire d'État ?

— Hélas…

— Expliquez-vous !

— Il s'agit de l'homme qui partage votre vie.

— Yamata ? Que lui reprochez-vous ?

— C'est un espion. C'est un personnage extrêmement dangereux. Il faut le forcer à quitter le pays. Et, pour cela, nous avons absolument besoin de vous. Je vous parle au nom du tsar lui-même, au nom de la patrie…

Sonia Poslkaia est devenue toute pâle.

— Vous vous trompez, ce n'est pas possible !

— Nous en avons la certitude absolue. Il faut qu'il quitte le pays, sinon, il continuera à poursuivre son action. Il n'y a que vous qui puissiez nous aider.

— Mais en quoi faisant, grands dieux ?

— En provoquant un scandale. Dites-lui que vous êtes enceinte et menacez-le de tout révéler au public. Il ne pourra pas le supporter.

— Ce serait odieux ! Je ne peux pas faire une chose pareille !

— Sonia Poslkaia, aimez-vous notre pays la Russie ?

— Bien sûr !

— Tôt ou tard, nous aurons la guerre avec le Japon. Si Yamata continue à livrer ses informations, nous risquons de la perdre...

L'actrice continue de discuter quelque temps encore avec le général Gorchilov. Bien que très éprise, elle est aussi très patriote et elle finit par accepter.

Le lendemain donc, elle va voir Yamata, et, les larmes aux yeux, lui annonce qu'elle attend un enfant de lui. Puis, sa voix se fait soudain menaçante.

— Épouse-moi ! Tu dois réparer ce que tu as fait !

Devant cet assaut, Yamata, d'habitude si sûr de lui, perd totalement contenance. Il baisse les yeux et balbutie :

— C'est que je ne peux pas t'épouser ! Je suis déjà marié au Japon.

— Tu ne me l'avais jamais dit !

— J'ai eu tort. Je ne pensais pas...

L'actrice part en claquant la porte et va raconter au général Gorchilov le résultat de l'entrevue. Celui-ci se frotte les mains. Il a bien manœuvré. Bientôt il n'entendra plus parler de Yamata. Mais un quart d'heure plus tard, il a la plus grosse surprise de sa vie. Son secrétaire vient lui annoncer :

— Mon Général, l'attaché militaire japonais est là. Il insiste pour être reçu.

Quelques minutes plus tard, Yamata, effectivement, se présente devant lui, très droit dans son uniforme. Il entre immédiatement dans le vif du sujet.

— Général, je suis dans une situation délicate. Une dame que j'ai connue menace de faire un scandale à cause de nos relations. Pour ma part, je suis décidé à quitter la Russie.

Mais il serait très fâcheux que ce scandale éclate après mon départ. J'appartiens à une vieille famille. Mon père fait partie du conseil privé de l'Empereur et, s'il apprenait cette histoire, il se croirait obligé de mettre fin à ses jours...

Yamata hésite un peu, puis continue :

— Alors, j'ai pensé qu'étant donné vos fonctions vous pourriez étouffer cette affaire...

Intérieurement, le général Gorchilov a le souffle coupé. Un espion qui vient demander l'aide du chef des services secrets adverse : décidément, Yamata n'est pas quelqu'un comme les autres ! Mais le Japonais n'a pas terminé. Il baisse la voix :

— En échange de ce service, une fois à Tokyo, je m'engage à vous fournir des nouvelles disons... confidentielles.

Gorchilov garde tout son calme et promet son aide. Dès que son visiteur est parti, il se hâte de rapporter cet entretien aux autorités. L'avis de tous est que Yamata les prend pour des imbéciles. Il est évident qu'un homme de ce genre n'est pas un traître. Les renseignements qu'il enverra seront des faux, soigneusement préparés par l'espionnage japonais. Mais le principal était qu'il s'en aille, et c'est fait. Son remplaçant n'aura sûrement pas la même classe, ni la même efficacité.

Quinze jours plus tard, Yamata fait ses valises, et son remplaçant est effectivement un personnage insignifiant. Les fuites en direction du Japon cessent immédiatement. Les Russes pensent que l'affaire est terminée, alors qu'elle ne fait que commencer.

Six mois plus tard, en décembre 1902, un inconnu remet un paquet à l'ambassade de Russie au Japon. Il contient les plans détaillés de l'attaque japonaise sur Port-Arthur. Le général Gorchilov et l'État-major les étudient avec soin. Yamata a tenu sa promesse, mais aucun des responsables militaires n'attache le moindre crédit à ces documents. Ce sont évidemment des faux. On reconnaît toutefois qu'ils sont fort bien faits et qu'ils ont dû donner beaucoup de mal à celui qui les a fabriqués.

Six mois plus tard encore, au cours de l'été 1903, d'autres documents arrivent de la même manière. Cette fois, il s'agit du plan d'opération complet des Japonais en Mandchourie. Comme la première fois, il s'agit de documents remarquablement précis, à un tel point que les militaires russes ne peuvent s'empêcher d'être troublés. Le plan de bataille est vraisemblable, il est même excellent et tout à fait inattendu. Un des officiers de l'État-major fait remarquer :

— Si ces documents étaient authentiques, nos troupes seraient totalement battues. Jamais nous n'avions envisagé que les Japonais attaquent de cette manière, je suis inquiet...

Mais l'État-major décide tout de même que ce sont des faux.

Octobre 1903. Cette fois Yamata a expédié les plans d'une contre-attaque japonaise en Sibérie. Une contre-attaque en Sibérie ! Voilà qui prendrait complètement à revers le dispositif russe. Ce coup-ci, même les plus sceptiques sont ébranlés, et deux camps se forment : d'un côté, ceux qui, avec Gorchilov, pensent toujours que ce sont des faux ; de l'autre, ceux qui croient que les documents sont authentiques. Car il s'agit de plans stratégiques admirablement conçus et même géniaux. Si l'armée russe ne modifie pas son dispositif, elle court à la catastrophe.

Et c'est en décembre 1903 qu'éclate le coup de tonnerre. L'ambassade russe au Japon annonce que Yamata a été pris en train de voler des documents secrets au ministère de la Guerre. Il a été aussitôt jugé et passé par les armes. En apprenant la nouvelle, son père, le conseiller de l'Empereur, s'est fait hara-kiri... On ne survit pas au déshonneur d'un fils au pays du Soleil Levant.

La nouvelle, confirmée par plusieurs sources incontestables, ne peut être mise en doute, et cette fois, même les plus sceptiques, même Gorchilov, s'inclinent. Yamata n'avait pas menti. Il avait tenu sa promesse au chef des services secrets.

Sauver l'honneur de sa famille lui avait paru plus important que sa propre trahison... L'État-Major ayant constaté une fois de plus la complexité de l'âme japonaise s'empresse en toute hâte de modifier le dispositif militaire en fonction des documents de Yamata.

Il était temps. La guerre russo-japonaise éclate en 1904.

Et c'est un désastre pour les Russes. En Mandchourie, à Port-Arthur, les troupes du tsar manœuvrent conformément aux nouvelles instructions. Mais les Japonais ne sont pas là où ils auraient dû être. Au contraire, ils attaquent aux points faibles de leur adversaire, comme s'ils les connaissaient d'avance.

Les unités qu'on a retirées pour défendre la Sibérie font cruellement défaut. Les Japonais n'attaquant pas en Sibérie, ils n'attaqueront jamais et c'est en partie à cause des plans transmis par Yamata que les Russes perdent la guerre. Mais alors, que s'est-il passé ? A-t-il lui-même été manœuvré par les services secrets japonais ? L'État-Major ne comprend plus rien...

La réponse arrive peu après. Un officier japonais est fait prisonnier, porteur de documents ultra-secrets, et il est vite établi qu'il est un des responsables de l'espionnage de son pays.

Le général Gorchilov l'interroge lui-même sur Yamata, et l'homme parle sans réticence, car visiblement, ce qu'il va dire, il souhaite que les Russes le sachent.

— Yamata est un héros. Il a été décoré, ainsi que toute sa famille, de l'Ordre du Soleil Levant de première classe.

Gorchilov sursaute :

— Mais alors, il n'a pas vraiment été exécuté ? C'est impossible, nous avons vérifié !

Le Japonais a un sourire serein.

— Si. C'était le seul moyen pour que vous pensiez que les plans étaient vrais. L'Empereur lui a demandé s'il acceptait cette mort infamante pour la gloire du Japon et Yamata a accepté. C'était un grand honneur pour lui.

L'officier japonais regarde le général Gorchilov, toujours aussi calme. Le général a les yeux hors de la tête.

— Ensuite, l'Empereur a demandé au père de Yamata de se faire hara-kiri, comme il aurait dû normalement le faire en apprenant que son fils avait trahi. Le père de Yamata a accepté.

Et il ajoute en secouant la tête avec approbation :

— C'était un grand honneur pour lui aussi… Et c'est un tout petit honneur pour moi d'être le premier à vous l'apprendre, général.

8

Fidélité et trahison

Greta et Angelica Velden sont bien connues dans le quartier qu'elles habitent, au centre d'Amsterdam. Cela fait dix ans qu'elles partagent un élégant appartement, au dernier étage d'une maison qui donne sur les canaux.

Tous leurs voisins les aiment bien. Elles sont sympathiques et méritantes. À la mort de leurs parents, dans un bombardement à la fin de la guerre, elles ont poursuivi seules leurs études. Maintenant, Greta a vingt-quatre ans et Angelica, vingt-six. Elles ont toutes les deux réussi. La cadette a trouvé un emploi de gérante chez un fleuriste et l'aînée est modéliste dans une maison de couture.

Et en plus, elles sont également charmantes, les petites Velden, comme les appellent leurs voisins. Aussi blondes et aussi jolies l'une que l'autre. La seule question qu'on se pose à leur sujet est : « Quand vont-elles se marier ? » Mais on n'est pas du tout inquiet pour elles. Jolies, intelligentes et riches – car leurs parents leur ont laissé un coquet héritage –, elles ne peuvent que bien tomber.

Pourtant, la réalité est légèrement différente. Il faut dire que les voisins ne peuvent pas entendre les discussions qui opposent les deux sœurs depuis le début de l'année 1954, depuis que Greta, la plus jeune, a décidé de se fiancer.

Il y a six mois que Greta Velden a rencontré Jorgen Van Beck. Ils se sont vus tout simplement dans sa boutique de fleuriste. Jorgen venait acheter des fleurs. C'était un beau garçon, très brun, ce qui est rare en Hollande, très séduisant aussi, avec ses trente-cinq ans et son assurance d'homme déjà bien installé dans la vie.

Avec la jeune fleuriste, il s'est permis quelques compliments discrets et il a réussi à obtenir un rendez-vous. Greta a tout raconté le soir même à sa sœur. Elle, pourtant réservée d'habitude, avait accepté immédiatement. Quelque chose lui disait que ce garçon n'était pas comme les autres.

Trois jours plus tard, en rentrant de leur premier rendez-vous, elle était plus enthousiaste encore. Jorgen était vraiment un garçon comme elle n'en avait jamais rencontré. Sûr de lui, mais modeste, ne se prenant pas au sérieux. Et, cependant, il aurait pu, à juste titre, être fier de lui. À trente-cinq ans, c'était déjà un grand avocat, il était au début d'une brillante carrière.

Angelica Velden, plus réfléchie, plus posée que sa sœur cadette, s'est contentée de sourire. Elle lui a dit :

— Eh bien, invite-le chez nous. Je te dirai ce que j'en pense de ton Jorgen.

La semaine suivante, Jorgen Van Beck est reçu chez les sœurs Velden. Pendant tout le repas, il ne cesse de parler. Et il parle bien, puisque c'est son métier. Mais Jorgen n'est pas seulement éloquent, il est spirituel, enjoué. C'est un charmeur. Il a une quantité d'anecdotes à raconter sur ses souvenirs professionnels. Il dépeint avec beaucoup de pittoresque les personnages qu'il a rencontrés : des escrocs, des illuminés, mais aussi des assassins…

Pendant tout le repas, Greta écoute, fascinée, les yeux mi-clos. Angelica, au contraire, affiche une grande réserve. Elle a les lèvres pincées, elle est juste polie. Visiblement, le numéro de l'avocat la laisse froide. Et c'est après son départ qu'a lieu la première discussion entre les deux jeunes filles. Angelica confie franchement ses impressions à sa sœur.

— Greta, cet homme ne me plaît pas. Il y a quelque chose en lui qui m'inquiète, qui me fait peur !

Greta prend mal la chose. Elle fait front à sa sœur.

— Je n'ai pas besoin de tes conseils. Je suis assez grande pour savoir ce que je dois faire. Je te dis que Jorgen est un garçon charmant !

Les choses en restent là ce soir-là. Entre Greta et le jeune avocat, les relations évoluent vite. Ils se voient de plus en plus souvent. Greta n'a pas voulu l'inviter de nouveau dans l'appartement qu'elle partage avec sa sœur. Elle se rend chez lui, et, plus d'une fois, elle n'en repart que le lendemain matin...

Et, au début de 1954, elle annonce sans commentaire à Angelica :

— Jorgen et moi nous allons nous fiancer.

Contrairement à ce qu'elle attendait peut-être, Angelica ne se met pas à crier. Au contraire, elle lui parle sur un ton sérieux, grave :

— Tu fais ce que tu veux, Greta, mais prends garde, Jorgen est dangereux. Je ne sais pas pourquoi, mais je le sens. Mon intuition ne m'a jamais trompée. C'est peut-être ces criminels qu'il fréquente, mais il a quelque chose d'inquiétant...

Sans même répondre, Greta va s'enfermer dans sa chambre.

31 mars 1954. Depuis un mois, les sœurs Velden ne vivent plus ensemble. Angelica a assisté à contrecœur aux fiançailles et elle est allée s'installer dans un petit pavillon à la périphérie d'Amsterdam.

Greta vit seule dans le grand appartement. C'est une jeune fille sérieuse et très attachée aux principes. Elle a refusé de vivre avec Jorgen avant leur mariage.

Il est onze heures du soir quand les voisins entendent un bruit inhabituel. Cela vient de l'appartement d'en haut, celui des petites Velden. C'est un gémissement, un peu comme celui d'un bébé.

Les minutes passent et le bruit continue. À présent, il n'y a plus de doute possible, c'est le chien de Greta qui hurle à la mort. Les voisins sont surpris. Black est un animal tranquille. C'est un gros bâtard tout noir, une bête placide qui n'a jamais dérangé personne.

Au bout de dix minutes, les voisins se décident à monter au dernier étage. Ils sonnent à la porte. Le bruit provoque, à l'intérieur, des aboiements furieux. Mais personne ne vient ouvrir. Alors, ils se décident à appeler la police…

Les policiers doivent enfoncer la porte. Dès qu'ils entrent, ils voient le chien partir vers une pièce au fond de l'appartement.

Les policiers le suivent. Le chien est là, au pied du lit, en train de gémir. Sur le lit, il y a une forme allongée dans une mare de sang : c'est Greta Velden, tuée de trois coups de revolver.

Greta est morte quelques semaines avant son mariage…

Les premières investigations apportent plusieurs constatations intéressantes. D'abord, il n'y a pas de trace d'effraction. L'assassin devait avoir sa propre clé ou alors c'est sa victime qui a ouvert. D'autre part, le vol semble être le mobile du crime. Les bijoux de Greta ont disparu, de même que son sac à main qui contenait une assez grosse somme d'argent, car elle avait sur elle la recette de la journée.

À part cela, aucun indice. Pas d'autres empreintes que celles de Greta et celles, plus anciennes, de sa sœur.

Les policiers s'orientent donc naturellement vers un crime de rôdeur. Ils s'attendent à une enquête de routine, et, comme chaque fois en pareil cas, ils commencent à rechercher les personnages suspects qu'on a pu voir dans le quartier.

Pourtant, quand ils interrogent la sœur de la victime, Angelica Velden, ils se rendent compte que l'affaire est peut-être plus compliquée qu'ils l'imaginaient.

En effet, Angelica leur confie immédiatement ses doutes concernant le fiancé de sa sœur. Elle ne se sent pas le droit d'accuser formellement Jorgen Van Beck, mais il lui a fait tout de suite mauvaise impression. En quittant l'appartement, pour aller s'installer dans son pavillon, elle a mis une dernière fois sa sœur en garde. Elle lui a dit :

— Greta, j'ai peur. Jorgen ne te rendra pas heureuse. Méfie-toi de lui…

Les policiers accueillent cette déclaration avec scepticisme. Mais ils décident tout de même d'en savoir un peu plus sur le fiancé. Et ils découvrent, effectivement, plusieurs faits troublants.

Jorgen Van Beck est actuellement un avocat très en vue à Amsterdam. Mais ses débuts ne sont pas aussi clairs que la suite de sa carrière.

Il s'est fait rapidement un nom, tout de suite après la guerre. En 1946, il a accepté de défendre, au cours d'un procès retentissant, un groupe de Hollandais collaborateurs nazis. Grâce à sa fougue, ils ont tous échappé à la peine capitale. Jusque-là, il n'y a rien à dire : le rôle d'un avocat est de plaider toutes les causes quelles qu'elles soient.

Seulement, par la suite, on a murmuré qu'il avait gardé des contacts avec ses anciens clients. Beaucoup d'entre eux faisaient partie du milieu et le magot important qu'ils avaient amassé pendant l'occupation allemande n'avait jamais été retrouvé.

De là à penser qu'en remerciement, ils avaient accepté de partager avec lui et que l'avocat avait pris goût à cet argent facilement gagné…

Le meurtre de Greta Velden ressemble de moins en moins à un crime de rôdeur. Dans le fond, Angelica, grâce à sa seule intuition, a peut-être touché du doigt la vérité…

Devant les policiers, Jorgen Van Beck nie farouchement. Et ses déclarations ont le ton de la sincérité.

— J'aimais profondément Greta. Je ne comprends pas pourquoi sa sœur cherche à m'accabler. Quant à ma carrière d'avocat, je n'ai rien à me reprocher. J'ai fait mon métier, c'est tout.

L'enquête en reste là. Six mois plus tard, elle est toujours au point mort. C'est alors qu'un élément inattendu va amener, de la manière la plus imprévisible, le dénouement de toute l'affaire…

En septembre 1954, le juge d'instruction décide d'opérer une perquisition chez Jorgen Van Beck. Bien sûr, les charges contre lui sont faibles, pour ne pas dire nulles. Mais l'enquête tourne en rond et il faut tout essayer.

Jorgen qui n'a, bien sûr, pas été prévenu, est réveillé, un matin, par les policiers qui tambourinent à sa porte. Il leur ouvre en pyjama. Il a beau protester, le mandat est parfaitement en règle. Pendant plusieurs heures, les policiers entreprennent une fouille complète, le grand jeu. Tous les tiroirs sont explorés, les cloisons, les planchers sont sondés…

Et, au bout d'une heure, un des policiers revient, triomphant. À la main, il tient une longue pièce de fourrure, une étole de vison…

Pour la première fois, face aux questions du commissaire, l'avocat perd sa belle assurance professionnelle.

— Oui, c'est bien l'étole de Greta, mais elle est ici depuis bien avant le meurtre. Elle l'avait oubliée chez moi la première fois où elle est venue. Je lui avais demandé de la garder. C'était un peu enfantin, mais c'était comme un fétiche. Quand elle n'était pas là, je sortais l'étole pour la sentir près de moi.

Le commissaire hoche la tête.

— Eh bien, nous allons l'emporter et la montrer à Angelica Velden. Si elle nous dit que sa sœur ne l'avait plus depuis le début de votre liaison, nous serons tout disposés à vous croire...

L'avocat regarde partir les policiers, sans dire un mot. Le commissaire lui adresse un dernier regard, avec la certitude que l'homme vient de lui mentir.

Quelques heures plus tard, tout le monde se retrouve dans le petit pavillon d'Angelica, dans la banlieue d'Amsterdam. Dès qu'elle aperçoit la fourrure, elle a un cri :

— L'étole de ma sœur ! Où l'avez-vous trouvée ?

Le commissaire lui répond que c'est chez Jorgen Van Beck, et la met au courant de ses explications. Elle le laisse à peine terminer :

— C'est faux ! Absolument faux ! Greta l'avait encore un mois avant sa mort. Elle était dans un placard de l'appartement. Je l'ai vue quand je suis partie et que j'ai pris mes affaires...

Tandis qu'elle discute avec les policiers, Black s'est approché. Black, le gros chien noir de Greta, qui avait alerté les voisins en hurlant à la mort et qu'Angelica, tout naturellement, a repris avec elle après la disparition de sa sœur.

Black s'est approché de la fourrure. Il renifle fébrilement en reconnaissant l'odeur de sa maîtresse disparue. Et puis il se met à aboyer furieusement et file en courant dans le jardin.

Le commissaire pose quelques questions supplémentaires à Angelica Venden. Peu à peu, les choses s'éclaircissent. Cette étole n'est pas encore une preuve suffisante pour arrêter Jurgen Van Beck, mais il va l'interroger sérieusement.

Dehors, dans le jardin, le chien continue à aboyer. Angelica se lève et lui crie par la fenêtre :

— Tais-toi, Black ! Tu es impossible !

Quand elle se retourne, son visage a changé. Elle fait visiblement un violent effort pour se maîtriser, mais elle ne peut cacher son trouble. Elle est blanche, elle est livide...

D'un bond, le commissaire est à la fenêtre. Le chien est en train de faire un trou au milieu du massif de tulipes. Suivi de ses hommes, le commissaire sort dans le jardin. Aussitôt Black accourt vers eux. Il tient quelque chose de volumineux dans sa gueule, le dépose à leurs pieds, remue la queue, reste quelques instants, comme s'il s'attendait à des caresses ou à des compliments et repart en courant vers le massif de tulipes.

Le policier prend dans ses mains l'objet recouvert de terre. C'est un sac de femme. À l'intérieur, il y a des billets de banque, beaucoup de billets, et des papiers d'identité au nom de Greta Velden…

Et Black revient encore une fois. Il va directement vers le commissaire, qui lui tend la main, et y dépose un second objet plus petit, enveloppé d'une étoffe. C'est un revolver de dame à crosse de nacre.

Quand, une minute plus tard, Black rapporte un sac de toile, le commissaire n'a même pas besoin de l'ouvrir pour savoir ce qu'il contient. C'est la dernière pièce à conviction manquante : les bijoux de la victime.

Pendant tout ce temps, Angelica est restée à sa fenêtre, aussi immobile qu'une statue. Quand le commissaire et ses hommes reviennent, elle s'effondre. Elle dit dans un souffle :

— Pardon Greta ! Pardon Jorgen !

Et Angelica Velden raconte l'histoire de son crime. Quand elle a vu pour la première fois Jorgen, elle a ressenti un véritable coup de foudre. Avant même qu'il ait ouvert la bouche, elle a su qu'il était l'homme de sa vie.

Leur soirée en commun avec Greta avait été un supplice. Les regards tendres qu'ils échangeaient lui étaient insupportables. Ensuite, elle a fait tout ce qu'elle a pu pour détourner Greta de l'avocat. Mais elle n'a abouti qu'à l'effet inverse. Sa sœur, soit pour affirmer son indépendance vis-à-vis d'elle, soit tout simplement parce qu'elle l'aimait, s'est de plus en plus liée avec Jorgen.

C'est peu après leurs fiançailles qu'Angelica a décidé de se venger. Elle tuerait Greta et ferait tout pour qu'on accuse Jorgen Van Beck. L'étole, Greta l'avait bien laissée chez Jorgen la première fois où elle était allée chez lui. Elle le lui avait dit elle-même…

Angelica Velden a été condamnée, quelque temps plus tard, à la prison à vie. On a vu beaucoup de monde défiler à son procès, des témoins de toutes sortes, tous les acteurs de l'enquête. Mais il manquait le principal, celui sans lequel elle n'aurait jamais été au banc des accusés.

Un brave gros chien tout noir que Greta, sans beaucoup d'imagination, avait appelé Black. Un chien paisible, pas méchant pour deux sous, mais dont la fidélité avait été plus forte que tout, plus forte même que la trahison.

9

Trahison sans témoin

Au départ, il y a une bande de copains, des étudiants, deux Français, deux Américains. Jacques Durand, vingt-quatre ans, prépare une agrégation d'anglais. C'est un beau garçon sportif, un athlète, champion de ski, de natation, mais tout aussi brillant dans les études que dans les exercices physiques. Marcel Chardon, vingt-cinq ans, vient de terminer ses études de pharmacie. Lui aussi, c'est un champion sportif et un ami d'enfance de Jacques Durand.

Les deux Américains s'appellent John Haig, vingt-huit ans, qui prépare un diplôme de mathématiques et Donald Brogan, vingt-huit ans également, qui, lui, est déjà professeur de français à Berkeley, en Californie. Haig et Brogan ont connu Durand quand il était aux États-Unis, où il a passé un an à l'Université.

Au mois de janvier 1959, les quatre jeunes gens se retrouvent à Paris. C'est autour d'un verre que Jacques Durand leur expose sa grande idée.

— L'Afrique, cela vous dirait ?

C'est souvent ainsi que commencent les aventures et même que se jouent les destins. Un propos en entraîne un autre, on discute, on se passionne, on s'enflamme et le projet aboutit : il ne s'agit ni plus ni moins que de faire le tour de l'Afrique en voiture.

Avec l'aide de leurs parents, les jeunes gens achètent deux 2 CV et tout un matériel : une vingtaine de pneus, des bouteilles de gaz, des lampes de poche, des vivres en conserve et deux tentes. Les préparatifs enthousiastes durent six mois et, le 2 juillet, à la date prévue, tout est terminé. L'une derrière l'autre, les deux voitures couvertes d'inscriptions, la première vert pomme, la seconde rouge vermillon, s'élancent en klaxonnant.

Dans leur coffre, pourtant, par rapport à ce qui était prévu au départ, il y a deux modifications. L'équipe s'est munie d'une carabine de fort calibre, qui permettra de chasser, de se défendre contre les bêtes sauvages et éventuellement contre les pillards. Mais elle a choisi aussi de réduire au minimum les réserves en essence et en eau potable : il ne faut pas trop charger les voitures. Ces deux décisions, sans que nul ne s'en doute, vont fixer le destin de l'expédition.

La traversée des pays méditerranéens passe très vite. Les choses sérieuses commencent quand on arrive au sud de l'Égypte, à Assouan. Là, l'expédition s'arrête quelque temps, mais pas pour étudier les merveilles archéologiques.

Que s'est-il passé au pied des temples égyptiens et des colosses d'Abou Simbel ? Nul ne le sait. Toujours est-il qu'au lieu de suivre la voie normale vers le Soudan, qui consiste à longer tout simplement le Nil, les jeunes gens décident de rejoindre l'étape suivante, Wadi Halfa, en passant par une route que seules empruntent les caravanes : le désert de Nubie.

S'il n'a pas son étendue, le désert de Nubie est presque aussi impitoyable que le Sahara. C'est une étendue de rocaille et de sable, de plusieurs centaines de kilomètres de long et de large, à l'est du Nil. La température ne descend guère au-dessous de 50° dans la journée. Il y a quelques pistes, mais elles disparaissent si le vent se lève.

On ne saurait, bien sûr, s'y aventurer sans guide. Celui que l'équipe choisit est un Nubien de vingt ans, Waki. Jacques Durand le décrit ainsi, dans une lettre à ses parents :

« C'est un jeune Bédouin de haute taille, au visage fin et racé. Il regarde au loin et ne parle pas. Avec son grand bâton à la main, son turban blanc épais et roulé très large, il a l'air ailleurs. Il ne sourit pas. Il semble encore près de l'instinct. Il y a en lui quelque chose d'inquiétant et d'animal. »

Voilà : le dernier personnage de l'histoire est en place. C'est maintenant entre eux cinq que tout va se jouer.

Les 2 CV bariolées dépassent l'ultime village avant le désert. Ses habitants, dans leur burnous blanc, regardent disparaître ce qui n'est bientôt plus qu'un nuage de poussière.

Et ensuite… ensuite, il n'y a rien. C'est le silence, le grand silence du désert.

Les recherches commencent au début d'octobre. Des hélicoptères égyptiens survolent les lieux et il leur faut près d'un mois pour aboutir.

Le 28 octobre, à quelque quatre cents kilomètres d'Assouan, en plein désert on repère deux voitures presque entièrement ensablées et, à proximité, quatre corps à l'état de squelettes. La police égyptienne fait ses constatations sans tarder : trois des victimes ne présentent aucune blessure, elles sont mortes vraisemblablement de soif, mais la quatrième a été tué d'une balle dans la tête.

Ce dernier corps est revêtu du burnous des paysans nubiens. Pour les Égyptiens, il n'y a donc pas de doute, il s'agit du guide Waki. Reste qu'il manque une personne, de même qu'il manque la carabine, que la douane égyptienne avait enregistrée à l'entrée de l'expédition. Les deux Français peuvent être identifiés grâce à leurs papiers, ainsi qu'un des Américains, John Haig. Le quatrième est le guide Waki. Mais alors qu'est devenu le second Américain, Donald Brogan et que s'est-il passé ?

Pour toute indication, on retrouve quelques petits mots griffonnés sur des bouts de papier, d'une écriture tremblante, une écriture qui annonce la mort.

Près de Jacques Durand, daté du 19 juillet : « Ce qu'il y a de terrible, c'est que nous ignorons si notre guide sait où il va. Nous n'avons plus d'essence. »

Daté du 30 juillet, près du corps de Marcel Chardon : « La vie touche à son terme. Nous avons cherché de l'eau partout, mais en vain. »

Enfin, près de John Haig, à qui ses camarades apprenaient le français, on retrouve le journal bilingue qu'il tenait depuis le début de l'expédition et dont la dernière page porte : « Nous sommes perdus. *We are lost.* »

Alors, que s'est-il passé dans cette immense étendue blanche, sans autre témoin que l'implacable soleil de Nubie ?

Voici la première version des faits.

Nous sommes le 30 ou le 31 juillet 1959. Les 2 CV sont définitivement enlisées. Les cinq hommes ont tenté de toutes leurs forces de les dégager, mais il n'y a rien à faire. Ils n'ont presque plus d'eau et ils se rendent compte qu'ils ne s'en sortiront pas.

Alors, la nature reprend ses droits. L'être qui se sent proche de sa fin redevient une bête, car l'instinct de conservation est plus fort que tout. Tous se ruent sur le peu d'eau qui reste et c'est une lutte sans merci. Dans ce combat pour la vie, c'est Donald Brogan qui est le plus fort. Il abat le guide d'une balle dans la tête, il laisse ses compagnons agoniser et il s'en va droit devant lui, avec, dans ses mains, un trésor, le dernier bidon d'eau et une idée fixe qui le soutiendra jusqu'à son dernier souffle : survivre.

Telle est la version officielle des autorités égyptiennes et soudanaises, qui multiplient les patrouilles pour arrêter l'Américain en fuite. On le signale en plusieurs endroits, des gardes-frontières jurent l'avoir vu…

Mais deux personnes ne croient pas à cette version.

Il y a d'abord Françoise Durand, la sœur de Jacques. Elle a bien connu Donald à Paris et elle est sûre que c'est lui la victime et non le meurtrier. Quelque chose, son instinct de femme ou simplement son bon sens, le lui dit. Quelque chose de si puissant qu'au mois de novembre, elle part pour l'Égypte, avec un but qui semble insensé : prouver que le quatrième corps est celui de Donald Brogan.

Bien loin de là, en Californie, une autre femme, la mère du jeune homme, pense exactement la même chose : son fils est mort, elle en est sûre, mort dans le désert avec les autres.

Françoise Durand arrive au Caire et ce qu'elle va réussir est tout à fait exceptionnel. Elle fait le tour des autorités et des ministères. Elle attend des heures dans les antichambres, dans les couloirs, essuyant refus sur refus. Sa tâche est d'autant plus difficile qu'à l'époque, les rapports entre l'Égypte et la France sont franchement mauvais. À la suite de la crise de Suez, les relations diplomatiques sont rompues.

Pourtant, Françoise est persuasive. Elle met tant d'insistance, tant de conviction, tant de chaleur dans ses paroles qu'on finit par l'écouter. On va exhumer le corps du guide, ne serait-ce que pour prouver qu'elle a tort et mettre un point final à cette affaire. L'exhumation a donc lieu. Elle ne donne rien de concluant. De part et d'autre, on reste sur ses positions. Et les choses vont en rester là, quand l'ambassade des États-Unis transmet à la police égyptienne un document capital.

Mme Brogan mère a demandé au dentiste de son fils la radiographie de sa mâchoire. Et, quand cette pièce parvient sur le bureau des autorités du Caire, une nouvelle expertise est décidée. La forme des dents et les divers plombages ne laissent aucun doute : le quatrième corps est bien celui de Donald Brogan. Il est rapatrié et inhumé en terre américaine.

C'est ici que s'arrêtent les certitudes. Pour le reste, on en est réduit aux suppositions, mais on peut sans doute reconstituer la vérité et elle est terrible !

Le rescapé – et le meurtrier – est donc le guide Waki. On peut d'abord imaginer le même récit que précédemment, mais en changeant les noms. Les cinq hommes mourant de soif, dont l'esprit s'égare peu à peu, se disputent avec sauvagerie la possession des dernières gouttes d'eau. Et c'est le Nubien qui sort vainqueur de la lutte. D'ailleurs, n'est-ce pas vraisemblable ? C'était lui, l'homme du désert, habitué à la chaleur et à la soif, qui devait survivre.

Pourtant, il faut sans doute aller plus loin.

Le désert de Nubie n'est pas immense. Normalement une expédition, même mal préparée, aurait dû en venir à bout. À condition, bien entendu, qu'elle suive la bonne route, qu'elle ne s'égare pas ou plutôt qu'on ne l'égare pas. Et si le guide avait tout prévu, tout calculé depuis le départ ? Et s'il avait conduit délibérément les quatre hommes à la mort, dans un endroit fixé à l'avance, un endroit difficile à repérer où l'attendaient d'autres complices ? Bien sûr, il ne semble pas qu'il y ait eu pillage, mais on n'a découvert que ce qui restait et on ne saura jamais ce qui a pu être volé.

Car il est troublant que, malgré les recherches qui ont été entreprises, on n'ait jamais retrouvé le guide Waki. Alors, pourquoi n'aurait-il pas trouvé refuge dans un village ami et n'y aurait-il pas passé le restant de ses jours, avec son maigre butin, dérisoire à nos yeux, mais qui, pour lui, représentait une fortune ?

10

Une trahison peut en cacher une autre

Honoré Bernard est un homme ordinaire. Quand il est mobilisé, en 1939, il tient une épicerie à Bordeaux, avec sa femme Micheline. Comme tant d'autres, il est fait prisonnier en juin 1940 et interné en Allemagne.

Honoré Bernard ne reste que deux ans en captivité. Car, en juin 1942, il tombe gravement malade et, par décision des autorités allemandes, il est rapatrié dans un convoi sanitaire. Il retrouve, à Bordeaux, son épicerie et sa femme Micheline... C'est là que tout commence.

2 juillet 1942, 6 heures du matin : des coups violents sont frappés à la porte. Honoré Bernard se lève. Il ouvre et se trouve nez à nez avec quatre hommes. Malgré la chaleur, ils sont vêtus d'imperméables. Deux d'entre eux portent un chapeau mou, les deux autres ont un béret basque. Honoré n'a pas besoin de présentations : c'est la Gestapo, deux Français et deux Allemands.

C'est un des Français qui prend la parole.

— Allez, mets ton veston sur ton pyjama ! Non, pas le temps de t'habiller, on est pressés...

Sans rien comprendre, Honoré Bernard s'exécute. On le jette dans une traction avant, qui arrive peu après au siège de la Gestapo, un lieu sinistre que tout le monde connaît à Bordeaux. Mais Honoré Bernard espère malgré tout. C'est une erreur, c'est forcément une erreur ! Devant lui, un gradé allemand, qui parle avec un fort accent :

— Monsieur Bernard, ne perdons pas de temps : où sont les caisses ?

— Je vous demande pardon...

L'officier répète sa question :

— Où sont les caisses ?

— Mais je ne suis au courant de rien ! Je viens tout juste de rentrer de captivité. J'étais chez vous, en Allemagne...

L'Allemand n'a pas entendu, semble-t-il.

— Où sont les caisses ?

— Quelles caisses ? Les caisses de quoi ?

— À votre aise, Monsieur Bernard. Nous avons d'autres méthodes.

Honoré Bernard est conduit brutalement dans un appartement au second étage de l'hôtel. Un grand blond en manches de chemises est là, qui attend, entouré de soldats. Il lance un ordre en allemand. Instantanément, Honoré se retrouve attaché sur une chaise et l'interrogatoire commence, mené par le grand blond. Sa question est celle qu'il redoutait, parce qu'il ne peut pas y répondre :

— Où sont les caisses ?

— Mais je ne sais pas, je ne suis pas au courant !

Et ce sont alors les horribles tortures de la Gestapo : les ongles arrachés, la baignoire, le fer rouge. Et, sans arrêt, la même question qui revient, tantôt hurlée, tantôt susurrée d'un ton mielleux :

— Où sont les caisses ? Où sont les caisses ? Où sont les caisses ?...

À la nuit, Honoré Bernard est conduit dans une cellule et il reste là, brisé, anéanti... Le lendemain, il voit entrer un autre homme, un Français brun, un de ceux qui l'avaient arrêté.

— Allez, mon gars, on va faire un tour. Je vais te montrer, moi, où sont les caisses !

Il lui tend un imperméable et une paire de lunettes de soleil.

— Mets ça !

Honoré Bernard obéit. Il comprend de moins en moins, mais il ne cherche plus à comprendre.

Quelques minutes plus tard, il se retrouve dans une traction avant, avec le Français de la Gestapo et plusieurs autres. Est-ce le dernier voyage ? Va-t-on aller dans un terrain vague ou un petit bois ? Non. La voiture gagne le centre de Bordeaux. Elle s'arrête dans une rue particulièrement passante.

Le Français fait sortir Honoré Bernard. Les autres écartent les curieux. Ensemble, ils font plusieurs centaines de mètres, quand, brusquement, son compagnon lui fait faire demi-tour. Pas un mot n'a été prononcé. « Je vais te montrer où sont les caisses », lui avait-il dit. À quoi rime, alors, cette promenade silencieuse ?

Il est raccompagné dans sa cellule. Cette fois, les tortures sont finies et, une semaine plus tard, il est transféré à Paris. Là, il comparait devant un tribunal militaire allemand. Honoré Bernard est calme. Bien sûr, il va être condamné à mort, mais avant de mourir, il va au moins comprendre. Ses juges vont lui expliquer ce que sont ces mystérieuses caisses…

Mais il n'aura même pas cette ultime satisfaction. Il n'y a pas le moindre procès, le moindre acte d'accusation, les moindres débats. À l'appel de son nom, il s'avance et l'officier qui préside lui annonce :

— Honoré Bernard, vous êtes condamné à mort.

On l'emmène, menottes aux poignets. Il est de nouveau poussé dans une traction avant entre des personnages en imperméable. Et c'est alors que, dans cette incroyable suite d'événements incompréhensibles, intervient, pour la première fois, la chance.

Le conducteur de la voiture roule trop vite. Une carriole à cheval débouche d'une rue adjacente : il ne peut l'éviter. Sous le coup, tous les occupants de la traction sont commotionnés, tous, sauf Honoré Bernard, qui ne perd pas une seconde.

Comme un fou, il se rue dehors. Il y a une bouche de métro. La foule est dense. En le voyant, les gens comprennent. Insensiblement, plusieurs personnes se serrent autour de lui, dissimulant ses mains entravées. Un homme lui souffle :

— Venez avec moi. On va s'occuper de vous...

Honoré a réussi à échapper à la Gestapo. Pris en charge par la Résistance parisienne, vivant avec de faux papiers, il peut atteindre sans encombre la Libération. Seule, de temps en temps, une question continue à l'obséder :

— Mais qu'est-ce que c'était que ces caisses ?

Janvier 1945. Honoré Bernard retourne à Bordeaux. Son cauchemar est fini. Qu'importe ce qu'il a vécu, il va retrouver Micheline et sa vie d'avant !

Pourtant, il se trompe. Il retrouve bien son épicerie, mais pas Micheline. Celle-ci a disparu. Sur le coup, il ne s'inquiète pas trop : elle doit être dans sa famille, il va sûrement avoir de ses nouvelles. Mais Honoré Bernard n'en aura pas le temps. Début février, il est réveillé en sursaut à l'aube. On frappe des coups précipités à la porte.

Comme un somnambule, Honoré se lève. Il s'approche. Les coups redoublent.

— Police... Ouvrez !

Dans un état second, l'épicier s'exécute. Deux agents s'encadrent sur le seuil.

— Monsieur Bernard ? Veuillez nous suivre. Vous avez le temps de réunir quelques affaires personnelles.

— Mais que me veut-on ?

— Nous, on n'en sait rien. Vous verrez ça avec le commissaire...

Le commissaire, devant lequel Honoré se retrouve peu après, les menottes aux poignets, lui indique effectivement le motif de son arrestation.

— Vous êtes accusé de trahison.

Honoré Bernard proteste, hurle ! Ce n'est pas possible ! C'est l'horreur des caisses qui recommence. Traître, lui ? Mais il a été condamné à mort par les Allemands. Il a vécu plusieurs années avec la Résistance !

À l'époque, la police est débordée. C'est le moment des affaires rapidement instruites et expédiées. Le commissaire se contente de répliquer :

— Eh bien, mon vieux, vous expliquerez tout cela au juge...

Et, quinze jours après, Honoré Bernard est devant la cour d'assises de Bordeaux. La justice est tout aussi débordée que la police. Les procès se succèdent et l'atmosphère n'est pas à l'indulgence.

Au moins, cette fois, Honoré comprend ce qu'on lui reproche. Plusieurs témoins viennent à la barre. Ils sont formels.

— C'est lui ! Je l'ai vu dans les rues de Bordeaux, en juillet 1942. Il était avec la Gestapo, il en faisait partie.

Honoré Bernard se souvient : l'imperméable et les lunettes de soleil, ce périple absurde, comme tout le reste, ces caisses qu'on devait lui montrer et qu'on ne lui a pas montrées.

Il crie :

— Mais j'ai été prisonnier de la Gestapo ! J'ai été torturé. J'ai été condamné à mort par les Allemands !

On ne l'écoute pas. Après une rapide délibération, le tribunal rend son verdict.

— Honoré Bernard, vous êtes condamné à mort pour trahison.

Honoré se laisse emmener par les gendarmes. Il renonce à comprendre, il renonce même à lutter. Tout cela est absurde : et alors ? Est-ce que le sort des déportés des camps de concentration n'était pas aussi absurde ?

C'est une victime consentante qui attend son sort et, pourtant, c'est à ce moment précis qu'Honoré va enfin apprendre la vérité. Dans le quartier des condamnés à mort, il retrouve tout naturellement les hommes de la Gestapo française et, en particulier, le petit brun. En l'apercevant, celui-ci vient vers lui. Il n'a pas l'air surpris, plutôt apitoyé.

— Mon pauvre vieux, autant tout te dire ! Pour moi, de toute manière, c'est foutu, alors je n'ai rien à perdre.

Et le petit brun de la Gestapo raconte. Cette invraisemblable histoire était bien une histoire de trahison. Pas celle d'Honoré, qui était inventée de toutes pièces, celle de l'être auquel il aurait le moins pensé...

— Bien sûr qu'il n'y a jamais eu de caisses. C'est ta femme qui est responsable de tout. Elle couchait avec un général allemand, quand tu as trouvé malin de revenir de captivité. Alors, le général nous a demandé de nous débarrasser de toi. Comme tu n'avais rien fait, il n'était pas sûr que tu serais fusillé et il a eu une drôle d'idée : te promener dans les rues de Bordeaux habillé comme nous. Comme ça, si tu t'en étais sorti, ce sont ceux de la Résistance qui t'auraient fait la peau !

Voilà. Telle était l'explication de l'incroyable série d'événements qui avaient fait condamner deux fois à mort Honoré Bernard.

Mais son histoire ne s'arrête pas là. Le petit brun de la Gestapo a accepté de signer des aveux officiels et le résultat a été la grâce d'Honoré.

La grâce, pas la réhabilitation. Car la justice ne revient pas si facilement sur ses décisions. Honoré Bernard, qui avait failli mourir sous les tortures allemandes et qui avait failli être fusillé pour Résistance, a obtenu la grande faveur de se voir seulement condamné aux travaux forcés à perpétuité.

Malgré ses appels, il est resté en prison sept ans. Il a fallu une campagne de presse pour qu'il bénéficie d'une mesure de libération anticipée. Il est sorti de prison en mars 1952 et ce n'est qu'en 1956 qu'il a enfin obtenu sa réhabilitation, après quatorze ans de souffrances et d'injustices.

Quant à sa femme, qui était responsable de tout, elle a été recherchée par la police, mais elle n'a jamais été retrouvée. A-t-elle été tuée ? Par les Allemands, par la Résistance ? S'est-elle enfuie à l'étranger ? Mystère. Passé le délai légal, Honoré a obtenu le divorce et s'est remarié. Il a essayé de recommencer sa petite vie de Français moyen.

Mais jusqu'à la fin, il a été hanté par le même cauchemar : une voix qui le réveillait en sursaut, en lui criant :

— Où sont les caisses ?

11

Double trahison

— Arrête, Violetta, arrête !

Luigi Galeano a lancé ce cri, avec stupeur et désespoir à la fois. Violetta vient de le pousser vers une plaque de carton au milieu des herbes jaunies du terrain vague. Il a juste le temps de voir le sourire mauvais de sa femme et, dans ses yeux, un éclair de haine.

Tout de suite après, c'est une chute vertigineuse le long d'une paroi de pierre. Le carton dissimulait un trou. Luigi Galeano se dit que si Violetta a voulu l'emmener là, c'était pour le pousser et pour le tuer… Va-t-il mourir ? Il se pose la question pendant quelques secondes. Cela semble inévitable, mais non, il se retrouve dans une boue visqueuse, gluante et pourrie, qui colle à sa peau et à ses vêtements, mais qui a amorti sa chute.

Il comprend : il est dans les égouts. Il parvient à peine à remuer dans la vase qui lui arrive à hauteur du ventre et dont il ne voit même pas la couleur. Au-dessus, c'est Bergame, la ville où il habite. Ici, c'est le noir complet, dans cette prison à dix mètres au-dessous de la terre.

Luigi a trente-quatre ans. Il est ouvrier à l'usine de pneumatiques. Chaque soir, il termine à minuit. Il a choisi cet horaire parce que c'est mieux payé et puis, il rentre sur son vélomoteur. Mais ce soir, Violetta l'attendait à la sortie. C'était la première fois en dix ans de mariage. Elle était particulièrement jolie, avec son fichu rose sur ses cheveux bruns. Elle lui a dit :

— J'ai envie de te faire une surprise. Viens, on va marcher un peu.

Luigi l'a suivi, ravi, malgré sa fatigue et la nuit. Elle l'a conduit vers un terrain vague, son vélomoteur à ses côtés. Elle lui a expliqué :

— Il y a plein de planches abandonnées. Si on les prenait pour la cabane à lapins, cela nous ferait une économie !

Luigi Galeano s'est dit que c'était une bonne idée, mais il n'a pas eu le temps d'apercevoir la moindre planche, tout de suite après c'était le carton posé par terre et la chute…

Nous sommes le 13 septembre 1967 et, pour lui, commence une aventure affreuse. Car, ce qui l'attend dans les égouts de Bergame, il n'en a pas idée !

10 heures du matin, ce 13 septembre 1967. Violetta Galeano entre dans le commissariat proche de son domicile. Elle a les yeux rougis et serre dans ses mains un petit mouchoir bleu. Elle explique :

— Il est arrivé un malheur. Mon mari n'est pas rentré !

Elle explique que Luigi est tout ce qu'il y a de sérieux. Il termine son travail à minuit et il est toujours là une heure après. D'ailleurs, elle vient de passer à l'usine et le gardien lui a confirmé qu'il était parti cette nuit à l'heure habituelle.

Les faits semblent suffisamment inquiétants aux carabiniers pour qu'un avis de recherche soit lancé au nom de Luigi Galeano, trente-quatre ans, disparu avec son vélomoteur de marque courante.

Pendant ce temps, tandis que la police fouille les environs, Luigi Galeano continue d'avancer. Il parcourt à tâtons les boyaux étroits des égouts. Peu à peu, ses yeux se sont habitués à l'obscurité. De temps en temps, il distingue une grille. Mais elles sont scellées et pas moyen de les déplacer. Il appelle au secours, mais personne ne répond.

Il a ramassé un bâton, une sorte de pieu qu'il a trouvé enfoncé dans un mur. Il s'en sert comme d'une canne pour se guider, mais aussi contre les rats, qui ne cessent de passer et de repasser devant lui. Il a l'impression qu'ils sont de plus en plus nombreux et de plus en plus gros. Soudain, il n'en peut plus, il se laisse tomber sur une grosse pierre qui surplombe le flot fangeux. Il se met à parler tout haut et sa voix fait un son caverneux dans cet espace lugubre.

— Violetta, ce n'est pas vrai que tu as voulu me pousser ? J'ai mal vu. Tu ne l'as pas fait exprès. C'était un accident. Tu as sûrement couru chez les carabiniers. Tu leur as dit que j'étais dans les égouts. Ils vont venir me sauver et on recommencera comme avant. Hein, Violetta ?...

C'est un peu plus tard que les carabiniers sonnent dans le petit pavillon que les Galeano habitent dans la banlieue de Bergame. Violetta vient leur ouvrir. Ils ont l'air très gênés. L'un d'eux tient à la main le vélomoteur de Luigi.

— Il faut être courageuse, Madame Galeano. On a retrouvé le vélomoteur de votre mari sur le pont Garibaldi. Il était renversé sur le bas-côté. Ce ne serait pas la première fois que quelqu'un se serait noyé à cet endroit. Votre mari passait par-là d'habitude ?

Violetta Galeano fait « oui » de la tête. Le pont Garibaldi enjambe un petit fleuve de montagne, qui est parfois tumultueux, comme c'est le cas en ce moment... Le carabinier poursuit.

— On le retrouvera sans doute dans quelques jours. On vous laisse le vélomoteur. Si vous avez besoin de quoi que ce soit, appelez-nous.

Au moment où la voiture des policiers repart de chez lui, dix mètres sous terre, Luigi Galeano reprend sa marche dans les égouts. C'est idiot : cela fait des heures qu'il marche dans sa prison de pierre et c'est maintenant seulement qu'il se souvient qu'il a un briquet sur lui. Il le prend dans la poche de sa veste et, miracle, il fonctionne ! Une petite flamme s'élève.

Il ne voit pas grand-chose, mais il se dit que la chance revient et que, bientôt, il va sortir de cet enfer…

Luigi se remet en marche. Il va droit devant lui, sans savoir dans quelle direction il progresse. Mais quelle importance ? Ce qui compte, c'est d'avancer. Les égoutiers doivent bien faire une ronde de temps en temps. Il finira par les rencontrer. À intervalles réguliers, il fait jaillir la flamme de son briquet, éclairant faiblement les parois et, parfois, un gros rat noir qui s'enfuit, effrayé.

L'obscurité est revenue lorsqu'il bute contre une masse inerte dans l'eau. C'est sans doute un chien ou un chat tombé comme lui. Il penche son briquet et allume. On dirait des vêtements, des bras des jambes, mais oui, c'est un corps qu'il a devant lui !

Tout en maintenant son doigt appuyé sur le briquet, de la main gauche, il retourne le corps. Est-ce qu'un malheureux aurait connu le même drame en même temps que lui… Tout à coup le visage apparaît et il se fige. Il a un cri :

— Oh, mon Dieu !

Et il comprend tout ! L'horrible, l'incroyable vérité lui apparaît dans toute son horreur ! Car, ce visage, il le connaît. C'est Graziella, la femme de son meilleur ami Marcello. Marcello, qui venait tout le temps à la maison, même quand il était à l'usine, et qui riait avec Violetta. Un jour, son père lui a dit, en plaisantant :

— Fais attention, Luigi, un jour, Marcello te volera ta femme !

Et ils avaient ri ensemble… Et pourtant, c'est exactement ce qui vient d'arriver. En cette année 1967, le divorce n'existe pas en Italie. Il n'y a qu'une seule manière de mettre fin au mariage : le veuvage. Violetta et Marcello ont décidé de vivre ensemble et, pour cela, d'assassiner leurs conjoints respectifs. C'est un plan monstrueux, sans doute longuement prémédité, une double et odieuse trahison !

Maintenant, Luigi se souvient que Marcello, avant de se mettre à son compte comme maçon, travaillait aux égouts de Bergame. Il en connaît tous les recoins, dont ce trou dans le terrain vague, qu'il a camouflé avec une feuille de carton...

La flamme du briquet s'éteint. Le visage de Graziella disparaît. Graziella est morte dans des conditions horribles, après avoir erré interminablement dans ces lieux de cauchemar. Maintenant, c'est à son tour !

Une journée exactement a passé. Une voiture de police se présente de nouveau devant la petite maison des Galeano, dans la banlieue de Bergame. Violetta ouvre avec une mine de circonstance. Elle s'attend sans doute à ce qu'on lui annonce qu'on a découvert le corps de son mari, mais à sa grande surprise, le chef des carabiniers affiche un large sourire.

— Madame Galeano, on vous le ramène !

L'instant d'après, elle écarquille les yeux. Elle voit Luigi sortir de la voiture, dans un costume trop grand pour lui et les cheveux enturbannés dans une serviette. Tandis qu'elle reste pétrifiée, les bras le long du corps, il va vers elle, souriant lui aussi, la prend dans ses bras et pose ses lèvres contre les siennes.

— Je reviens de loin, tu sais ! Va chercher une bouteille de vin pour les carabiniers. Ils le méritent. C'est grâce à eux si je suis là !

Violetta s'exécute en tremblant et, peu après, devant un verre, Luigi Galeano raconte ce qui lui est arrivé ou, du moins, il le raconte à sa manière.

— Tu sais, Violetta, je ne sais pas comment j'ai fait mon compte. Je me suis perdu dans le terrain vague près de l'usine et je suis tombé dans les égouts. J'ai cru que j'allais mourir. J'ai parcouru des kilomètres pendant des heures et des heures. Et puis, à un moment, j'ai crié devant une grille et on m'a répondu. J'avais échoué devant un marché. On a prévenu les carabiniers et me voilà !

Le chef des carabiniers se lève pour prendre congé.

— On ne va pas pouvoir rester plus longtemps. On a du travail : une autre disparition, Graziella Bartoli. Vous la connaissez peut-être, elle habite pas très loin d'ici.

Violetta éclate en sanglots. Luigi répond :

— Oui, bien sûr, c'est la femme de notre ami Marcello. Décidément !

Les policiers disparaissent. Violetta est blême.

— Tu ne leur as rien dit aux carabiniers ou alors, ils jouent la comédie ?

Luigi Galeano ne répond pas.

— Tu sais, je ne voulais pas... C'est lui, c'est Marcello. Il m'a envoûtée. Tous les jours, il me répétait de le faire.

— De faire quoi, Violetta ?

— Tu le sais bien !

— Je ne vois pas de quoi tu veux parler...

— Il l'a poussée dans les égouts, mais elle, elle ne reviendra pas, j'en suis sûre !

— Tu dis n'importe quoi !

Et un an passe ainsi. Une année entière, sans que Luigi Galeano ne reparle de ce qui est arrivé ! Il a repris son travail à l'usine de pneumatiques. Il continue d'aller à la pêche, à la chasse, d'assister aux matches de foot de l'équipe de Bergame. Il est souriant, détendu, tandis que, de son côté, Violetta dépérit à vue d'œil.

Un qui ne va pas très bien non plus, c'est Marcello Bartoli. Alors qu'avant, il était tout le temps fourré chez les Galeano, pas une fois il n'a franchi le pas de leur porte. D'ailleurs, il ne voit pratiquement plus personne. Il sort de moins en moins de chez lui. Son entreprise de maçonnerie périclite, il s'est mis à boire. Tout le monde met cela sur le compte du chagrin. Sa femme Graziella n'a jamais réapparu. De l'avis général, elle l'a quitté pour aller vivre avec un autre homme...

Et puis, un peu plus d'un an après la tragédie des égouts, un matin d'octobre 1968, les carabiniers voient arriver Luigi Galeano. Il est très calme. Il leur déclare :

— Je viens de tuer ma femme. Vous la trouverez dans son lit. Je lui ai tiré un coup de fusil pendant son sommeil. J'ai également tué Marcello Bartoli. Je l'ai abattu sur son chantier. Je n'ai pas voulu le faire chez lui à cause de ses enfants.

Les carabiniers le regardent avec ahurissement.

— Mais pourquoi ?

Toujours aussi calmement, Luigi raconte la tentative de meurtre de sa femme contre lui. Il raconte aussi la découverte du cadavre de Graziella, alors qu'il était dans les égouts. Les gendarmes n'en reviennent pas.

— Vous êtes sûr de ce que vous dites ? Comment se fait-il qu'on ne l'ait pas retrouvée.

— Je suppose que les rats ont dû dévorer le corps. Si vous ne m'aviez pas sauvé, ils auraient commis le crime parfait !

— Mais si c'est vrai, pourquoi n'avez-vous rien dit ? Pourquoi avez-vous attendu tout ce temps pour faire… ce que vous avez fait ?

Cette fois, Luigi Galeano perd son air imperturbable. Une expression mauvaise apparaît sur son visage.

— J'ai voulu leur laisser le temps de croire que je leur avais pardonné et le temps d'avoir du remords. J'ai voulu qu'ils souffrent pendant un an de leur vie, en sachant que j'étais là, tout près d'eux. Je n'ai qu'un regret, c'est d'avoir cédé trop tôt à la tentation. J'aurais dû les laisser souffrir plus longtemps.

Ces propos, Luigi Galeano les a répétés six mois plus tard, devant la Cour d'assises de Bergame. Il a revendiqué hautement son acte, ce qui ne l'a pas empêché de n'être condamné qu'à trois ans de prison. Car, à l'époque, l'article du code pénal italien, qui reconnaissait le crime d'honneur et lui accordait les plus larges circonstances atténuantes, était toujours en vigueur.

C'était également avant que le divorce soit enfin reconnu en Italie. Ce fut chose faite le 1er décembre 1970. Depuis cette date, pour refaire sa vie, on n'a plus besoin de pousser son conjoint dans les égouts.

12

La traîtresse et sa victime

La trahison possède une particularité étonnante : elle permet au faible de triompher du fort.

Par définition, elle est inattendue. Le traître agit par surprise. Il opère sous le couvert de la camaraderie, de l'amitié, voire de l'amour, il porte un masque et, quand il le laisse tomber, sa victime, stupéfaite et désorientée, est tout entière à sa merci.

C'est pourquoi la trahison permet parfois aux femmes, le sexe faible, de mettre les hommes à leur merci… La trahison féminine exerce sur nous une étrange fascination. Elle nous fait penser à l'araignée qui tisse sa toile, à la plante carnivore qui étale ses couleurs, pour mieux attirer l'insecte imprudent. Le plaisir et la mort sont indissolublement liés, dans ce scénario cruel, qui nous révolte et nous trouble en même temps. Dans un sens, la trahison féminine est la trahison par excellence, il suffit, pour s'en convaincre, de comparer la différence de charge émotive qu'il y a entre le mot « traîtresse » et le mot « traître »…

L'histoire qui va suivre en est l'exemple parfait. Elle se passe dans les temps bibliques, aux environs d'un millénaire avant notre ère. Il ne faut pas y chercher une quelconque vérité historique, peut-être est-elle une amplification d'un fait réel, peut-être a-t-elle été totalement inventée, mais peu importe ! Elle est emblématique de ce que nous disions : elle met en présence la faible et le fort, la belle et la bête, la traîtresse et sa victime.

En ce temps-là, les Hébreux sont sous la domination de leurs voisins philistins depuis près d'un demi-siècle et, dans la tribu de Dan, une des douze d'Israël, on entend avec insistance une prophétie : un enfant naîtra, qui délivrera le peuple de ses oppresseurs.

Manoach et sa femme Isha sont des commerçants prospères. Ils auraient tout pour être heureux, s'il n'y avait dans leur couple un malheur : Isha est stérile. L'un et l'autre ont fini par accepter leur infortune, lorsqu'un jour, alors qu'ils prennent ensemble le repas du soir, un être surgit dans un grand bruissement d'ailes. Il s'adresse à la femme et lui annonce :

— Tu vas avoir un enfant.

Effrayée et surprise, Isha se récrie.

— Ce n'est pas possible, je suis stérile !

— Tu ne l'es pas. Tu auras un fils. Tu ne lui couperas jamais les cheveux et ce sera lui qui commencera à délivrer Israël de la main des Philistins.

L'être disparaît au milieu des flammes et les époux comprennent qu'il s'agissait d'un ange de Dieu.

Neuf mois plus tard Isha met au monde un fils, que Manoach et elle prénomment Samson. L'enfant grandit sans histoire. Lorsqu'il a atteint dix-huit ans, c'est le plus beau garçon de la contrée. Il est magnifique, avec son visage énergique, aux longs cheveux noirs comme l'ébène, qui tombent en boucles sur ses épaules, sa peau hâlée par le soleil, sa poitrine aux pectoraux puissants.

Il n'est pas seulement beau, il est doué aussi d'une force prodigieuse. Dans les bagarres avec les autres garçons, il lui est arrivé plus d'une fois de leur casser un membre sans le vouloir et, depuis, il s'abstient de toute violence envers eux, même par jeu. D'ailleurs, ceux-ci ont bien trop peur pour l'approcher. Quant aux jeunes filles, elles rêvent toutes de lui. Mais elles sont bien déçues. Il ne leur accorde pas un regard. C'est un solitaire, qui aime faire de longues randonnées dans les environs, dont il ne rentre parfois qu'au bout de plusieurs jours.

Et c'est au retour d'une de ces expéditions qu'il annonce à ses parents :

— J'ai trouvé celle que je vais épouser.

Manoach et Isha sont aussi surpris que ravis.

— Comment s'appelle-t-elle ? Où habite-t-elle ?

— Elle s'appelle Semadar. Elle est de Thimna.

Il y a un cri d'horreur de sa mère, suivi d'un long silence… Thimna est une ville du pays philistin, juste derrière la frontière de Judée. Manoach prend la parole, d'une voix terrible.

— Tu veux te marier avec une Philistine ?

— Pourquoi pas, si elle me plaît ?

— Mais tu dois combattre les Philistins, tu dois en délivrer ton peuple !

— Je verrai plus tard, en attendant, je l'épouse !

— C'est ici que tu dois prendre femme, parmi les tiens.

— N'insistez pas, Père. Venez avec moi, pour faire la demande à son père Tubal.

— Jamais je ne consentirai à une telle honte !

— Alors, j'irai seul…

Et Samson s'en va, au grand désespoir de sa famille, de toute la tribu de Dan et en particulier, de toutes les jeunes filles en âge de convoler. Mais il est ainsi : il est généreux, ouvert, ce qui ne l'empêche pas d'être impulsif et, parfois, buté… Samson chemine plusieurs jours et repasse dans un endroit où il s'était déjà trouvé quelques mois auparavant. Il avait été attaqué par un jeune lion, mais avec la force qui est la sienne, il l'avait tué à mains nues.

Or, voilà que, découvrant la dépouille, dont les os ont blanchi, il constate que des abeilles s'y sont nichées. Elles en ont fait leur ruche et il peut prendre de longues coulées de miel entre ses doigts. La chose lui semble si frappante qu'il décide d'en faire une énigme qu'il posera aux convives de son mariage…

Tout comme Manoach et Isha, Tubal et sa femme sont de riches commerçants, qui habitent une des plus belles maisons de Thimna. Samson se présente à eux et fait sa demande. Tubal n'est guère enthousiaste. Unir sa fille avec un Hébreu, un habitant d'un pays vassal, est une mésalliance. Mais Samson a si belle allure et, surtout, Semadar est si éprise, qu'il ne dit pas non. Il tend la main à l'arrivant.

— C'est décidé, tu seras mon gendre. Selon la coutume de notre pays, le mariage aura lieu à l'issue de fêtes, qui dureront sept jours.

Derrière son père, Semadar se tient, rougissante, dans sa robe brodée de fils d'or. Elle s'accorde merveilleusement avec sa chevelure, car elle est blonde comme les blés, une rareté dans ces contrées. Elle est, d'ailleurs, ravissante et ils formeront le plus beau couple qu'on ait vu depuis longtemps.

Les festivités commencent et, comme il se l'était promis, Samson annonce qu'il va proposer une énigme. Ils sont trente à relever le défi. Ensemble, ils conviennent d'un enjeu : un vêtement richement tissé… Samson énonce alors sa question :

— De celui qui mange est sorti ce qui se mange et du fort est sorti le doux. De quoi s'agit-il ?

Pendant les jours qui suivent, les convives cherchent en vain à découvrir la réponse. Ils sont d'autant plus furieux, qu'ils refusent de perdre contre un Hébreu. L'un d'eux vient trouver Semadar.

— Demande à Samson de te donner la solution de l'énigme, sinon, nous te brûlerons, toi et la maison de ton père !

La blonde jeune fille prend peur. Il ne lui vient pas à l'esprit que Samson pourrait facilement la défendre de ces menaces. Elle va le trouver.

— Tu n'as pour moi que de la haine et tu ne m'aimes pas !

— Comment peux-tu dire une chose pareille ?

— Parce que tu ne m'as pas dit la solution de ton énigme. Comment peux-tu avoir des secrets pour ta future femme ?

Elle insiste, elle mêle les larmes aux sourires enjôleurs, tant et si bien qu'il cède, il lui dit tout. Elle s'empresse d'apporter la réponse à celui qui l'avait menacée et, peu après, celui-ci lance à Samson, au milieu du banquet :

— Quoi de plus doux que le miel et quoi de plus fort que le lion ?

Et il ajoute :

— Nous sommes trente. Tu nous dois un vêtement à chacun !

Samson pousse un cri de rage. Il a compris que Semadar l'a trahi. Jamais, sans cela, ils n'auraient trouvé son énigme. Mais un enjeu est un enjeu et il doit payer sa dette. Il se rend à l'extérieur de Thimna, il attend l'arrivée d'une caravane. Lorsqu'il en arrive une, il a tôt fait de tuer une partie de ses membres et mettre en fuite les autres. Il va prendre, dans les coffres, trente riches vêtements, retourne à la noce et les lance au milieu des convives.

Mais la noce n'aura pas lieu. Il est furieux contre Semadar et il s'en revient chez lui. Il est accueilli avec effusion par ses parents, qui lui ont pardonné ce moment d'égarement et qui sont sûrs qu'il va définitivement faire sa vie chez les siens.

Ils se trompent. Samson n'arrive décidément pas à oublier Semadar et, à leur grande désolation, comme à celle de toute la tribu de Dan, il retourne à Thimna. Il se présente chez Tubal. Il trouve ce dernier très embarrassé.

— C'est que tu as refusé Semadar. Un autre prétendant s'est présenté et je lui ai donné sa main.

Et il ajoute :

— Si tu veux, je peux te donner sa cadette…

Samson n'en écoute pas plus. Il est pris d'une colère terrible. Il capture trois cents renards, leur enflamme la queue et les lance dans les champs de blé des Philistins, dévastant une bonne partie des récoltes.

Les paysans ainsi ruinés se rendent à Thimna et demandent qui a fait cela. On leur répond :

— C'est Samson, l'Hébreu, parce que Tubal ne lui a pas donné sa fille et l'a donnée à un autre.

Alors, les paysans se rendent chez Tubal, le tuent, ainsi que Semadar, et mettent le feu à la maison…

C'est le début d'une guerre sanglante. Furieux d'avoir perdu celle qu'il aimait, Samson tourne sa colère contre les Philistins. Il fait des razzias dans leur pays, il devient leur fléau, ainsi que l'avait prédit l'ange et que le lui demandaient ses parents. Ces derniers regrettent seulement qu'il agisse ainsi par amour déçu et non par respect pour sa mission.

Il s'ensuit de nombreux conflits. Incapables d'avoir raison de lui, les Philistins en viennent à demander leur aide aux Hébreux. Un certain nombre d'entre eux acceptent, contre de l'argent, de tendre un piège à Samson. C'est ainsi qu'il leur est livré et conduit chez eux, couvert de chaînes, au milieu d'une troupe considérable.

Les Philistins ont pourtant sous-estimé sa force prodigieuse. Aucune chaîne n'est assez solide pour emprisonner Samson. Il se libère, avise une carcasse d'âne, s'empare d'une de ses mâchoires et, frappant ceux qui l'entourent à l'aide de cette massue improvisée, il massacre mille hommes.

Samson rentre au pays. Mais au lieu de rester chez lui et d'y prendre épouse, il continue sa vie errante. C'est ainsi que, dans la vallée de Sorek, il entend parler d'une beauté sans pareille, qui vit seule et ne veut d'aucun mari. Elle a pour nom Dalila.

La vallée de Sorek est en pays philistin. Tout comme Thimna, elle se situe tout près de la frontière avec les Hébreux, qui habitent les collines qui la surplombent. Samson n'est décidément pas comme les autres. Le fait que Dalila appartienne au peuple de ses ennemis ne le fait pas reculer, pas plus qu'il n'avait reculé pour Semadar. Si elle lui plaît et si elle veut de lui, il l'épousera.

Dalila habite une jolie maison au bord la rivière qui traverse la vallée. Samson se présente chez elle. Il la découvre et il reste fasciné.

Jamais, il n'avait vu une telle beauté ! Elle est aussi brune que Semadar était blonde. Mais elle est mieux faite encore. Et puis, elle a quelque chose que n'avait pas Semadar, une lumière, un éclat ; elle lui fait penser aux bêtes sauvages, qu'il croise dans ses randonnées. Il la regarde, émerveillé. Elle, de son côté, le dévisage.

— Qui es-tu ?

— Samson, de la tribu de Dan.

— C'est toi qui fais si peur à mon peuple ?

Il ne cherche pas à nier. Il lui sourit.

— C'est moi.

Dalila va-t-elle le chasser ? Ils sont nombreux, les prétendants qui sont venus et elle les a tous éconduits sans ménagement. Mais elle ne fait rien. Elle lui sourit à son tour.

— Que veux-tu ?

— Rester ici, si tu veux bien…

De ce jour, Samson et Dalila ne se quittent plus. Au grand soulagement des Philistins, ce dernier s'est assagi. Il ne fait plus ses meurtrières incursions chez eux, il goûte le bonheur auprès d'elle. Les Hébreux, au contraire, se désespèrent de le voir abandonner son peuple et sa mission dans les bras d'une ennemie. Ils multiplient les démarches ; même ses parents vont le trouver, mais c'est en vain, il n'écoute personne.

Ce sont les Philistins, au contraire, qui vont réussir dans leurs démarches. Ils sont, certes, soulagés de ne plus être en butte aux attaques de leur ennemi, mais ils en viennent à penser que, grâce à leur compatriote Dalila, ils ont un moyen de s'emparer de lui… C'est Astur, le conseiller du roi, qui vient la trouver alors que Samson est parti marcher dans les collines.

— Dalila, si tu voulais, tu pourrais être riche. Ici, tu n'es qu'une paysanne. Tu pourrais venir à la cour, avoir le rang de princesse.

— Je suis bien, avec Samson.

— Réfléchis. Si tu nous le livres, nous t'offrons cent mille pièces d'argent. Pense aux bijoux et aux parures que tu pourrais t'offrir.

Dalila devrait éconduire le visiteur, mais elle l'écoute. Le messager est persuasif. Il lui fait miroiter la vie dorée qui l'attend. Elle finit par lui répondre :

— Comment pourrais-je vous le livrer, avec la force qui est la sienne ? Il a tué mille de vos soldats avec une mâchoire d'âne !

— Sa force n'est rien à côté de ton charme. Essaie de savoir d'où elle lui vient et tu seras maîtresse de lui.

Et Dalila se laisse convaincre. À partir de ce moment, elle se fait plus tendre, elle déploie toutes les ressources, toute la magie de sa séduction, pour savoir d'où son amant tire sa force.

— Pourquoi es-tu si fort, Samson ? À moi, tu peux le dire…

Comme elle insiste et qu'il ne veut pas répondre, il lui ment.

— Si tu me lies avec sept brins d'osier, je perdrai toute vigueur.

Elle en fait l'expérience tandis qu'il dort, il brise l'osier comme le reste.

Samson lui fait encore deux autres mensonges. Mais il est réellement épris. À force de se voir refuser ce qu'elle demande, Dalila devient boudeuse, elle s'éloigne de lui. Alors, il capitule… L'épisode du lion et du miel aurait dû lui servir de leçon. Il avait déjà été trahi par celle qui devait devenir sa femme. Mais peut-être l'a-t-il oublié… Alors qu'ils sont couchés l'un près de l'autre, il lui dit :

— Ma force me vient de mes cheveux. Je ne dois jamais les couper.

Elle prend en main ses longues boucles brunes.

— Ces cheveux-là ?

— Oui. Un ange est venu dire à ma mère que je triompherais des Philistins si elle ne me coupait jamais les cheveux.

Dalila reste silencieuse, puis, lorsqu'il est endormi, lui tranche ses longues tresses à l'aide d'un stylet. Après quoi, elle n'a plus qu'à appeler les soldats, qui se tenaient non loin. Ils se jettent sur lui. Il n'oppose qu'une faible résistance. Ils lui crèvent les yeux et le couvrent de chaînes dont, cette fois, il ne pourra pas se libérer.

Des mois ont passé. Nous sommes à Ekron, la plus importante cité des Philistins. C'est là qu'a été conduit Samson. Il est enfermé dans la prison de la ville, mais seulement la nuit. Le jour, il tourne la lourde roue de pierre du moulin à grains, situé dans la cour du bâtiment. C'est un spectacle pitoyable de le voir s'échiner, sous le fouet et les ricanements de ses gardes.

Dalila vient, de temps en temps, se repaître de cette vision, avec ses robes et ses bijoux de princesse. Le roi vient de perdre sa femme et il est question qu'elle l'épouse. Elle sourit en le voyant si misérable, sans regard, sale et barbu. Elle ne pense pas, pas plus que personne autour du prisonnier, que ses cheveux ont repoussé en même temps que sa barbe et que sa force est peut-être en train de lui revenir…

Quelque temps plus tard, a lieu la grande fête de Dagon, le dieu du pays philistin. Il est prévu que les épousailles du roi et de Dalila se déroulent le lendemain… Le temple est comble et le souverain a décidé d'offrir un divertissement à son peuple : Samson sera exhibé, couvert de chaînes, et chacun pourra lui adresser des injures et des quolibets tout à loisir.

Il finit par faire son entrée, au milieu des cris de joie. Dalila et le roi le contemplent, assis sur deux trônes dorés. Il avance, titubant, de sa démarche d'aveugle. Il semble à bout de forces. En réalité, il cherche à approcher de deux piliers suffisamment proches, afin de les renverser et de faire s'écrouler tout l'édifice. En même temps, il adresse une prière à Dieu :

— Je t'en prie, Seigneur, souviens-toi de moi et rends-moi fort, ne serait-ce que cette fois, pour que j'exerce contre les Philistins une unique et dernière vengeance !

Il finit par trouver les deux piliers qu'il cherchait. Il s'arrête entre eux et la suite va trop vite pour qu'on puisse intervenir. Il fait tomber ses chaînes par la seule force de ses muscles et il s'arc-boute, une main sur chaque colonne.

Sous les yeux de l'assistance incrédule, il y a un craquement, puis un second. Les piliers tremblent, se fissurent, s'écroulent. L'ensemble de la construction se met à vaciller et s'effondre d'un seul coup sur la population innombrable qui s'y trouvait. Il est dit dans la Bible que, ce jour-là, Samson a tué plus d'hommes qu'au cours de toute sa vie et les Philistins ne se remettront jamais de ce drame.

Quand, plus tard, on fouillera les décombres, on retrouvera non loin l'un de l'autre les corps de Dalila et de Samson, la traîtresse et sa victime.

13

Trahison à la mine

À l'approche du XXe siècle, la mine de charbon est un enfer. C'est vrai en Angleterre, c'est vrai en Allemagne, c'est vrai en France et Émile Zola en a donné une illustration saisissante dans *Germinal*, c'est vrai aussi, et peut-être plus encore, aux États-Unis.

Les grands gisements d'Outre-Atlantique sont concentrés dans l'État de Pennsylvanie, à l'ouest de New York. En ces années de capitalisme triomphant, toutes les grandes villes industrielles et ouvrières connaissent les licenciements, la misère, la famine, les sans-logis, les manifestations et leur répression, mais nulle part, le cauchemar n'atteint ce qui se passe dans les mines du comté de Schuylkill, en Pennsylvanie.

En 1871, 22 000 mineurs y extraient de l'anthracite, dont 5 500 enfants de sept à seize ans. Pour cette seule année, il y a eu 115 tués dans les accidents du travail et 372 blessés, dont 359 sont restés invalides à vie. Les salaires augmentent peu lorsque la conjoncture est favorable, pendant la guerre de Sécession, par exemple, mais ils dégringolent dès qu'elle est défavorable. En 1867, la tonne a baissé de 10 % et les salaires de 30 %.

Le mot « salaire » est, d'ailleurs, impropre. Les mineurs reçoivent très peu d'argent, ils sont payés en grande partie par des biens de consommation, dont la compagnie minière a le monopole. En outre, ils doivent régler de leur poche les lampes, l'huile des lampes, le savon et, lorsqu'on les retire de la somme qui leur est due, il ne reste plus que quelques cents.

Dans ces conditions, il n'est pas étonnant que le comté de Schuylkill ait toujours été à la pointe des conflits sociaux. C'est là qu'a lieu la première grève des États-Unis, en 1842, et c'est là qu'a été créé le premier syndicat, en 1849. En 1868, a eu lieu une grève comme on n'en avait jamais connu : elle a duré près de quatre mois et a abouti à la journée de 8 heures. Une nouvelle grève, tout aussi dure, en 1871, a débouché sur des résultats substantiels, notamment une échelle mobile des salaires.

Face à ces travailleurs très combatifs, des immigrants irlandais pour la plupart, les patrons ne sont pas en reste. Les dirigeants de la principale exploitation minière, la Pennsylvania Mining company, constituent un véritable patronat de combat, prêt à employer tous les moyens pour l'emporter, y compris des procédés de gangsters. À la suite des grandes grèves, ils font appel à l'agence de police privée Pinkerton. Ils lui donnent cent mille dollars, une somme énorme, à charge pour elle de mettre hors d'état de nuire les dirigeants syndicaux. Les mineurs ont gagné la première manche, ils ne gagneront pas la seconde !

Le saloon de Pottsville, au cœur du pays minier, est plein, comme tous les soirs. Les mineurs boivent de la bière, au son d'un violon mal accordé, qui débite des airs folkloriques irlandais. C'est le moment de délassement après le travail épuisant de la journée et avant le travail épuisant du lendemain.

Pourtant, un homme est seul à sa table, devant sa chope. Il ne discute pas bruyamment ou ne joue pas aux cartes, comme les autres. Il a entre vingt-cinq et trente ans, il est très brun, avec les cheveux coupés court et une petite moustache. Il aurait des allures d'employé de bureau, si ce n'était sa carrure impressionnante. C'est assurément un costaud…

Trois hommes s'approchent de lui ; l'un d'eux tient un jeu de cartes.

— Alors, l'ami, tu viens d'arriver ?

— Hier soir...

— Et tu viens faire quoi, à Pottsville ?

— Travailler à la mine, pardi ! J'ai été embauché ce matin.

— Ce n'est pas un travail facile.

— Ça me convient...

— Tu t'appelles comment ?

— Jack McParland.

— Tu feras bien un petit poker, Jack McParland ?

— Pourquoi pas...

Les trois hommes s'asseyent à sa table... L'un d'eux distribue les cartes et déclare peu après :

— Tu as triché !

L'homme se récrie, les deux autres approuvent leur camarade et il s'ensuit une violente bagarre. Les consommateurs ont quitté leur place pour assister à la rixe et peuvent constater que le nommé McParland est loin d'avoir le dessous... Il y a soudain un concert de coups de sifflet et des hommes en uniforme noir font irruption. C'est la Coal and Iron police, la police privée des patrons, qui assure le maintien de l'ordre à Pottsville. Les coups de matraque pleuvent, dont un qui met KO McParland. Il est emmené au poste *manu militari*, tandis que le calme revient dans le saloon.

Un verre d'eau jeté sur sa figure le fait revenir à lui. Il se trouve sur le plancher d'un bureau. Au-dessus de lui, un policier avec les galons de capitaine, qui lui tend la main et l'aide à se relever.

— Désolé pour ce coup, M. McParland, mais c'est encore la manière la plus discrète de faire connaissance... Capitaine Robert Linden.

Jack McParland serre la main de l'officier et se masse le crâne.

— C'est effectivement un peu rude, comme entrée en matière... Ils sont toujours aussi accueillants ?

— Ils se méfient des étrangers. Ils ont peur que ce soit des espions. Dans un sens, ils n'ont pas tort…

— Et qu'est-ce je dois faire pour gagner leur confiance ?

— Il n'y a pas de règle. C'est à vous de voir. C'est une question de psychologie.

— Ils vont recommencer ?

— Sans doute. Mais pas de cette manière. Question bagarre, ils vous respectent, maintenant…

Jack McParland attend la suite. Lorsque l'agence Pinkerton lui a confié cette mission, on lui a dit : « Vous recevrez vos instructions sur place. » Le moment est visiblement venu… Effectivement, le capitaine Robert Linden commence un discours.

— Voyez-vous, nous sommes certains de connaître les meneurs, mais nous n'avons pas de preuve. Leur chef s'appelle Gregor O'Leary. Il était présent dans le saloon ; les trois avec lesquels vous vous êtes battus font partie du groupe.

— Le groupe, c'est le syndicat ?

— Non. Ils font partie du syndicat, bien sûr, mais les éléments les plus radicaux, sont regroupés dans l'Ordre antique des Hiberniens, une société secrète. Théoriquement, c'est un mouvement d'entraide catholique, mais en fait, c'est là qu'ils préparent leurs coups.

— Quel genre de coups ?

— Des vols, des sabotages. Il y a deux ans, ils ont fait dérailler un train de charbon.

— Et des meurtres ?

— Pas encore, mais il y en aura un.

— Vous êtes sûr ?

— Oui, puisque c'est vous qui allez le commettre…

Jack McParland a un mouvement de recul. Il s'attendait à tout, en acceptant cette mission très bien payée, mais pas à cela.

— On ne m'en a jamais parlé !

— Vous ne risquez rien, je vous assure. Au procès, vous témoignerez que vous les avez vus faire et le jury vous suivra.

Il sera soigneusement choisi. Ce sont eux qui iront à la potence pas vous…

— Et, c'est qui, cette future victime ?

— Un ingénieur d'une autre mine.

— Pourquoi lui ?

— N'en demandez pas trop… Alors, c'est d'accord ?

L'homme de l'agence Pinkerton hésite un instant et finit par lâcher :

— D'accord !

Il n'a pas achevé sa réponse, que le capitaine lui décoche un formidable coup de poing dans la mâchoire. Une dent a jailli de son logement.

— Je suis désolé, mais si je vous avais relâché sans rien vous faire, ils vous tuaient. Nous nous verrons tous les premiers samedis du mois dans la gare de Pittsburgh, pour faire le point. Ils ne vont jamais en ville.

Commence alors, pour le policier privé Jack McParland, un travail qu'il n'imaginait pas si éprouvant… Il est d'abord éprouvant physiquement. Tous les matins, à 5 heures, c'est le lever et la descente dans la mine une heure plus tard. Une fois en bas, il faut d'abord porter de lourds piliers de bois, pour étayer les nouvelles galeries, et les fixer solidement à coups de masse. Ensuite, il faut attaquer les veines d'anthracite au piolet ou à la barre à mine et déposer les morceaux de charbon dans les wagonnets.

Les conditions de travail sont épouvantables. La chaleur est accablante et l'air est vicié par les particules de suie en suspension. Personne n'a de casque, on vient avec son couvre-chef habituel, un béret ou une casquette. On s'éclaire avec une lampe fixée à un serre-tête en métal ; la flamme est nue, ce qui représente un danger constant d'explosion, avec les gaz en suspension…

Tout cela, Jack McParland finit par l'endurer à peu près, mais le plus difficile reste, pour lui, l'épreuve morale. Il doit faire face à l'hostilité de ses compagnons. L'épisode de la bagarre l'a fait respecter, mais n'a pas désarmé leur méfiance. Il se sait en danger. Un jour, le contenu d'une benne se déverse tout près de lui et manque de l'écraser. Était-ce accidentel ? A-t-on tenté de le tuer ? Il ne le saura jamais.

Il essaie surtout de se faire accepter de celui qui est supposé être le chef, Gregor O'Leary, un Irlandais, comme la plupart des autres, petit, râblé, roux comme un renard, les cheveux coupés en brosse. Il a des yeux bleus perçants qui le détaillent chaque fois qu'ils sont ensemble. Pour justifier sa venue, Jack McParland lui a dit qu'il avait tué un homme pour une histoire de femme et que la mine était, pour lui, un moyen de se cacher. L'autre a écouté sans faire de commentaire...

Les semaines, les mois passent et, à force de faire leur travail et de partager leur vie, Jack McParland se sent, malgré lui, devenir un mineur comme les autres. Il a peu à peu les mêmes préoccupations, les mêmes goûts, les mêmes désirs. Il essaie de prendre du recul, de ne pas éprouver de sympathie pour ces hommes qu'il va trahir et envoyer à la mort, mais il a du mal : ils sont violents, mais généreux. Ils affrontent avec courage une existence terriblement difficile. Par moments, il aurait envie de tout laisser là et de s'enfuir.

En tout cas, cette proximité qu'il ressent, les autres, maintenant, la partagent. Le temps passant, il devient un des leurs. Les poignées de main sont plus franches, les regards plus chaleureux. À présent, on plaisante et on rit avec lui, on trinque en sa compagnie au saloon. Il n'y a que Gregor O'Leary qui conserve ses distances, mais cela ne durera peut-être pas.

Un jour, en sortant de la mine, Jack McParland voit ce dernier s'approcher de lui.

— Tu peux venir chez moi, ce soir ?

— Pour quoi faire ?

— Tu verras bien. Alors ? C'est oui ou c'est non ?

Il n'y a pas moyen de refuser, Jack McParland accepte... Le soir, en se rendant, chez O'Leary, une maison sale et triste comme toutes les autres, l'homme de la Pinkerton n'en mène pas large. A-t-il fait une erreur ? S'est-il trahi sans s'en rendre compte ? À moins, bien sûr, que ce soit l'inverse, que le meneur supposé veuille lui annoncer qu'il lui accorde sa confiance et son amitié.

Jack McParland pousse la porte. Il n'y a que des hommes dans la pièce principale, la femme et les enfants d'O'Leary sont couchés ou ailleurs. Il reconnaît les trois qui ont joué aux cartes avec lui, plus deux autres. Avec Gregor O'Leary, ils sont six en tout… Il tente de voir comment il pourrait s'enfuir en cas de coup dur, mais la chose n'est déjà plus possible : l'un d'eux vient de se placer contre la porte, les bras croisés. Il est pris au piège… Le rouquin s'approche de lui.

— À genoux !

Cette fois, c'est la fin… Il faut se montrer courageux, c'est tout ce qui reste à faire ! Jack McParland obéit, mais soutient le regard de Gregor O'Leary. Il le voit alors faire le signe de croix, imité par tous les autres.

— Veux-tu faire partie de l'Ordre antique des Hiberniens ?

McParland passe par toutes les émotions successives.

— Bien sûr !

— Je vais te lire les principes de notre Ordre. Si, à la fin, tu es d'accord, tu diras : « Je le promets… »

Gregor O'Leary commence une longue lecture : « Nous sommes associés pour promouvoir l'amitié et la charité chrétienne parmi nos membres. Je garderai dans le secret de mon cœur tout ce que je sais. Aucune personne étrangère à cet Ordre ne doit connaître ses usages et son fonctionnement… »

Lorsque c'est terminé, Jack McParland prononce la formule demandée, Gregor lui donne l'accolade et tous les autres se précipitent vers lui pour l'embrasser. L'un d'eux a apporté une bouteille de whisky irlandais, O'Leary va chercher des verres et tout le monde trinque joyeusement.

— Je suis drôlement content que tu sois des nôtres, Jack !

— Maintenant, entre nous, c'est à la vie, à la mort !

— Un pour tous, tous pour un !

Le policier de l'agence Pinkerton a tout lieu d'être satisfait : il a réussi la première et la plus difficile partie de sa mission. Dire qu'il est heureux serait mentir : l'amitié qui l'entoure lui fait mal. Une chose est, malgré tout, certaine : il ira jusqu'au bout !

Les jours suivants, il apprend à connaître l'Ordre antique des Hiberniens, dont il fait maintenant partie. Il s'agit réellement d'une organisation d'entraide. Chaque membre verse une cotisation, qui permet de distribuer des secours, le plus souvent aux veuves de mineurs décédés.

Mais il existe, chez les Hiberniens, un cercle restreint, regroupant les plus déterminés. Ce sont eux qui décident de la conduite à venir. Ils sont partagés en deux tendances : les extrémistes, partisans d'actions de sabotage, et les modérés, qui font confiance au syndicat…

C'est tout cela que va rapporter Jack McParland au capitaine Robert Linden, lors de leur rencontre suivante, à Pittsburgh. Il y ajoute le nom des membres du second cercle. L'officier de la Coal and Iron police affiche un air ravi.

— Beau travail, M. McParland ! Maintenant, il faut concrétiser cet avantage.

— En quoi faisant ?

— Lorsqu'une action violente sera décidée, vous nous préviendrez et nous les prendrons en flagrant délit.

— C'est que ce sont les légalistes qui dominent. Pour l'instant, rien n'est prévu.

— Ce ne sera pas toujours le cas. Vous allez appuyer les extrémistes. Montrez-vous convainquant.

— De toute façon, ce ne seront que des sabotages. Ils n'envisagent pas plus.

— Eux, non. Mais nous, si. Ou plutôt vous. Vous allez éliminer deux personnes. Je vais vous donner leurs noms et les renseignements nécessaires. Il s'agit d'un patron minier, Edward Coyle, et d'un ingénieur, Benjamin Bradley.

— Vous ne voulez toujours pas me dire pourquoi eux ?

— Faites ce qu'on vous le demande. Vous êtes payé pour ça !

Jack McParland assassine sans difficulté les deux cibles qu'on lui a désignées. Il opère pendant la nuit, à leur domicile, dont le capitaine lui a fourni le plan. Les deux maisons sont vides, les deux hommes vivant seuls, l'un étant veuf, l'autre célibataire. Il tire sur eux pendant leur sommeil.

Les meurtres entraînent une activité intense de la police. Les Hiberniens sont interrogés, sans que rien ne soit retenu contre eux. La situation ainsi créée n'est pas favorable à l'action. Gregor O'Leary est le premier à le dire, lors de la réunion suivante.

— Pour l'instant, c'est trop dangereux. On se tient tranquille.

Jack McParland est vivement contrarié. Si cela continue, ils ne passeront pas à l'acte et tout son travail risque de ne servir à rien…

Heureusement pour lui et malheureusement pour les autres, le destin va en décider autrement. Alors que la journée de travail dans la mine était sur le point de se terminer, plusieurs wagonnets se détachent et viennent faucher une file d'ouvriers qui attendaient de monter à la surface. Il y a six morts et autant de blessés. C'est le plus lourd bilan, pour un seul accident, depuis longtemps.

À Pottsville, l'émotion est intense. Et, à la réunion des Hiberniens, elle l'est tout autant. Jack McParland prend la parole d'une voix enflammée.

— Est-ce qu'on va se laisser envoyer à l'abattoir comme des moutons ou est-ce qu'on va enfin réagir ?

— Qu'est-ce que tu proposes ?

— Faisons sauter un train de charbon.

— Il faut de la dynamite. Le dépôt est gardé.

— On neutralisera les sentinelles. Je suis volontaire !

À la fin de la discussion, on passe au vote et l'attaque du dépôt l'emporte à une courte majorité.

Ils sont huit hommes qui marchent dans la nuit, aux abords de l'entrée de la mine. Le baraquement où on stocke l'explosif se situe non loin. Bientôt, la silhouette des gardes apparaît : on en distingue deux. Jack McParland et un autre Hibernien se détachent. Il a été décidé de ne pas les tuer, mais de seulement les assommer. C'est aussitôt chose faite et, comme il a été convenu, Jack reste pour monter la garde, tandis que les sept autres courent vers le baraquement, sous la direction de Gregor O'Leary.

La suite va très vite. Les portes de l'entrepôt s'ouvrent brutalement et une nuée de policiers en surgissent. Totalement surpris, les mineurs sont capturés et embarqués. Lorsqu'ils regardent l'endroit où Jack McParland montait la garde, ils découvrent qu'il n'y a plus personne.

Trois mois plus tard, ce sont dix-neuf mineurs, tous les dirigeants des Hiberniens, qui comparaissent devant la Cour criminelle de Pennsylvanie. Il y a là non seulement ceux qui ont participé à l'attaque du dépôt de dynamite – ou, du moins sept d'entre eux – mais aussi douze autres. Ils sont accusés, outre de tentative de vol d'explosifs, des meurtres du patron minier Edward Coyle et de l'ingénieur Benjamin Bradley. Tous se sont récriés devant cette inculpation incompréhensible, mais les policiers leur ont répondu :

— Ne te fatigue pas, on a un témoin !

Quel témoin ? C'est ce que se demandent les inculpés en prenant place dans le box. Pas un ne songe à Jack McParland. Ils sont persuadés, au contraire, qu'il a réussi à s'enfuir et ils se sont gardés de prononcer son nom, lors de l'instruction… Les débats commencent par l'interrogatoire d'identité des dix-neuf accusés, ce qui prend un certain temps, puis, par l'énoncé des charges. Enfin, arrive l'instant crucial. Le président annonce :

— J'appelle le témoin à la barre.

Jack McParland fait son entrée. Il évite de regarder les accusés. Ceux-ci sont si surpris qu'ils restent sans voix.

— Votre nom ?
— Jack McParland.
— Profession ?
— Policier privé.

Il y a un concert de rugissements dans le box. Plusieurs des prévenus essaient de bondir, mais ils sont repoussés par les policiers... Lorsque le calme est rétabli, le président reprend ses questions :

— Jurez-vous de dire la vérité, en votre âme et conscience ?

— Je le jure !

— Nous vous écoutons, M. McParland...

L'homme de la Pinkerton a visiblement perdu ses scrupules. C'est d'une voix ferme qu'il accuse ses anciens compagnons. Pointant le doigt, il désigne ceux qui ont participé au vol manqué de la dynamite, ceux qui, selon lui, sont les auteurs du meurtre du patron minier et ceux qui auraient assassiné l'ingénieur. Les avocats commis d'office ne font aucune objection. C'est à se demander s'ils n'ont pas été payés par la partie adverse. Le procureur, qui est aussi l'avocat de la Pennsylvania Mining company, prend, au contraire, la parole d'une voix terrible :

— Face à ces accusations accablantes, je suis sûr que Messieurs les Jurés sauront où est leur devoir !

Et, effectivement, leur conviction semble faite. Certains se permettent même d'approuver d'un hochement de tête... Le capitaine Robert Linden n'avait pas menti en disant à Jack McParland qu'ils seraient soigneusement choisis. Ils sont tous d'origine galloise, tandis que les accusés sont d'origine irlandaise. Or, depuis toujours, les Gallois détestent les Irlandais...

Inutile de dire que la suite des débats ne réserve aucune surprise. À l'issue de ce simulacre de procès, les jurés prononcent dix-neuf condamnations à mort. Le gouverneur de Pennsylvanie gracie deux des condamnés, dont la culpabilité est vraiment trop peu évidente. Mais son message est volontairement retardé et arrive après l'exécution. Le 21 juin 1877 ce sont bien dix-neuf hommes qui périssent sur la potence.

Avec la mort de ses responsables, le mouvement minier est décapité et la compagnie se hâte de reprendre les acquits qu'elle avait dû concéder. Les salaires tombent de 18,20 dollars par semaine, à 9,80 dollars. La journée de travail est rallongée, les conditions de travail et d'hygiène empirent.

Jack McParland, de son côté, est généreusement récompensé. À la suite de ce brillant succès, il se voit attribuer la plus grosse agence Pinkerton, celle de Denver, qui emploie quatre cents personnes. À ce poste, il mènera une chasse impitoyable aux syndicats et fera tuer plusieurs de leurs responsables.

Un dernier mot sur la raison des assassinats, pour lesquels les mineurs avaient été condamnés. Il n'y a, d'ailleurs, pas eu deux, mais seize victimes dans tout le bassin minier, les quatorze autres étant déclarés finalement d'auteurs inconnus…

La Pennsylvania Mining company n'était pas la seule à exploiter le gisement, il y avait, à côté d'elle, plusieurs petites compagnies indépendantes. C'était leurs dirigeants ou leurs cadres qui avaient été assassinés. À la suite de cela, les patrons, terrorisés, ont vendu leur entreprise à la Pennsylvania Mining, qui s'est retrouvée en position de monopole.

Elle avait tout lieu d'être satisfaite : ses cent mille dollars n'avaient pas été dépensés en vain.

14

« Je souhaite la victoire de l'Allemagne »

On se bouscule dans les rues de Vichy, ce 10 juillet 1940. La ville, si calme d'ordinaire, dont la seule animation provient habituellement des curistes, regorge de monde. Malgré la chaleur, des hommes en costume strict discutent avec agitation par petits groupes. On voit autour d'eux des journalistes, avec leurs appareils photos et leurs blocs-notes, et des militaires, beaucoup de militaires.

C'est que l'histoire est en train de s'écrire dans cette paisible cité thermale de l'Allier. Du jour au lendemain, Vichy est devenu le centre de la France et va sans doute le rester longtemps...

Tout a commencé le 10 mai précédent et tout est allé à une vitesse inimaginable. Bien qu'étant théoriquement en guerre depuis le mois de septembre 1939, la France et l'Allemagne se sont observées sans rien faire, durant des mois. Et puis, les Allemands ont attaqué et leur avance a été foudroyante. Un mois plus tard, nos troupes étaient irrémédiablement battues. Le 16 juin, Paul Reynaud, Président du conseil, démissionnait. Il était aussitôt remplacé par le maréchal Pétain, qui appelait à cesser le combat et l'armistice était signé le 22.

Et maintenant, quel régime adopter ? C'est pour en décider que 669 parlementaires, députés et sénateurs, se sont réunis à Vichy, la seule ville du territoire non occupé qui disposait des installations hôtelières suffisantes...

Parmi eux, on remarque un personnage particulièrement actif, Pierre Laval, un vieux routier de la politique. Lui aussi est vêtu comme en hiver : habit sombre, cravate blanche, chapeau mou ; de temps en temps, il s'éponge le front avec son mouchoir. Il n'a pas loin de la soixantaine, il est de taille moyenne, avec de petits yeux noirs et une petite moustache. Malgré son costume de ville, il y a quelque chose de paysan en lui. Et cela n'a rien d'étonnant, puisqu'il est originaire de l'Auvergne rurale.

Pierre Laval continue d'aller de groupe en groupe pour discuter. De l'Auvergnat, il a gardé l'accent, une manière particulière de rouler les « r » et des allures de maquignon rusé, qui l'ont fait parfois surnommer « Bougnatparte » par les chansonniers. Cela n'empêche pas ses interlocuteurs de l'écouter avec attention. Il faut dire qu'il fait partie du gouvernement, il y est entré comme ministre d'État le 22 juin, le jour même où se signait l'armistice.

Et il n'y a pas que cela. Laval possède une assurance que n'ont pas les autres. Vichy est tout près de l'Auvergne. Alors que les Parisiens et les élus d'autres provinces ont l'air totalement perdus, lui, il est chez lui. Il renseigne ses collègues sur la personne à aller trouver, l'endroit où se rendre.

Il leur dit surtout ce qu'il faut faire. À tous, il tient le même discours :

— Il faut voter les pleins pouvoirs au maréchal !

Le maréchal Pétain est loin d'être son idole, mais ce 10 juillet, Pierre Laval est son plus ardent propagandiste. C'est qu'il compte bien tirer parti de la situation pour lui-même. Philippe Pétain a quatre-vingt-quatre ans, jamais un chef d'État n'est venu si vieux à la tête du pays. Il sera bientôt sous les ordres théoriques de cet homme diminué par l'âge, mais le véritable maître du pays ce sera lui. Les pleins pouvoirs à Pétain, cela veut dire les pleins pouvoirs à Laval !

En début d'après-midi, les 669 députés et sénateurs se rendent dans l'opéra de Vichy, transformé en chambre législative et, peu après, le vote est terminé : les pleins pouvoirs sont accordés par 569 voix, contre 80 et 20 abstentions. Pierre Laval affiche un large sourire. Pendant les quatre dernières années, avec l'arrivée au pouvoir du Front populaire, il était resté à l'écart, il avait été critiqué, méprisé. Mais maintenant, tout va changer, son heure est arrivée !

Par ses origines, Pierre Laval fait partie du peuple. Il naît le 28 juin 1883, à Châteldon, dans le Puy-de-Dôme. Son père tient le café du village. Tout jeune, le petit Pierre est dévoré d'ambition. Pour s'élever, il faut faire des études et il s'y met avec acharnement, mais lorsqu'il y a affluence dans l'établissement paternel, il doit abandonner l'école pour faire le serveur.

Plus tard, pour payer ses études, il est pion dans divers lycées de la région lyonnaise. Il obtient son baccalauréat, puis une licence en sciences naturelles, avant d'opter pour le droit. Son diplôme en poche, il ouvre un cabinet d'avocat, à Paris.

Parallèlement, il se lance dans la politique. Fidèle à ses origines sociales, il est d'extrême gauche. En 1903, il adhère au Comité révolutionnaire central, un parti qui se fond dans la SFIO, en 1905. Il épouse un peu plus tard la fille du maire radical-socialiste de Châteldon. Dans son activité d'avocat, il se comporte en militant. Il défend des syndicalistes, principalement de la CGT, et il y gagne le surnom d'« avocat des pauvres ».

En 1911, il est candidat malheureux à une élection législative partielle dans la circonscription de Neuilly-Boulogne, mais, en 1914, il est élu député d'Aubervilliers. Il est, à trente et un ans, le plus jeune socialiste à la Chambre. Il deviendra, par la suite, maire d'Aubervilliers et le restera jusqu'au bout.

Réformé pendant la Grande Guerre, il ne cesse de militer pour une paix de compromis. Après la guerre, il quitte la SFIO et se fait réélire comme socialiste indépendant.

Il rompt définitivement avec la gauche et, en janvier 1927, il est élu sénateur sur une liste de l'Union nationale républicaine, un parti de droite. Il est alors violemment attaqué par *L'Humanité* comme « renégat du socialisme », mais il est défendu par Jacques Doriot, maire communiste de Saint-Denis, qui, un peu plus tard, suivra le même itinéraire, de l'extrême gauche à l'extrême droite.

Pierre Laval n'a pas cessé son activité d'avocat, mais il ne la pratique plus de la même manière. Il est loin, le défenseur des pauvres ! Il est devenu avocat d'affaires et ses honoraires lui apportent la richesse, une richesse qu'il fait fructifier grâce à de judicieux placements. Il est bientôt à même d'acheter le château de son village natal.

Habile manœuvrier, il est plusieurs fois ministre. Président du Conseil de janvier 1931 à février 1932, il est le premier chef de gouvernement français à se rendre en Allemagne depuis la guerre ; il y reçoit un accueil enthousiaste.

De nouveau Président du Conseil de juin 1935 à janvier 1936, il tente de remédier à la crise issue du krach boursier de 1929 par une politique de baisse des salaires. C'est une catastrophe. La production industrielle chute de 30 % et il y a 500 000 chômeurs. Ce sera l'une des causes du Front populaire.

En janvier 1936, il est écarté du pouvoir et il ne participe à aucun gouvernement pendant quatre ans ; il n'est plus que maire d'Aubervilliers et sénateur. Le gouvernement du Front populaire mène une politique à l'exact opposé de la sienne et il est la cible privilégiée de tous ceux qui le soutiennent. De son impopularité, il tire un amer orgueil et la certitude d'avoir raison contre tous.

Pacifiste invétéré, il est l'un des rares à s'opposer à la déclaration de guerre, en septembre 1939, et pendant la Drôle de guerre, il est également l'un des seuls à réclamer une médiation italienne, qui pourrait permettre de sortir du conflit. La défaite qui vient de se produire ne l'a pas surpris et elle semble prouver aux yeux de tous qu'il avait eu raison. Plus que jamais, ce 10 juillet 1940, Pierre Laval est l'homme de la situation !

Effectivement, deux jours plus tard, il est nommé Vice-président du conseil et secrétaire d'État aux Affaires étrangères. Il devient, ainsi qu'il l'avait voulu, la cheville ouvrière du gouvernement. Les premières mesures sont directement inspirées par le maréchal, qui veut instaurer ce qu'il appelle la « Révolution nationale », des mesures anti-juives, anti-maçonniques et anti-démocratiques. Laval est plutôt indifférent dans ce domaine, même s'il signe sans sourciller tous les décrets.

Car ce qui compte à ses yeux, ce sont les relations avec l'Allemagne, qui peuvent se résumer en un mot : collaboration. Pour lui, le vaincu doit donner des gages de bonne volonté au vainqueur, afin que celui-ci ne durcisse pas ses positions. Et cela doit être fait immédiatement, sans attendre la victoire nazie sur l'Angleterre, qui paraît imminente.

Laval développe des rapports très étroits avec Otto Abetz, ambassadeur allemand en France. Beau parleur et se présentant comme francophile, ce dernier lui fait croire, alors qu'il n'en est rien, que le Führer est prêt à tendre la main au vaincu et à réserver à la France une place privilégiée dans l'Europe sous domination allemande.

Le 22 octobre 1940, Laval rencontre Adolf Hitler à Montoire et propose que les deux pays s'allient étroitement. Deux jours après, il organise l'entrevue entre le maréchal et le Führer. Ils échangent la poignée de main, qui symbolise officiellement la collaboration des deux pays.

Laval poursuit sa politique. Il rencontre Hermann Göring le 9 novembre et lui assure que la France s'engage « de manière irréversible » dans la collaboration. Il multiplie les gestes de bonne volonté, il le fait spontanément, sans demande préalable et sans contrepartie. Le 29 novembre 1940, il livre à l'Allemagne l'or de la Banque nationale de Belgique, confié par Bruxelles à la France. Peu après, il lui cède les participations françaises dans les mines de cuivre de Bor, en Yougoslavie, alors que le cuivre est un métal hautement stratégique.

Avec sa politique de collaboration effrénée, Laval mécontente la majeure partie de l'opinion, ce dont il se moque, mais il mécontente aussi le maréchal et il ne prend pas la mesure de cette hostilité. S'il n'aime pas l'illustre militaire, la réciproque est vraie. Philippe Pétain n'a jamais apprécié ce politicien, que les circonstances ont placé à ses côtés. Pour lui, il n'est qu'un représentant de cette IIIe République qu'il déteste ; il est, d'ailleurs, le seul parlementaire au gouvernement. Laval va trop loin avec les Allemands et, surtout, il agit seul, de manière indépendante, personnelle, et cela, le maréchal ne le supporte pas.

Le 13 décembre 1940, au cours d'un Conseil des ministres qui s'annonçait comme les autres, Philippe Pétain déclare soudain :

— La démission de M. Laval est acceptée.

Ce dernier se lève, interloqué. Il est blême, il exige une explication et elle vient.

— Je n'ai plus confiance en vous. Vous entraînez la France trop loin. Vous m'avez fait aller à Montoire par surprise. Vous acceptez tout ce que les Allemands vous demandent et vous ne me tenez au courant de rien.

— Mais, M. le maréchal, je vous dis tout.

— Des miettes. D'ailleurs, nous n'avons été d'accord sur rien. J'en ai assez, j'exige votre départ !

Laval ne peut que se retirer. Mais ce n'est pas terminé. Alors qu'il est en train de faire ses bagages, il voit surgir des policiers. Il est arrêté et conduit dans son château de Châteldon où il est retenu prisonnier. Il y restera plusieurs jours, jusqu'à ce que les Allemands viennent le délivrer et l'emmènent à Paris où il vivra désormais sous leur protection. Il tient à remercier chaleureusement l'ambassadeur Abetz, qui s'est déplacé en personne.

— Jamais je n'oublierai votre geste. Vous êtes mes amis, mes vrais amis !

Avant de partir, il souhaite passer par Vichy, pour dire ce qu'il pense au maréchal. L'entrevue est d'une extrême violence. Il hurle :

— Vous m'avez jeté à la porte comme un valet ! Vous m'avez reproché Montoire, mais vous vous y êtes rendu librement, à Montoire. Vous m'avez dit vous-même que c'était l'intérêt de la France. L'intérêt de la France, c'est de s'entendre avec son vainqueur, dans l'honneur et la dignité. Vous n'êtes qu'un fantoche, une baudruche, une girouette qui tourne à tous les vents !...

Pétain remplace son ancien vice-président du conseil, par l'amiral Darlan, un militaire plus disposé, par tempérament, à obéir au chef de l'État. Et Laval entame, de son côté, une seconde période à l'écart du pouvoir, même si, cette fois, il est informé de tout par ses partisans à Vichy et s'il participe, à Paris, à la vie publique.

Darlan ne mène pas une politique bien différente de la sienne, mais ses rapports avec les Allemands sont beaucoup moins chaleureux et, surtout, les temps changent. Début 1942, la victoire du Reich ne semble plus aussi certaine qu'en 1940 et le gouvernement renforce ses relations avec l'ambassadeur des États-Unis à Vichy. Il louvoie, il semble ménager les deux camps. C'en est beaucoup trop pour les Allemands, qui, le 17 avril 1942, imposent au maréchal de reprendre Laval. Cette fois, voici l'Auvergnat au pouvoir pour de bon. Il va pouvoir donner toute sa mesure !

Le lendemain, a lieu le premier conseil du nouveau gouvernement. Même si Philippe Pétain est toujours chef de l'État et si l'amiral Darlan a gardé le portefeuille de la Défense nationale, il est clair que c'est Pierre Laval le maître du pays. Outre la Présidence du conseil, il est ministre de l'Intérieur, des Affaires étrangères et de l'Information.

Trois jours après son retour au pouvoir, il prononce un discours où il annonce ce que sera sa politique. Rien n'est changé : il s'agit de s'insérer dans l'Europe allemande, sur fond de combat antibolchevique. Il reste fidèle à son schéma de pensée de 1940, selon lequel il finira par obtenir la confiance de l'Allemagne, en lui donnant toujours plus.

Encore une fois, Laval s'estime plus rusé que l'adversaire et reste persuadé qu'il arrivera à ses fins. Pas un instant, il ne lui vient à l'esprit que le rapport de force entre le vainqueur et le vaincu est trop inégal pour qu'il obtienne quoi que ce soit. Il ne semble pas avoir conscience non plus de la brutalité de l'idéologie nazie et du régime hitlérien. Enfin, il se croit le seul à pouvoir dialoguer avec le Führer, alors que ce dernier, violemment francophobe, n'a que haine pour la France et les Français.

Le 22 juin 1942, il décide de prononcer un grand discours à la radio, pour le premier anniversaire de l'invasion de l'URSS par le IIIe Reich. Par courtoisie, il en montre d'abord le texte à Pétain. Celui-ci approuve, mais il a une objection à faire. Il pointe du doigt un passage.

— Là, M. Laval, vous avez écrit : « Je crois à la victoire de l'Allemagne. » Ce n'est pas convenable, un civil ne peut pas faire de pronostic en matière militaire.

L'Auvergnat acquiesce.

— Vous avez raison, M. le Maréchal, je vais corriger. Je vais dire : « Je souhaite la victoire de l'Allemagne », c'est beaucoup mieux.

Ensuite, comme il a l'habitude de la faire, Pierre Laval va montrer son allocution à Charles Rochat, son conseiller diplomatique et son principal homme de confiance. Mais alors que ce dernier a toujours applaudi à ses formules, il a, cette fois, un mouvement de recul.

— Souhaiter la victoire de l'Allemagne, cela va trop loin. Les Français ne comprendront pas.

Mais Laval hausse les épaules. Et, le soir, de sa voix aux accents de terroir, en roulant un peu les « r », il prononce :

— J'ai la volonté de rétablir avec l'Allemagne et l'Italie des relations normales et confiantes. De cette guerre, surgira inévitablement une nouvelle Europe. Pour construire cette Europe, l'Allemagne est en train de livrer des combats gigantesques. Je souhaite la victoire de l'Allemagne, parce que, sans elle, le bolchevisme s'installerait partout…

Désormais, la phrase du 22 juin 1942 va s'identifier à sa personne. Les Français ne la lui pardonneront jamais. Si, pour beaucoup, Pétain reste le vainqueur de Verdun, qui veut atténuer les malheurs du pays, Laval est devenu définitivement l'homme des Allemands. La radio de Londres se déchaîne contre le traître et même des personnages proches de Vichy tentent de le faire revenir à la raison. Lors de leur dernière rencontre, le 12 novembre 1942, le général Weygand lui déclare :

— M. Laval, vous avez contre vous 95 % des Français.

Ce à quoi le chef du gouvernement répond :

— Dites plutôt 98 %, mais je ferai leur bonheur malgré eux.

Plus que jamais, il campe dans la posture qu'il affectionne : celle d'un incompris, qui est certain d'avoir raison et à qui la postérité rendra justice. Par la suite, il évoquera à plusieurs reprises la phrase fatidique, mais jamais, il n'acceptera de la désavouer.

La politique de collaboration se poursuit. Le prochain problème qu'il doit affronter est la rafle du Vel' d'Hiv', concernant les Juifs parisiens et fixée au 16 juillet 1942. Les Allemands n'ont pas prévu de déporter les enfants de moins de seize ans, mais Laval insiste pour qu'ils partent eux aussi et il obtient satisfaction. Au Conseil des ministres du 12 juillet, il déclare, pour justifier son intervention :

— J'ai voulu que les enfants ne soient pas séparés de leurs parents. C'est une question d'humanité.

Horrifié, le pasteur Boegner, chef des protestants de France, vient le trouver.

— Il faut les sauver, M. le Président ! Vous ne pouvez pas faire une chose pareille.

Mais il se heurte à un mur.

— Pas un d'entre eux ne doit rester en France.

— Vous les envoyez à la mort !

— Pas du tout. Les autorités allemandes m'ont expliqué que les Juifs allaient en Pologne du Sud, pour y cultiver les terres d'un futur État juif en train de se constituer.

— Et vous le croyez ?

— Bien sûr. Je crois les Allemands.

Le pasteur Boegner repart les mains vides… Il écrira plus tard : « Que pouvais-je obtenir d'un tel homme ? Je lui parlais de massacre, il me répondait jardinage… » Rappelons que, sur les 4 115 enfants déportés lors de la rafle, aucun ne reviendra.

L'invasion de la zone Sud par les Allemands, le 11 novembre 1942, ne change rien à sa politique. Même si, avec la disparition de la « Zone libre », le régime de Vichy devient une fiction, Pierre Laval a toujours l'illusion de gouverner et l'espoir d'obtenir quelque chose de l'occupant…

Le refus d'envoyer 150 000 ouvriers qualifiés avait été l'une des causes de la chute de Darlan. Fritz Sauckel, « le négrier de l'Europe », l'homme chargé par Hitler d'expédier de la main-d'œuvre étrangère en Allemagne, demande 250 000 travailleurs à la France. Face à cette exigence, Laval recourt à sa méthode favorite c'est-à-dire négocier, gagner du temps, trouver des faux-fuyants. C'est ainsi qu'il imagine le système de la « Relève », consistant à libérer un prisonnier de guerre pour trois départs volontaires de travailleurs en Allemagne.

C'est un échec : moins de 60 000 Français partent. Alors, à ce système fondé sur le volontariat, succède le Service du travail obligatoire (STO), instauré en août 1942. Laval met l'inspection du travail, la police et la gendarmerie au service des prélèvements forcés de main-d'œuvre et de la traque des réfractaires.

La réquisition d'ouvriers, gardés par des gendarmes jusqu'à leur embarquement en train, suscite de nombreuses réactions hostiles. Au total, 600 000 hommes partiront, entre juin 1942 et juin 1944. Mais en définitive, la principale conséquence du STO sera de jeter dans les bras de la Résistance des milliers de jeunes réfractaires. Le refus de partir en Allemagne va renforcer considérablement les maquis…

La Résistance : c'est d'elle dont il est de plus en plus question, à mesure que le temps passe. En décembre 1942, Laval demande à rencontrer Hitler. Il est reçu par lui, en Prusse orientale. Le Führer le traite avec le plus grand mépris. Après lui avoir annoncé le relèvement de l'indemnité journalière d'occupation de 300 à 500 millions de francs, il lui reproche sèchement l'inefficacité de son gouvernement en matière de maintien de l'ordre.

Le résultat ne tarde pas. Un mois plus tard, est créée la Milice française, police politique, sous la conduite de Joseph Darnand, mais dont Laval est officiellement le président. Darnand a autorité sur la Milice, mais aussi sur la gendarmerie et les gendarmes mobiles. L'école des cadres de la Milice dispense une formation politique d'inspiration fasciste et une formation militaire contre les maquis. Les miliciens espionnent la population, ils arrêtent et torturent les résistants, avant de les livrer aux Allemands.

Les chefs de la Milice apparaissent vite comme des ultras de la collaboration et commencent à investir progressivement l'appareil d'État ; ils sont placés à des postes clés de la police et même de la justice. À partir de fin 1943, Laval accepte la fascisation progressive du régime, en faisant entrer à son gouvernement les ultra-collaborationnistes Joseph Darnand, Philippe Henriot et Marcel Déat. Il laisse la Milice française prendre un rôle grandissant dans l'État. En même temps, elle collabore de plus en plus étroitement avec la Gestapo.

Le débarquement allié en Normandie sonne le glas du régime. Le 17 août 1944, Laval, malgré ses protestations, est emmené par les Allemands à Sigmaringen. À partir de cette date, tout comme Pétain, il se considère otage du IIIe Reich et n'a plus d'activité politique. À l'approche de la 1ère armée du général de Lattre, en février 1945, il tente d'organiser sa fuite. Après s'être vu refuser l'asile en Suisse, il se réfugie en Espagne. Il arrive le 2 mai à Barcelone où il est interné trois mois. Mais Franco préfère se débarrasser de cet hôte encombrant et le remet au gouvernement provisoire du général de Gaulle.

Le 1ᵉʳ août, son avion atterrit au Bourget et il est aussitôt incarcéré à Fresnes. Il n'est absolument pas conscient de la gravité des faits qu'on lui reproche, ni de la haine qu'a suscitée son action. Il est persuadé de convaincre ses juges et même de reprendre plus tard sa vie politique.

Révélatrice est la note saisie dans ses valises. « Le paradoxe est étrange. Me voilà conduit devant des juges, pour justifier d'une politique qui devrait me valoir la reconnaissance du pays. Qu'il s'agisse de la période antérieure à la guerre ou de la période douloureuse de la guerre, j'ai conscience d'avoir accompli pleinement mon devoir. »

Il est inculpé d'attentat contre la sûreté intérieure de l'État et d'intelligence avec l'ennemi. Ouverte le 23 août, l'instruction est close à la mi-septembre. Sur vingt-cinq interrogatoires prévus, six, seulement, ont été réalisés. Dans la défense qu'il a préparée, il met en avant que c'est faute de l'avoir écouté qu'est arrivée la défaite de 1940. Il ne se rend pas compte que ce qu'on lui reproche, c'est sa politique de collaboration, quand il était à la tête du gouvernement de Vichy.

Son procès s'ouvre le 4 octobre 1945, devant la Haute Cour, siégeant au Palais de Justice de Paris. C'est cet organisme d'exception, chargé de régler le sort des ministres et dirigeants de Vichy, qui a jugé le maréchal Pétain en juillet et août précédents. L'ancien chef de l'État a été condamné à mort et gracié par le général de Gaulle « en raison de son grand âge ».

Le président Mongibeaux prend place et le procureur général Mornet gagne le siège du ministère public. On fait entrer l'accusé. Laval a toujours sa célèbre cravate blanche, mais pour le reste, il est méconnaissable. Il est vieilli, amaigri, ses cheveux sont tout gris et, par endroits, tout blancs.

Il se défend des deux chefs d'accusation. Sur le premier : atteinte à la sûreté de l'État, il est très prolixe. Il dit qu'il a défendu les droits parlementaires contre le maréchal Pétain, qui était très antidémocratique. Pour le deuxième, intelligence avec l'ennemi, il est beaucoup plus discret. C'est pourtant le plus important pour les juges et les jurés. C'est sur ce point que les accusations sont les plus graves : la rafle du Vel' d'Hiv, le STO, la Milice et, bien sûr, la phrase prononcée à la radio, le 22 juin 1942.

Se sachant condamné d'avance, Pierre Laval se défend de manière désordonnée et véhémente, souvent interrompu par le président Mongibeaux, visiblement partial. Des incidents éclatent, de plus en plus virulents, jusqu'au dernier, le 6 octobre, deux jours après l'ouverture des débats... Le président Mongibeaux :

— Je vous ai posé hier une question précise. Je vous ai demandé comment vous aviez pu vous maintenir auprès du maréchal Pétain, dans l'atmosphère qui régnait à Vichy. Mais la réponse est simple : ce sont les Allemands qui vous ont maintenu là où vous étiez.

— Non, M. le Président.

— Mais si ! Je ne veux pas me substituer à l'accusation, mais je suis quand même obligé d'apporter ma contribution.

— Je vais vous répondre clairement, M. le Président. Mais vous conviendrez que ma défense n'est pas facilitée ni par l'instruction incomplète...

— Ni, peut-être, par les actes que vous avez accomplis pendant quatre ans !

Brouhaha, tumulte. Laval parvient à couvrir le tapage.

— Alors, vous faites les demandes et les réponses ? Dans ces conditions, il vaut mieux, je crois, que nous nous en tenions là, pour la sérénité et la majesté de la justice.

La nervosité des deux hommes a gagné le jury. Un des jurés s'écrie :

— Elle passera, la justice, et elle sera française !

Cette fois, le tumulte est indescriptible. Le président Mongibeaux finit par le dominer.

— Quelqu'un doit avoir le dernier mot et c'est la Haute Cour. Vous ne voulez plus répondre ?

— Non, M. le Président, compte tenu de la manière dont vous m'interrogez.

— Fort bien, l'audience est suspendue.

Pierre Laval se lève pour quitter la salle. Les jurés se lèvent aussi. Plusieurs brandissent le poing dans sa direction.

— Provocateur !

— Salaud !

— Tu les auras, tes douze balles !...

À la reprise de l'audience, l'accusé refuse de regagner sa place et ses avocats, Mes Naud et Baraduc, se déclarent solidaires de leur client. Les bancs de la défense sont vides et c'est dans une atmosphère gênée, un peu irréelle, que se déroule la suite des débats. Ils étaient prévus pour durer trois semaines, ils dureront cinq jours. Le climat passionné entourant Pierre Laval aura empêché qu'il ait un procès digne de ce nom et de son rôle dans l'histoire.

Le 9 octobre, le procureur général Mornet lit son réquisitoire. Il est bref et, comme il n'y a pas d'avocat pour prononcer de plaidoirie, le président Mongibeaux déclare les débats clos.

Les juges et les jurés ne délibèrent pas plus d'une heure. Le verdict est sans surprise. Reconnu coupable d'avoir renversé le régime républicain, ainsi que des crimes d'intelligence avec l'ennemi et de haute trahison, Pierre Laval est condamné à la peine de mort. Il est condamné, en outre, à la déclaration d'indignité nationale et à la confiscation de ses biens...

On vient lui lire la sentence dans sa cellule. Il déclare :

— Je regrette qu'on ne m'ait pas permis d'écrire encore quelques pages de l'histoire de la France. Je n'ai pas l'intention de signer mon recours en grâce.

Suite à ce refus, l'exécution est inéluctable... Le 15 octobre 1945, à 8 heures du matin, les gardiens ouvrent la porte de sa cellule. Laval semble dormir, le visage tourné vers le mur. Le procureur général Mornet frappe sur son épaule.

— Pierre Laval, l'heure est venue. Préparez-vous à mourir courageusement.

Pas de réponse, Laval ne bouge pas. Me Naud intervient à son tour.

— Je vous en prie, Monsieur, pour vous, pour vos avocats, pour l'histoire, soyez courageux !

Il retourne le condamné. Ses yeux sont vitreux, sa bouche grande ouverte. Une fiole s'échappe de sa main. Le docteur Paul, médecin légiste, s'en empare. Il la renifle.

— Cyanure.

Sur la table, on découvre un mot : « Je refuse de tomber sous les balles françaises. Je ne veux pas que des soldats soient complices d'un assassinat judiciaire. J'ai choisi ma mort, le poison des Romains. Ce poison, je l'avais dissimulé sous ma pelisse… » Laval n'est pourtant pas mort. Le cyanure était éventé. Il est à l'agonie. Il râle. Le procureur Mornet ordonne :

— Il faut le soigner.

On fait venir le médecin de la prison et ses deux assistants, qui pratiquent des piqûres et des lavages d'estomac. Cela dure très longtemps. Ce n'est que vers midi que le cœur se remet à battre normalement. On publie alors un communiqué officiel, formulé avec une rare maladresse : « Les jours de Pierre Laval ne sont plus en danger. » Ce qui veut dire qu'on va pouvoir le fusiller…

On l'habille. L'exécution était prévue au fort de Montrouge, mais compte tenu de son état, elle aura lieu dans les fossés de la prison de Fresnes. Ses avocats, Mes Naud et Baraduc, le soutiennent pour l'empêcher de tomber. Il arrive sur place. Il s'adresse aux soldats du peloton.

— Je vous pardonne à tous. Vous n'êtes pas responsables de cet assassinat.

La salve retentit. Il est 12 h 32. Pierre Laval est mort.

Pour conclure, nous citerons le jugement que le général de Gaulle a formulé sur lui dans ses *Mémoires de guerre* : « Porté de nature à aborder les affaires par le bas, Laval tenait que, quoi qu'il arrive, il importe d'être au pouvoir, qu'un certain degré d'astuce maîtrise toujours la conjoncture, qu'il n'est point d'événement qui ne se puisse tourner, d'hommes qui ne soient maniables [...] Il jugea qu'il était possible de tirer parti du pire, d'utiliser jusqu'à la servitude, de s'associer même à l'envahisseur, de se faire un atout de la plus affreuse répression. Pour mener sa politique, il renonça à l'honneur du pays, à l'indépendance de l'État et à la fierté nationale ».

15

Deux gouttes d'eau

Il fait une nuit radieuse, ce 19 août 1963, dans la région de Wittenberg, en Allemagne de l'Est. Le ciel est merveilleusement étoilé. Il fait très noir cependant : c'est une nuit sans lune. Et ce n'est pas un hasard. Ce qui va se passer ne pouvait avoir lieu que par une nuit sans lune…

Sigmund Schalke, vingt-six ans, serre le bras de sa femme, Lotte. Depuis une heure, ils avancent dans l'obscurité, à travers des chemins forestiers. À leurs côtés, un homme dont ils ne connaissent que le prénom, Werner, et qui est leur passeur. Car Sigmund et Lotte Schalke, habitant tous les deux Berlin Est, ont décidé de franchir la frontière entre les deux Allemagne.

La frontière, à cet endroit, c'est un fleuve : l'Elbe. Sigmund et sa femme devinent ses eaux noires quelques mètres plus bas. Hans les bouscule un peu.

— Mettez-vous en maillot de bain. Ici, vous avez toutes les chances, le fleuve fait un coude. On voit très mal depuis le poste de garde. Mais il ne faut tout de même pas traîner !

Sigmund s'exécute rapidement. En quelques instants, il se retrouve en tenue de bain. Il se retourne vers sa femme. Celle-ci est toujours habillée. Elle est comme pétrifiée. Sigmund Schalke pousse un cri de surprise :

— Qu'est-ce que tu attends ? Dépêche-toi !

Mais la jeune femme secoue la tête. Elle a l'air terrorisée.

— Je ne peux pas, Sigmund. Vas-y tout seul. Je ne sais pas assez bien nager. J'ai peur !

Werner, le passeur, intervient.

— Décidez-vous. On ne peut pas rester ici...

Lotte lance à son mari :

— Vas-y seul, Sigmund. C'est moi qui te le demande. Je te rejoindrai plus tard, je te le promets.

Après avoir hésité un instant, Sigmund Schalke se met à l'eau. On voit pendant quelques mètres sa forme blanche fendre les eaux noires tandis qu'on entend un léger clapotis. Lotte et le passeur s'attendent à tout instant au claquement des coups de feu, mais rien ne se passe. Au bout de quelques minutes, ils ont perdu Sigmund de vue, le silence est revenu...

En prenant pied sur l'autre rive, Sigmund Schalke ne se laisse pas aller à la joie. Il a enfin réussi le projet qu'il avait préparé depuis si longtemps. Mais une seule pensée occupe son esprit : « Je dois rechercher Lotte par n'importe quel moyen ! »

Et le moyen qu'il va employer n'est, effectivement, pas n'importe lequel.

Mars 1964. Sigmund Schalke s'est fixé à Hambourg. Il a retrouvé sans trop de mal un poste correspondant à sa qualification : il est professeur d'allemand dans un lycée de la ville. Il a un traitement correct, il est confortablement logé et pourtant, il est malheureux. Lotte est restée là-bas. Il ne peut pas supporter cette séparation...

Ce jour-là, Sigmund a accepté tout de même une invitation de ses collègues, qui veulent à tout prix le sortir de sa solitude. Il s'est laissé convaincre d'aller au dancing. Mais cela ne l'intéresse pas. Il n'a aucune envie de danser encore moins de rencontrer des filles.

Il contemple, morose, la piste de bal et les gens attablés, trempant de temps en temps les lèvres dans son verre, lorsque soudain, il pousse un cri :

— Lotte !

Là-bas, à l'autre bout de la salle, cette jeune fille seule à une table, c'est elle ! Par quel miracle est-elle là ?... Comme un fou, il se lève et se dirige vers elle.

Il s'arrête devant sa table... Non, ce n'est pas elle. Mais la ressemblance est hallucinante. C'est presque son sosie.

Elle lève les yeux vers lui, le regarde. Comme il ne sait que dire, Sigmund bredouille :

— Mademoiselle, voulez-vous danser ?

La jeune fille accepte sans se faire prier. Pendant la danse, elle lui dit son nom : Elke Schaffer. Elle est étudiante en mathématiques. Lui se présente comme Hans Müller, professeur d'allemand... Pourquoi ce faux nom ? Pourquoi ne lui dit-il pas qu'il est réfugié de l'Est ? Pourquoi ne lui parle-t-il pas de Lotte et de l'extraordinaire ressemblance qu'elles ont entre elles ? Il ne le sait pas. Quelque chose le retient, sans qu'il comprenne exactement quoi.

La soirée avançant, Sigmund se laisse aller à être tendre. Elke n'a pas l'air du tout insensible à son charme. Lui de son côté, ne se force pas. Il a tellement l'impression d'être avec sa femme... Et insidieusement, presque malgré lui, un plan se met en place dans son esprit. Il va faire la conquête d'Elke. Quand leur liaison sera suffisamment établie, il lui proposera un voyage à Berlin Est. Il s'arrangera pour lui prendre ses papiers. Il la laissera dans un endroit quelconque et il ira chercher Lotte, qui passera la frontière avec les papiers d'Elke...

Deux jours plus tard, il invite la jeune fille au cinéma. Elle a l'air ravie de le revoir. Après la séance, il l'emmène au restaurant. Elke semble de plus en plus attirée, à tel point que Sigmund en devient un peu inquiet. Il se prend à craindre que les choses n'aillent trop loin. Mais il chasse ces pensées. Il faut qu'il continue ! C'est la seule manière de retrouver Lotte.

Au troisième rendez-vous, Elke accepte de venir chez lui. Et, sans qu'il ait besoin d'insister, elle lui cède. Entre eux, les choses ont été bien plus vite qu'il ne l'avait imaginé. Et, à mesure que les semaines passent, Elke se fait plus pressante. Elle l'aime. Il est l'homme de sa vie… Un jour, elle lui demande de venir s'installer chez lui. Sigmund refuse, sans pouvoir donner d'explication valable. Alors elle se fâche.

— C'est que tu ne m'aimes pas vraiment. Je suis sûre qu'il y a une autre femme dans ta vie !

Pour ne pas lui donner de soupçons, Sigmund Schalke accepte. Il est de plus en plus gêné de cette situation, qui prend des proportions imprévues. Il sait qu'il va faire beaucoup de mal à Elke, mais, encore une fois, il repousse toute idée de faire marche arrière.

L'idéal serait d'en terminer au plus vite, de lui proposer tout de suite cette promenade à Berlin Est. Ce n'est malheureusement pas possible. Il faut qu'il attende les faux papiers, dont il a besoin lui-même pour passer la frontière. Il les a demandés à un spécialiste qu'on lui a indiqué, mais cela prend du temps. Et, d'ici là, il doit continuer à jouer la comédie à Elke.

Juillet 1964. Cela fait presque un an que Sigmund Schalke a traversé l'Elbe. Ce jour-là, on lui annonce enfin que ses papiers sont prêts. Ils sont au nom d'Hans Müller, le nom sous lequel il s'est présenté à Elke.

Aussi, le soir même, il lui demande tout joyeux :

— Chérie, qu'est-ce que tu dirais si nous allions passer le week-end à Berlin Est ?

Elke est plutôt surprise de ce lieu d'excursion inattendu.

— À Berlin Est ? Quelle drôle d'idée !

Sigmund Schalke prend prétexte d'une vague réunion sportive qui doit avoir lieu là-bas. Elke se laisse convaincre. Elle le suivrait n'importe où…

Et, le samedi suivant, ils partent en voiture. Elke semble parfaitement heureuse. Elle chantonne. De temps en temps, elle se tourne vers lui et lui sourit. Sigmund n'ose pas la regarder. À présent, il a honte de ce qu'il va faire, mais il est trop tard.

À la frontière, Sigmund tend ses papiers et ceux d'Elke au policier est-allemand. L'homme les examine et les lui rend sans dire un mot. Sigmund les met dans sa poche. Elke a l'air étonné. Il lui dit avec un sourire :

— Je garde tes papiers. Tu es trop distraite et ce serait grave si tu les perdais...

À l'heure du déjeuner, il emmène Elke au restaurant. Il a soigneusement choisi l'endroit depuis longtemps. C'est même un des éléments essentiels de son plan. Il sait, en effet, que cet établissement comporte deux issues.

Peu après qu'ils se soient installés, Sigmund Schalke se lève de table.

— Je reviens dans deux minutes. Je vais me laver les mains...

Elke lui répond par un sourire qui lui fait mal. Et il se dirige rapidement vers l'autre sortie. De là où elle est placée, elle ne peut apercevoir la rue. C'est donc sans se cacher qu'il monte dans sa voiture et démarre...

Quelques minutes plus tard il est chez Lotte, devant la porte qui était autrefois celle de leur appartement.

Il sonne... Quand elle ouvre, elle pousse un cri. Lui, de son côté, ne peut pas parler tout de suite. Il vient aussi d'éprouver un choc. Lotte ressemble encore plus à Elke qu'il l'imaginait. Mais il parvient à se ressaisir et dit précipitamment :

— Partons ! On va passer à l'Ouest. Je t'expliquerai en route...

En chemin, Sigmund Schalke raconte, par bribes, toute son histoire. Lotte l'écoute en silence et elle a une réaction qu'il n'avait pas du tout prévue.

— Qu'est-ce que c'est que cette fille ? Qu'est-ce que tu as fait avec elle ? Vous avez couché ensemble ?

Sigmund essaie de se justifier.

— C'est parce qu'elle te ressemblait. C'est pour toi que j'ai fait tout cela...

Mais Lotte ne veut rien entendre. Leurs retrouvailles, qui auraient dû se faire dans la joie, commencent par une scène de ménage. C'est en se disputant qu'ils passent la frontière – sans, d'ailleurs, la moindre difficulté – et qu'ils arrivent à Hambourg. Et là, cela continue. Lotte refuse de partager l'appartement de Sigmund. Elle préfère aller à l'hôtel. Tant et si bien que, le lendemain, Sigmund Schalke, désemparé, bourré de remords, va au commissariat et raconte tout aux policiers.

Ceux-ci ont d'abord du mal à le croire. Quand enfin ils comprennent qu'il dit la vérité, ils décident d'entrer en contact avec leurs collègues de l'Est... C'est ainsi qu'on apprend ce qui est arrivé à Elke.

Quand elle a compris que son compagnon ne reviendrait pas, la jeune fille, en larmes, est allée trouver le directeur du restaurant. Celui-ci, apprenant qu'elle était sans papiers, a immédiatement alerté la police.

Elle y est toujours actuellement et on l'interroge sans relâche. Elle est, bien évidemment, soupçonnée d'espionnage. Si jamais elle était innocente, elle serait relâchée. Mais l'enquête sera longue...

L'enquête prend exactement six semaines, au bout desquelles Elke, lavée de tout soupçon, est libre et peut retourner à Hambourg.

Entre-temps, Sigmund Schalke a été inculpé, les parents d'Elke ayant porté plainte, et il passe en jugement au mois de novembre 1964...

Au procès, il y a un moment sensationnel : c'est quand les deux femmes paraissent dans la salle. Leur ressemblance est véritablement fantastique ! Chacun cherche ses mots : des sosies, des jumelles, deux gouttes d'eau, on ne sait quelle expression employer. Elles s'aperçoivent de loin et restent aussi stupéfaites l'une que l'autre. Les juges et le public sont également saisis. Quant à Sigmund, il les regarde alternativement l'une et l'autre, l'air totalement désemparé.

À l'issue des débats, Sigmund Schalke a été condamné à six mois de prison. Dans sa cellule, il a eu tout le temps de réfléchir à l'incroyable légèreté qui avait été la sienne. Il avait voulu jouer avec les sentiments d'autrui et même avec les siens et il avait tout perdu.

Tout ! À sa sortie de prison, Lotte n'a pas voulu reprendre la vie commune et, peu de temps après, elle a demandé le divorce. Quant à Elke, elle ne lui a pas pardonné sa trahison et n'a jamais voulu le revoir.

16

L'agent quadruple

Berlin, juin 1925. À l'hippodrome de Wansee, la dernière course vient de s'achever par la victoire d'Edelweiss, un des nombreux chevaux de l'écurie Wromsky et, comme d'habitude, l'heureux propriétaire est là, dans la tribune d'honneur, pour assister à son succès.

Dans l'assistance, des regards envieux et admiratifs convergent vers lui… Il y a décidément des gens à qui la vie ne refuse rien ! Le comte Jiri Wromsky est jeune, beau et riche. D'une stature élancée, les cheveux blonds, les yeux bleus, il porte l'habit avec plus que de l'élégance : de l'aisance, du naturel. Il y a deux ans qu'il a quitté sa Pologne natale, on ne sait pour quelle raison. Il s'est installé dans la capitale allemande et il est devenu rapidement la coqueluche du Tout-Berlin. On ne compte plus les réceptions fastueuses qu'il a données dans son hôtel particulier de Tiergarten. Son écurie de courses – car le comte a la passion des chevaux – est la plus remarquable d'Allemagne…

Chanceux sur les hippodromes, le comte Wromsky l'est tout autant en amour. Il est toujours entouré de jolies femmes, mais depuis longtemps, deux d'entre elles ont sa préférence. Elles sont d'ailleurs toutes les deux à ses côtés en ce moment.

Difficile de dire laquelle est la plus belle. Irène Von Geiler, blonde aux yeux verts, est une comtesse ruinée, mais elle a gardé toute la distinction de ses origines. Anna Leibel a incontestablement un charme plus populaire. C'est une beauté comme on en voit rarement : une brune sensuelle, le type même de la créature qui rend fous les hommes. D'ailleurs, il est de notoriété publique que sa liaison avec le comte n'a pas mis fin à sa vie amoureuse pour le moins tapageuse. Mais Jiri Wromsky n'a pas l'air de se soucier le moins du monde de ce libertinage, pas plus qu'aucune des deux femmes ne semble ennuyée de se partager ses faveurs. Et personne ne s'en choque dans la société berlinoise des années folles. On sent s'approcher de tels bouleversements qu'on ne peut qu'envier ceux qui savent profiter de la vie…

Et pourtant, c'est une réalité toute différente qui se cache derrière cette fascinante apparence. Il ne faut jamais se fier aux apparences, car tout n'est qu'apparence dans cette histoire.

Berlin, 14 mars 1926. Jiri Wromsky, Irène Von Geiler et Anna Leibel sont encore une fois côte à côte. Mais le jeune comte polonais n'est plus en habit et les deux femmes n'ont plus les éblouissantes toilettes et les bijoux de prix qu'elles arboraient sur le champ de courses de Wansee. C'est qu'il faut avoir une tenue modeste quand on est dans le box des accusés, sous le coup d'une inculpation passible de la peine capitale…

Le procès de Jiri Wromsky et de ses deux complices est l'événement dont parle tout Berlin, ce 14 mars 1926. De même que leur arrestation avait fait la une des journaux dix mois plus tôt.

Le président du tribunal commence par l'interrogatoire du principal accusé.

— Jiri Wromsky, reconnaissez-vous les faits qui vous sont reprochés ?

Le comte se lève et répond d'une voix polie :

— Parfaitement, M. le Président. Je ne les ai jamais niés.

— Vous admettez donc être venu en Allemagne pour vous livrer à l'espionnage ?

Jiri Wromsky a un bref signe d'assentiment.

— Je suis lieutenant de l'armée polonaise. J'ai agi pour servir mon pays.

Effectivement, l'enquête a démontré que le comte n'était pas le richissime aristocrate qu'il prétendait être. Si Wromsky est bien son nom et si sa noblesse est authentique, l'argent qu'il a dilapidé à Berlin lui a été versé par le gouvernement polonais pour accomplir sa mission. On ne peut donc pas le qualifier de traître. Mais il n'en est pas de même de ses deux maîtresses qui, elles, sont allemandes et qui ont accepté par amour, ou par intérêt, ou les deux à la fois, de travailler pour lui.

Le président du tribunal marque d'ailleurs nettement la différence lorsqu'il s'adresse à Irène Von Geiler. Son ton est beaucoup plus sec :

— Ce sont vos agissements qui ont attiré l'attention de la police. Vous êtes d'une famille noble que la guerre a ruinée.

Irène Von Geiler a l'air accablée.

— Oui, M. le Président.

— Lorsque Wromsky vous a connue, vous étiez employée en qualité de secrétaire au ministère de la Guerre. Et, bien qu'il vous ait tout de suite couverte d'or, il vous a demandé de ne pas quitter votre poste.

La blonde Irène Von Geiler baisse la tête.

— C'est exact.

— Au bout de combien de temps vous a-t-il demandé de lui livrer des renseignements secrets ?

— Après six mois environ.

— Expliquez à la cour comment vous vous y preniez.

La comtesse Von Geiler parle d'une voix faible, presque inaudible.

— Eh bien… quand j'avais un rapport confidentiel à taper, je prenais un carbone neuf pour le premier double. Ensuite je le donnais à Jiri. Le texte était parfaitement lisible.

Le président s'exprime sur le ton du plus profond mépris :

— Vous avez déshonoré le nom que vous portez, un vieux nom allemand... Les jurés apprécieront.

La comtesse a un cri déchirant :

— Je n'ai pas fait cela pour l'argent, mais par amour. Je le jure !

— Alors vous n'êtes qu'une sotte ! Car il est évident que Wromsky, lui, ne vous a jamais aimée. S'il vous a choisie et gardée, c'est uniquement à cause de vos fonctions.

Irène Von Geiler se tourne vers Jiri Wromsky, qui reste impassible, et elle s'effondre sur son banc... C'est au tour de la seconde maîtresse de l'espion polonais d'être sur la sellette. Anna Leibel a l'air moins abattue que sa co-accusée. Visiblement, elle est d'une autre trempe. Pourtant, le président ne la ménage pas non plus.

— Vous, c'est autre chose ! Vous aviez une vie galante et mondaine, quand Wromsky a fait votre connaissance. Et ce n'était pas vos charmes qui l'attiraient, mais l'usage que vous en faisiez.

Il y a un instant de silence... Anna Leibel, le visage fermé, ne répond pas. Le président poursuit :

— Quand vos relations avec l'accusé ont commencé, il ne vous a pas demandé d'arrêter votre commerce amoureux. Au contraire, il vous a incitée à continuer. Il vous a même fourni une liste. Que contenait-elle ?

— Des noms d'officiers...

— Ces officiers, vous étiez chargée de les séduire, de recueillir leurs confidences et de les rapporter à Wromsky.

Anna Leibel approuve brièvement d'un signe de tête et son interrogatoire s'arrête là...

Après un réquisitoire extrêmement dur, au cours duquel le procureur demande la mort pour les trois accusés, les avocats essaient de s'en sortir comme ils peuvent. Celui de Jiri Wromsky insiste sur le côté patriotique de son action. Il n'a fait qu'obéir aux ordres qu'il a reçus. Les défenseurs des deux femmes tentent de faire jouer la corde sensible. Passant sous silence les fortunes que le comte leur a données en toilettes et en bijoux, ils dépeignent l'égarement de deux malheureuses, dû uniquement à la passion.

Il faut croire que leurs arguments à tous trois portent, car, à l'issue de ses délibérations, le jury accorde les circonstances atténuantes. Jiri Wromsky, Irène Von Geiler et Anna Leibel sont condamnés à la prison à vie.

8 décembre 1926. Une voiture de couleur noire roule à vive allure sur une route enneigée et déserte, au milieu des champs. Elle s'arrête en rase campagne. Trois hommes en sortent. Deux sont en uniforme, le troisième est en civil. Le groupe avance rapidement.

À quelques centaines de mètres de là, une autre voiture s'est arrêtée. Ce coup-ci, ce sont quatre hommes qui descendent et qui marchent à la rencontre des premiers. Les uns et les autres se rejoignent. Pas un mot n'est prononcé. L'homme en civil du premier groupe et deux des membres du second groupe changent de côté, et chacun repart dans sa direction.

C'est ainsi que les journaux allemands décrivent l'échange qui vient d'être fait entre Jiri Wromsky, condamné récemment à la prison à vie, et deux espions allemands, arrêtés depuis peu par les Polonais. Les commentaires sont sans indulgence. Déjà, le verdict avait été jugé d'une clémence surprenante, surtout en ce qui concerne les deux femmes. Et maintenant, l'espion polonais vient d'être libéré après six mois de détention. Bien sûr, il y a la raison d'État, mais elle ne fait guère bon ménage avec la morale !

Du moins, les choses sont claires : Jiri Wromsky n'était pas un noceur richissime, mais un espion étranger et maintenant, il est libre. L'histoire s'arrête là.

Eh bien non, pas du tout ! Car, une semaine plus tard, le 15 décembre 1926, les journaux allemands annoncent une nouvelle tellement surprenante qu'elle est à la limite de l'absurde. Le Comte Jiri Wromsky a été arrêté par les autorités polonaises, sous l'accusation d'être un agent double...

Le monde de l'espionnage est passablement complexe. Pour l'agent normal, l'agent simple, disons, pas de problème. Il quitte son pays avec une mission : espionner le pays étranger et rapporter des informations. L'agent double, c'est déjà plus subtil : c'est un espion qui travaille pour le pays qu'il est censé espionner. Il a été « retourné », comme on dit, par le contre-espionnage adverse et, au lieu de rapporter de vrais renseignements, il en rapporte de faux.

C'est sans doute cela qui s'est produit pour Jiri Wromsky. Chargé de travailler pour les Polonais, il a certainement été acheté par les Allemands et s'est mis à travailler pour eux, c'est-à-dire à « intoxiquer », comme on dit également, avec des renseignements erronés, les services de son pays. Eh bien, on va le voir, c'est extraordinairement plus compliqué que cela.

Le colonel Trinka, des services secrets polonais, le chef de Jiri Wromsky, l'interroge dans son bureau.

— Dès que vous êtes arrivé à Berlin, vous avez pris contact avec Von Erlich du contre-espionnage allemand.

Le comte Wromsky hausse les épaules et fait cette réponse ahurissante :

— Évidemment !

Le colonel Trinka n'a pas l'air du tout surpris de cet aveu. Au contraire, il enchaîne d'une manière tout aussi stupéfiante :

— Ce n'est pas cela que nous vous reprochons, vous le pensez bien, c'est la suite...

Jiri Wromsky semble relativement à son aise.

— Eh bien, comme prévu, von Erlich m'a donné deux de ses agents : la comtesse Irène von Geiler et Anna Leibel, qui étaient chargées de me donner de faux renseignements, que je vous transmettais. C'était exactement conforme à vos instructions...

Eh oui !... Résumons-nous, car c'est nécessaire. Par un esprit d'un rare machiavélisme, le service de renseignements polonais avait chargé Jiri Wromsky de se faire passer pour un agent double. Il devait jouer le rôle de l'espion tout bête – c'est-à-dire de l'agent simple – qui change de camp et qui veut travailler contre son pays. Dans un sens, c'était assez génial. Quelle meilleure couverture pour pratiquer un réel espionnage que celui d'un agent connu, mais que l'adversaire suppose être un agent double ? Autrement dit Jiri Wromsky, chargé d'être un faux agent double, devait être un agent triple...

Mais attendez, ce n'est pas fini ! Car le colonel Trinka accuse son subordonné de ne pas s'être acquitté de sa mission. C'est-à-dire de ne pas avoir été un agent triple, mais quadruple, ou double, ce qui revient au même. Car, si l'on y réfléchit bien, chaque fois qu'on est dans un nombre pair on travaille contre son pays et chaque fois qu'on est dans un nombre impair, on travaille pour lui...

Alors, comment distingue-t-on un agent quadruple d'un agent triple, dira-t-on ? Eh bien, à la qualité des renseignements qu'il fournit : si le vrai l'emporte sur le faux, c'est un agent triple, donc un bon agent, qui travaille pour son pays ; si le faux l'emporte sur le vrai, c'est un agent quadruple, qui travaille pour l'adversaire, un traître... Et c'est exactement le thème de la conversation qui se poursuit entre le colonel Trinka et son subordonné, le comte Wromsky.

— Wromsky, nous avons vérifié vos renseignements : ils étaient faux !

— Mais vous le saviez parfaitement. Irène Von Geiler et Anna Leibel ne me donnaient que de faux renseignements. C'était prévu par vous.

— Oui, mais nous n'avons eu que cela. Vous n'avez pas fait votre vrai travail d'espion.

Le jeune comte s'indigne :

— Comment pouvez-vous dire une chose pareille ? En tant qu'agent double, j'avais accès aux services secrets allemands.

J'ai écouté tout ce qui se disait et je vous l'ai rapporté. Je vous ai envoyé une copie du plan allemand d'invasion de la Pologne.

— Il est faux aussi !

— Comment le savez-vous ?

— Il ne concorde pas avec nos autres renseignements.

— Cela ne prouve rien. Ce sont les autres agents qui se trompent. Mes renseignements à moi sont bons.

Il est difficile d'aller très loin sur ce terrain. Comment savoir, en effet, si un renseignement est vrai ou faux ? C'est extrêmement difficile, à moins d'en avoir une confirmation par les faits. Et, dans le cas de l'invasion de la Pologne, il sera, par définition, à ce moment-là, trop tard… Devant cette impossibilité de prouver sa bonne foi, Jiri Wromsky a recours à un argument qu'il imagine décisif :

– Et mon arrestation ? Pourquoi les Allemands m'auraient-ils arrêté si j'étais devenu leur agent ? Et mon procès ? J'ai risqué la peine de mort. Il s'en est fallu de peu.

Le colonel Trinka ne semble nullement impressionné.

— Justement, c'est le principal argument en faveur de votre trahison et c'est pourquoi je vous ai fait arrêter…

— Comment !

— Écoutez-moi bien, Wromsky. En vous arrêtant et en vous accusant, les Allemands vous font passer à nos yeux pour un agent polonais… Ils vous donnent, en quelque sorte un brevet d'espionnage. Mais comme vous travaillez pour eux, de même que les deux femmes, ils ne vous condamnent pas à mort. Ils vous accordent la vie sauve et ils vous échangent contre deux de leurs agents. Un coup de maître !

Jiri Wromsky est livide.

— Alors, si je suis un traître, pourquoi m'avez-vous échangé ?

Le colonel Trinka a un sourire.

— Pour vous châtier…

La peine de mort n'existe pas dans la Pologne d'entre les deux guerres et c'est sans doute en raison de cette circonstance juridique que Jiri Wromsky n'a pas terminé sa vie sous la main du bourreau. Au cours d'un procès à huis clos, dont la presse a été tenue soigneusement éloignée, il a été condamné à la prison à vie.

Et l'épilogue de son histoire a été aussi mystérieux que son début. En 1939, c'est l'invasion de la Pologne par les Allemands. Jiri Wromsky est sorti de sa prison, mais c'est pour être enfermé dans une autre. Pour une raison que personne ne connaît, il reste prisonnier des Allemands… Il le reste jusqu'en 1945, jusqu'à l'arrivée des Russes…

Là, il y a trois versions. Selon la première, il aurait été libéré in extremis par les Allemands et il aurait échappé aux Russes. Selon la seconde, les Russes l'auraient laissé en prison et il aurait été abattu lors d'une tentative d'évasion. Selon la troisième, enfin, l'évasion n'aurait été qu'un simulacre et Jiri Wromsky serait devenu, sous un autre nom, un agent soviétique.

La vérité ne sera jamais connue. Personne n'a voulu s'exprimer à ce sujet, ni les Allemands, ni les Soviétiques ni, par la suite, les Russes. Y avait-il, d'ailleurs, une réponse ? Avec un agent triple ou quadruple, peut-on jamais savoir ?

17

Le traître de Metz

19 juillet 1870 : Paris est en liesse. Des centaines de personnes parcourent les Grands boulevards, agitant des drapeaux tricolores et chantant *La Marseillaise.* Des cris fusent :

— À bas l'Allemagne !

— À Berlin !

L'empereur Napoléon III vient, en effet, de déclarer la guerre à la Prusse, celle-ci étant immédiatement rejointe par les autres états allemands, car, en cette année 1870, l'Allemagne est encore une mosaïque d'États indépendants. Mais qu'importe ! Chacun est sûr que le souverain marchera sur les traces de son oncle, Napoléon Ier. L'armée française est considérée comme la meilleure du monde et elle est prête, archi-prête ! Le maréchal Leboeuf vient tout juste de déclarer à l'Assemblée nationale :

— Il ne manque pas un bouton de guêtre !

Comme si cela ne suffisait pas, nos troupes seront confiées à deux maréchaux d'exception. Patrice de Mac-Mahon, d'abord, le plus illustre soldat du pays, une gloire vivante. Il a remporté, pratiquement à lui seul, la guerre de Crimée, en prenant la place forte de Sébastopol.

Quant au second maréchal, s'il a des états de service moins prestigieux, il est le plus aimé du peuple. Entré dans l'armée comme simple soldat, il a gravi tous les échelons, jusqu'à la dignité suprême.

François Achille Bazaine, qui va commander l'une des deux armées françaises, naît à Paris, le 13 février 1811. C'est le troisième enfant de Dominique Bazaine et de sa compagne Mélanie Vasseur, avec laquelle il ne se mariera pas. Le futur maréchal a de qui tenir, puisque son père, brillant polytechnicien, est ingénieur et général.

François Achille fait ses études secondaires au collège Saint-Louis et, tout naturellement, se présente à l'école Polytechnique. Mais le fils n'est pas le père, il échoue au concours. Qu'à cela ne tienne ! Il veut absolument faire une carrière militaire et il s'engage au 37ᵉ de ligne, comme simple soldat. À partir de là, il gravit patiemment tous les échelons : caporal, sergent, sergent-major. En 1832, il est envoyé en Algérie, dans la Légion. C'est l'époque de la conquête et il a l'occasion de se distinguer. Sous-lieutenant en 1833, il est blessé au combat de la Macta, contre Abd El-Kader et fait chevalier de la Légion d'honneur.

Capitaine en 1839, il épouse, à Tlemcen, une jeune Espagnole. En dehors des combats, il se montre un officier colonial très actif. Il parle arabe et s'occupe efficacement du pays conquis, même s'il se livre parfois à des actes de violence contre la population.

Commandant en 1844, Bazaine reçoit, aux côtés du général Lamoricière, la soumission d'Abd El-Kader. Il devient colonel commandant du 1ᵉʳ régiment de Légion étrangère et général de brigade, en 1853. De l'avis du maréchal Pélissier, gouverneur de l'Algérie, il est, de beaucoup, le plus brillant chef de corps sous ses ordres.

Engagé dans la campagne de Crimée, en 1855, il y commande la Légion étrangère. Nommé général de division à quarante-quatre ans, il se distingue, peu après, en Italie, au combat de Melegnano, l'ancien Marignan ; il y est blessé. Il s'illustre également à Solferino.

En 1863, il est désigné pour faire partie du corps expéditionnaire au Mexique. Cette intervention, qui sera un échec cuisant pour l'Empire, lui permet pourtant de se couvrir de gloire. Il s'empare de la ville de Puebla, ce qui lui vaut la grand-croix de la Légion d'honneur, et conquiert Mexico où il fait une entrée triomphale. Après cette victoire, il est nommé maréchal de France, à cinquante-trois ans.

Sa nomination est accueillie avec enthousiasme par l'armée. Il est l'enfant chéri de la troupe, car il manifeste un grand courage physique et sait demeurer calme en toutes circonstances. Excellent officier, chaleureux avec les soldats, il parcourt les bivouacs, en fumant son éternel cigare et se mêle avec familiarité à ses hommes… Sa femme décède l'année suivante. Il épouse alors une Mexicaine, Maria Josefa de la Pena, qui n'a que dix-sept ans, alors qu'il en a cinquante-quatre. On la désigne aussitôt du surnom qui lui restera : « la Petite maréchale »…

À son retour en France, François Achille Bazaine est nommé sénateur. Il n'occupe pourtant pas son siège dans la haute Assemblée. Il se rend au camp de Chalons, dont il a reçu le commandement, puis, auprès du 3e corps d'armée du Rhin, basé en Lorraine, dont il devient le général. C'est là qu'il apprend la déclaration de guerre.

Des gravures de lui paraissent alors dans les journaux et les Français, qui ne la connaissaient pas, découvrent sa physionomie… On ne peut pas dire qu'il soit beau. Il a le corps épais, la tête volumineuse, avec des moustaches tombantes et des yeux plissés, ce qui lui donne un vague air de divinité bouddhique. Curieuse apparence, dont on ne saurait dire si elle exprime la sagesse ou la fausseté. Mais bien sûr, c'est de sagesse qu'il s'agit. Comment un si brillant militaire pourrait-il posséder une quelconque fausseté ?

Dès le lendemain de la déclaration, les armées françaises se mettent en marche dans l'enthousiasme général. Le gouvernement a incité la presse à publier les informations les plus optimistes, même au mépris de toute vraisemblance. Voici, par exemple, ce qu'écrit *Le Progrès de Lyon* : « Les armes des uhlans nous envoient à cinq cents mètres des balles moins dangereuses que des haricots soufflés par une sarbacane. À huit cents mètres, les mousquets de nos hussards forcent l'ennemi à se replier en désordre. Nous comptons sur un grand succès lors de la première affaire sérieuse. »

L'état-major y compte aussi. La preuve, il n'a fourni aux troupes que des cartes de l'Allemagne ! Pour lui, il n'y a pas le moindre doute : nous allons immédiatement franchir la frontière et tous les combats se passeront en territoire ennemi.

Et pourtant, pour un esprit lucide, il y a des motifs d'inquiétude... D'abord, cette guerre, si c'est la France qui l'a déclarée, c'est l'Allemagne qui l'a voulue et, plus précisément le chancelier prussien Bismarck. Il a organisé une grossière provocation, dans laquelle les autorités sont tombées tête baissée. C'est qu'il pense qu'une guerre contre la France est la meilleure manière de forger l'unité allemande et qu'il est sûr de l'emporter.

Et il a des raisons à cela. D'abord, à cause d'un système de conscription français inadapté, les Allemands sont plus nombreux, 500 000 contre 300 000. Ensuite, contrairement à ce qu'a dit le ministre de la Guerre, les troupes françaises sont dans un état d'impréparation totale ; l'arrivée au front se fait dans une pagaille indescriptible. De plus, l'artillerie allemande est incomparablement supérieure. Les Français ont encore des canons de bronze, qui se chargent par la gueule et qui tirent à un kilomètre de moins que le Krupp en acier.

Enfin et surtout, les autorités impériales sont totalement incapables de faire face à l'événement. Napoléon III est malade, très malade. Il est, depuis plusieurs mois, victime de calculs rénaux, que les médecins n'arrivent pas à soigner et qui le laissent terriblement diminué. Il est hors d'état de monter à cheval et, parfois, de se tenir debout. C'est pourtant lui qui doit exercer le commandement de l'armée ; il a le titre de généralissime et donne ses ordres aux deux maréchaux.

Ne pouvant continuer à s'occuper des affaires politiques, il a laissé la régence à son épouse Eugénie, à l'esprit fantasque et borné. Farouchement partisane d'un pouvoir autoritaire, elle s'est entourée d'hommes partageant ses idées, qu'elle a choisis pour leurs opinions et non pour leurs compétences. Tous ont en commun de sous-estimer dramatiquement l'adversaire et de considérer que la guerre est gagnée d'avance.

Restent les maréchaux à la tête des deux armées : Mac-Mahon, en Alsace, et Bazaine, en Lorraine. C'est à eux, maintenant, de faire leurs preuves et de montrer leur valeur sur le terrain.

Contrairement à ce qu'attendait l'état-major, tous les combats se passent en France. Il en résulte qu'avec leurs cartes d'Allemagne, les Français ont les pires difficultés à se déplacer. Ils vont à l'aveuglette dans leur propre pays.

Le 6 août, les deux armées affrontent en même temps les Allemands, Mac-Mahon les rencontre à Woerth-Froeschwiller. Malgré ses mérites passés, il fait preuve de la plus lourde incompétence, se plaçant sous les canons adverses. Il se replie sur Châlons, après avoir perdu 20 000 hommes. Dès le premier engagement, toute l'Alsace est perdue et l'ennemi met le siège devant Strasbourg. C'est d'autant plus dramatique que Bismarck annonce au même moment qu'il ne rendra pas l'Alsace. Il revendique son annexion, ainsi que celle de la Lorraine, autour de Metz…

En ce qui concerne Bazaine, les choses se passent différemment. Seule son avant-garde, commandée par le général Frossard, engage le combat à Spicheren. L'affrontement dure toute la journée, les pertes sont très lourdes de part et d'autre et, face à un ennemi supérieur en nombre, Frossard est obligé de se replier. Ce retrait est désastreux, car il livre aux Allemands les villes de Forbach et Sarreguemines et leur ouvre la route de Metz.

Mais le pire est que la défaite aurait pu facilement être évitée, voire se transformer en victoire. Le maréchal Bazaine n'était qu'à trente kilomètres de là, avec le gros des troupes, relié à Spicheren par le chemin de fer. À plusieurs reprises, Frossard lui a réclamé des renforts. Une heure ou deux auraient suffi pour les mettre en ordre de bataille et, comme il occupait une position favorable sur une hauteur, il aurait pu avoir le dessus. Malgré cela, Bazaine a fait la sourde oreille et n'a pas envoyé un seul soldat.

C'est ce que confirme le général du Barail, qui déclare après les faits : « Le maréchal a fait preuve d'une incurie, qui aurait dû le disqualifier à jamais. Il a laissé écraser le malheureux Frossard, qu'il pouvait soutenir avec deux corps d'armée, dont l'arrivée eût changé la défaite en une victoire aux conséquences incalculables… » On a dit, par la suite, que Bazaine n'avait rien fait, parce que le général Frossard aurait pu, en cas de succès, devenir lui aussi maréchal, mais rien n'a pu être prouvé…

Les choses continuent de s'aggraver. Le 10 août, Napoléon III, trop malade, nomme Bazaine généralissime à sa place. C'est une abdication de fait. Il a déjà perdu le pouvoir politique, détenu par l'impératrice régente, il renonce au pouvoir militaire. Dans l'opinion, très mal informée, qui croit que les premières batailles ont été des victoires, la nomination du populaire maréchal est bien accueillie. Tout le monde a confiance dans « le glorieux Bazaine ».

Les dernières instructions de Napoléon III à ce dernier sont de chercher à entrer en contact avec Mac-Mahon. Mais le maréchal n'en tient aucun compte, il continue d'avancer en Lorraine, sans avoir, semble-t-il, de but précis. En fait, lui qui s'est formé sur le tas et qui n'a eu, jusqu'à présent, sous ses ordres, que des effectifs limités, ne semble pas avoir la capacité de commander une armée de 180 000 hommes.

Après avoir marché plusieurs jours, il rencontre l'ennemi à Rezonville. Il n'engage que la moitié de ses soldats contre les 135 000 Allemands qui lui font face, ce qui ne lui permet évidemment pas d'enfoncer leur défense. Mais l'affrontement a été loin d'être désavantageux, puisque les Allemands ont perdu 17 000 hommes contre 13 000 Français.

Le maréchal se remet en route. Deux jours plus tard, le 18 août, 180 000 Allemands attaquent à Saint-Privat. Là encore, les choses ne tournent pas en notre défaveur. Le soir, lorsque l'obscurité met fin aux combats, les Français ont 12 000 morts et blessés, mais les Prussiens en ont 20 000. Au matin, chacun s'attend à ce que Bazaine donne l'ordre de reprendre le combat. Le moral de la troupe est excellent, les hommes sont impatients d'en découdre, mais à la stupeur générale, il fait route vers Metz, où il s'enferme et ne bouge plus.

C'est totalement incompréhensible ! Non seulement, il ne cherche pas à faire sa jonction avec Mac-Mahon, comme l'empereur le lui avait ordonné, mais il met hors-jeu la plus importante armée française. Les Allemands, qui ne comprennent pas davantage, mettent le siège devant Metz et attendent.

Ses généraux le pressent de faire une sortie. Il a plus de troupes que les assiégeants, qui forment un cercle étiré à distance de la ville. En attaquant en un seul point, on peut briser le blocus, c'est l'évidence même ! Pourtant, Bazaine hésite, se fait prier, tergiverse.

Enfin, le 31 août, neuf jours après son enfermement volontaire, il décide une sortie en direction de Noiseville. Mais elle est très mal conçue. La préparation est beaucoup trop lente, ce qui permet à l'adversaire d'arriver sur les lieux et de se retrancher.

Cela n'empêche pas les soldats français, qui ne veulent à aucun prix rester dans la ville, d'attaquer avec fureur et de s'emparer des positions ennemies. Le soir, ils ont acquis un avantage décisif. Mais le lendemain matin, ils reçoivent l'ordre de faire demi-tour : il faut rentrer dans Metz ! La fureur est générale, tout le monde accuse Bazaine d'avoir fait cette action pour répondre aux critiques, mais de n'avoir voulu à aucun moment qu'elle réussisse.

Et c'est sans doute la vérité. Il aurait été le premier embarrassé par un succès qui l'aurait contraint de reprendre des opérations qui le dépassaient. Tandis qu'à Metz, il n'a plus qu'à continuer d'attendre dans l'inaction. D'ailleurs, depuis un moment déjà, il est certain de la défaite. Il ne cesse de répéter aux personnes qui ont sa confiance :

— J'attends la nouvelle d'un armistice, qui va nous sortir du pétrin.

Pour ce pessimisme, au moins, il a raison. Le lendemain de la sortie ratée de Noiseville, le 2 septembre, Mac-Mahon capitule, à Sedan, avec toute son armée. L'empereur Napoléon III, qui l'accompagne, est fait prisonnier lui aussi. Connu à Paris le 4 septembre, ce désastre entraîne la proclamation de la République et la constitution d'un gouvernement de Défense nationale, présidé par le général Trochu.

La reddition de Napoléon à Sedan et la proclamation de la République sont connues à Metz le 10. Jusque-là, le maréchal Bazaine avait fait preuve d'incompétence, maintenant, c'est de trahison qu'il faut parler !

Il se déclare immédiatement « indigné par la folie du 4 septembre » et refuse de reconnaître « un gouvernement illégitime né de la rue ». Il continue de conserver les aigles sur ses drapeaux et garde l'intitulé impérial dans ses proclamations. Il ne reçoit pas les envoyés républicains. En outre, il est proprement scandalisé de se voir placé sous les ordres de Trochu, président du gouvernement de Défense nationale. Il répète à qui veut l'entendre :

— Un maréchal sous les ordres d'un général : et puis quoi encore ?

Dès lors, la situation militaire cesse totalement de l'intéresser. Il se sent investi d'une mission : rétablir la dynastie impériale et défendre l'ordre social menacé. Et pour cela, il n'y a qu'un seul moyen : s'entendre avec les Allemands.

Il prend contact avec le chef des armées qui lui font face, le prince Frédéric-Charles. Ce dernier, très surpris de cette démarche, lui répond qu'il est là pour discuter de sa reddition, rien d'autre. Mais il transmet tout de même l'information au chancelier Bismarck, qui comprend le parti qu'il peut tirer de la situation.

Commencent alors d'interminables discussions entre Bazaine, Bismarck, Napoléon III, prisonnier en Allemagne, et Eugénie, en exil en Angleterre. Un aventurier du nom de Régnier fait l'intermédiaire entre les participants. Il est évident que les Allemands ont tout intérêt à cette tractation, qui leur fait gagner du temps et divise le camp d'en face...

Pendant ce temps, la situation empire de manière dramatique dans la cité messine. Les chevaux sont mangés les uns après les autres ; il n'y a plus d'artillerie, faute d'attelages pour la tracter. La famine s'installe à partir de la mi-septembre ; ensuite, le typhus fait son apparition.

Les négociations s'éternisent et c'est le roi de Prusse Guillaume Ier en personne, qui vient mettre un terme à ce mauvais feuilleton. Il se prononce pour le maintien de la République, en qui il voit un facteur d'affaiblissement durable pour la France. Dans ces conditions, les projets de restauration de l'Empire sont abandonnés et Bismarck rompt les pourparlers avec le maréchal Bazaine.

Puisqu'il en est ainsi, ce dernier n'a plus qu'à revenir aux affaires militaires, c'est-à-dire capituler. Le 27 octobre 1870, la reddition est signée et, le surlendemain, les Allemands entrent dans Metz.

Il s'agit d'un événement considérable, sans autre exemple au XIXe siècle. Le maréchal Bazaine a livré sans combat les 173 000 hommes de son armée et les 30 000 hommes de la garnison. Parmi les prisonniers, figurent trois maréchaux (lui-même, Le Bœuf, ancien ministre de la Guerre, et Canrobert), neuf généraux, plusieurs milliers d'officiers et sous-officiers. Il livre également aux Allemands 1 570 canons et les drapeaux de ses unités, qu'il n'a pas jugé utile de faire brûler. À la défaite, s'ajoute le déshonneur.

Et c'est bien pire encore pour les Messins, qui se sont, durant tout le siège, montrés d'ardents patriotes et qui vont devenir allemands ! Dès le lendemain de l'entrée des troupes ennemies, un gouverneur prussien est nommé à la tête de la ville et la monnaie allemande remplace le franc.

Lorsque la nouvelle est connue dans le pays, elle provoque un cataclysme. La stupeur s'ajoute à l'indignation. Le « glorieux Bazaine » était le militaire le plus populaire de l'armée et c'est lui qui s'est rendu coupable de la pire ignominie ! La presse n'a pas de mots assez forts pour fustiger sa conduite. Du jour au lendemain, il occupe dans l'opinion la place la plus méprisable, la plus haïssable, celle du traître !

Les Allemands, qui n'ont pas les mêmes raisons de lui en vouloir, bien au contraire, le traitent avec beaucoup d'égards. Il est interné à Cassel, dans le même château que Napoléon III et libéré peu après. Il se rend aussitôt en Suisse, d'où il ne bouge plus.

Il se fait oublier, ce qui n'est pas difficile, avec les épreuves que traverse le pays, au cours de cette année 1871, « l'année terrible », comme l'a surnommée Victor Hugo. Tandis qu'il excursionne au bord du lac Léman, ce sont le siège de Paris et sa famine, la défaite, la perte de l'Alsace et de la Lorraine, la Commune. Lorsque le tumulte est passé, le maréchal rentre à Paris et regagne son hôtel particulier de l'avenue d'Iéna.

Mais avec le calme retrouvé, la mémoire revient à ses compatriotes. Une campagne de presse s'organise contre lui, dont Gambetta prend la tête. En même temps, un ouvrage du colonel d'Aldlau : *Metz, campagne et négociation*, alimente les attaques. Le colonel, qui a servi sous ses ordres dans la ville lorraine, l'accuse de trahison, preuves à l'appui.

Les autorités sont obligées de réagir. Une commission d'enquête est nommée par l'Assemblée nationale. La commission le blâme, sans envisager de sanction et nulle accusation de trahison n'est retenue contre lui. Les choses pourraient en rester là, mais c'est l'intéressé lui-même qui remet tout en question. Le maréchal proteste et exige de passer en Conseil de guerre pour laver son honneur. Car, que peut-on lui reprocher ? Il n'a jamais été vraiment vaincu par les Prussiens sur le champ de bataille.

Le gouvernement essaie de l'en dissuader. Thiers, Premier ministre, et le général de Cissey, ministre de la Guerre, vont le trouver tour à tour pour le faire changer d'avis, mais Bazaine s'entête. Les choses iront donc jusqu'au bout.

Le Conseil de guerre s'ouvre le 6 octobre 1873. Il se tient dans la salle principale du Grand Trianon, à Versailles. Le tribunal a été très difficile à constituer, la quasi-totalité des maréchaux et généraux ne voulant pas juger l'un des leurs. Mais on a fini tout de même par trouver des volontaires, principalement des monarchistes hostiles à l'empire. Il est présidé par le plus ancien officier général en exercice, le duc d'Aumale, qui a été nommé général par son père Louis-Philippe, sous la monarchie de Juillet…

À midi précis, l'accusé fait son entrée devant ses généraux-juges. L'instant est solennel. Le maréchal Bazaine arbore son cordon de grand-croix de la Légion d'honneur et tient à la main le bâton, insigne de sa dignité. On n'avait jamais vu un militaire de ce rang devant un Conseil de guerre. Il est accusé de tomber sous le coup de l'article 210 du code militaire, qui punit de mort, avec dégradation, la trahison devant l'ennemi.

Il a choisi comme avocat Charles Lachaud, bonapartiste comme lui… Les débats s'engagent. À la surprise générale, le maréchal n'attaque pas et ne se défend pas non plus ; il ne révèle rien, couvre ses subordonnés et refuse de donner des précisions. Il parle d'une voix calme, presque détachée. De toute évidence, pour lui, l'issue ne fait aucun doute, il est sûr de l'acquittement.

Et pourtant, il aurait des raisons d'être inquiet. Les faits, tels qu'ils sont exposés devant le tribunal ne lui sont pas favorables ; le complot pour la restauration de l'Empire, en particulier, ne semble pas faire de doute. En outre, Napoléon III est mort le 9 janvier précédent, en exil en Angleterre. À présent, c'est lui, encore en vie, qui fait figure de principal responsable de la défaite…

Le 3 décembre, près de deux mois après l'ouverture du procès, le général Pourcet prononce son réquisitoire. Il ne dure pas moins de quatre jours. Il déclare notamment :

— Inutile de dire que Metz n'a pas été attaqué. L'ennemi, voyant la faiblesse et les préoccupations politiques du maréchal, trouvait plus commode d'attendre dans ses lignes le résultat de ses piètres négociations et de la famine ensuite.

Il poursuit :

— C'est de cette conduite tortueuse que nous demandons compte au maréchal Bazaine, car c'est en usant de ces procédés déloyaux qu'il a perdu son armée et compromis le sort de la guerre.

Et il conclut en demandant l'application de l'article 210 du code militaire, c'est-à-dire la peine de mort, avec dégradation...

Parlant à son tour, l'avocat de la défense, Me Lachaud reprend la thèse de Bazaine, selon laquelle, devant la faiblesse de nos armes, la seule possibilité était de se rendre, tout en préservant une armée, qui maintiendrait l'ordre social menacé.

Le 10 décembre 1873, alors que la foule crie au dehors :

— À mort, le traître !

Le tribunal se retire pour délibérer. Il revient à 21 heures et le duc d'Aumale énonce le verdict : le maréchal Bazaine est condamné à mort, avec dégradation. La peine a été votée à l'unanimité, mais le conseil de guerre adresse en même temps un vœu, pour que la sentence ne soit pas exécutée.

Patrice de Mac-Mahon, entre-temps devenu président de la République, y souscrit, puisqu'il commue la peine en vingt ans de détention. Il supprime, en outre, la dégradation.

Le maréchal Bazaine est interné dans le fort de l'île Sainte-Marguerite, au large de Cannes, là où avait été prisonnier le Masque de fer. Mais il s'échappe, avec l'aide de sa femme, dans la nuit du 9 au 10 août 1874. Il le fait dans des conditions rocambolesques et remarquables, pour un homme âgé de soixante-trois ans. À l'aide d'une corde, faite avec les ficelles des colis qu'il a reçus, il descend une muraille à pic, longue de soixante-treize mètres. La Petite maréchale l'attend en bas, dans une barque de pêcheur, qui les emmène en Italie.

Aussitôt libre, il rend visite à l'impératrice Eugénie, qui le reçoit froidement, estimant que sa présence la compromet. Il prend alors la direction de l'Espagne. Accueilli à Madrid par la reine, il est considéré comme un personnage semi-officiel par les autorités du pays. Toutefois, il est unanimement rejeté par la colonie française, qui refuse d'avoir le moindre contact avec lui.

Il écrit des articles justifiant sa campagne de 1870. Ses soucis financiers s'aggravent. La Petite maréchale, qui n'a pas quarante ans, ne supporte pas cette vie d'exil triste et étriquée. Elle part pour Mexico, soi-disant pour régler des problèmes familiaux. En fait, son départ est définitif. Elle ne reverra jamais le maréchal.

Un an après, le 17 avril 1887, un voyageur de commerce de La Rochelle, Louis Hillairaud, lui porte un coup de poignard au-dessus de l'œil, pour « venger la France ». La blessure est sans gravité mais elle a, sur cet homme vieilli, de lourdes conséquences. Il ne voit presque plus de l'œil gauche et il a des maux de tête incessants. Son moral est également atteint.

François Achille Bazaine se fracture la jambe dans une chute, et, désormais invalide, meurt brusquement, le 23 septembre 1888. Il était maréchal depuis vingt-cinq ans et… traître depuis dix-huit ans.

18

L'enfant martyr

La sirène de la voiture des pompiers retentit de manière régulière et lugubre, tout au long des rues de Gagny, dans la banlieue parisienne. Assise à l'arrière du véhicule, Simone Lefèvre est penchée au-dessus d'une petite forme allongée sur un brancard. Seul son visage terriblement blanc dépasse des couvertures. L'enfant gémit de manière continue, laissant parfois échapper des cris.

— Bobo, maman !

— Cela va aller, ma chérie…

Tout en s'efforçant de sourire, pour rassurer la fillette, Simone Lefèvre pousse intérieurement un gros soupir. « Cela va aller » : elle n'en est pas certaine du tout. Michèle, sa fille, n'a pas deux ans et il y a près de six mois que les malheurs s'accumulent autour d'elle.

Tout a commencé lors de ses premiers pas. Elle avait dix-huit mois, elle était en train de jouer dans le séjour, lorsque, abandonnant la position à quatre pattes, elle s'est dressée sur ses jambes. Ravie et émerveillée, comme le sont toutes les mamans, Simone lui a tendu les bras pour qu'elle vienne la rejoindre. La fillette a progressé maladroitement dans sa direction, mais elle s'est pris les pieds dans le tapis, elle s'est étalée de tout son long et s'est mise à pleurer. Simone Lefèvre l'a relevée en riant et l'a prise dans ses bras, mais l'enfant, au lieu de se calmer, a continué à hurler de plus belle.

Inquiète, Simone l'a conduite aux urgences de l'hôpital de Montfermeil. Les radios ont révélé une fracture du bras.

Jusque-là, il n'y avait rien d'anormal, cela faisait partie des petits malheurs qui arrivent dans la vie de tous les jours, mais c'est un mois après que Simone Lefèvre a commencé vraiment à s'inquiéter. Elles rentraient toutes les deux de l'hôpital où on avait enlevé le plâtre de l'enfant. Le médecin avait dit que tout allait bien, mais à peine arrivée à la maison, Michèle est tombée de nouveau et s'est fracturé le bras exactement au même endroit. Il a fallu la plâtrer comme la première fois.

Comment une telle malchance était-elle possible ? Simone Lefèvre s'en est inquiétée auprès des médecins de l'hôpital. Sa fille n'avait-elle pas une fragilité particulière ? On lui a fait des réponses vagues, du genre :

— Il y a des enfants à qui il n'arrive jamais rien et d'autres qui n'ont que des ennuis. C'est comme cela.

Lorsqu'on a retiré pour la deuxième fois le plâtre à la fillette et qu'elle est rentrée avec elle à la maison, Michèle était morte de peur. Qu'allait-il se passer maintenant ? C'était d'autant plus difficile pour elle qu'elle élève seule ses enfants… Il faut dire que la vie n'a pas été tendre avec elle. Elle s'est mise en ménage, il y a quelques années, avec Joachim, un Portugais. Ils ont eu un premier enfant, Alain, mais lorsqu'il a appris qu'elle était de nouveau enceinte, Joachim est parti pour ne plus revenir. Toutes les tentatives qu'elle a faites pour le retrouver ont été vaines. Peut-être est-il rentré dans son pays, elle ne sait pas, elle ne saura jamais.

Alors que faire ? Simone Lefèvre n'est pas riche. Elle habite dans un HLM où elle vit seule avec ses deux enfants. Mettre Michèle à la crèche, il n'en était pas question, elle avait bien trop peur qu'il lui arrive quelque chose au contact des autres enfants. Heureusement, une voisine s'est proposée pour la garder dans la journée et tout s'est bien passé jusqu'à ce soir.

Elle était dans la cuisine, en train de préparer le dîner, Michèle jouait avec son frère, à qui, pourtant, elle avait recommandé de prendre toutes les précautions avec elle. Elle a entendu un hurlement dans la chambre des enfants. Michèle était à terre, se tenant la jambe, Alain jurait, en pleurant, qu'il n'y était pour rien, qu'elle avait glissé toute seule. C'était sans doute vrai et même s'il l'avait un peu bousculée, qu'est-ce que cela changeait ? Un enfant ne se casse pas la jambe en jouant dans sa chambre... Dans la voiture des pompiers, Simone Lefèvre sccoue la tête avec angoisse. Cela fait trois fois ! Qu'est-ce qui arrive ?

À l'hôpital de Montfermeil, se répète la scène dont Simone a, hélas, l'habitude. L'enfant est conduit à la radio et l'interne de service vient lui annoncer qu'il s'agit d'une fracture. Seulement, cette fois, il ne lui adresse pas des banalités plus ou moins rassurantes. Il a l'air très soucieux, très soucieux même.

— J'ai étudié le dossier de votre fille. Cela fait trois fractures et elle n'a pas deux ans. Ce n'est pas normal

L'inquiétude qui n'avait pas quitté Simone Lefèvre s'accroît encore.

— Qu'est-ce que c'est ?

— Je ne sais pas exactement. Tout ce que je sais, c'est que ce n'est pas normal... Ce n'est pas la peine de rester. Revenez demain.

Simone aimerait bien encore poser des questions, mais l'interne, l'air bourru, a tourné les talons et elle repart seule, avec ses angoisses et ses interrogations.

Le lendemain, en raison de son travail, elle ne peut pas être là avant la fin de l'après-midi. Lorsqu'elle se présente à la réception pour demander dans quelle chambre se trouve sa fille, elle s'entend répondre :

— Elle n'est plus là.

— Comment cela « plus là » ?

— On l'a transférée dans un autre établissement. La personne responsable va vous répondre...

Quelques instants plus tard, elle se retrouve devant l'interne de la veille. Elle se précipite au-devant de lui.

— Qu'est-ce qu'il est arrivé à ma fille ?

— Rien. Elle va aussi bien que possible. Mais nous avons signalé son cas et la justice l'a placée dans un centre d'accueil.

— Mais ce n'est pas possible !

— C'est ce qu'on fait toujours dans les cas de fractures à répétition chez les enfants.

— Mais c'est affreux ! C'est injuste !

— Je suis désolé, Madame. C'est au juge qu'il faudra dire tout cela.

— Le juge ?

— L'affaire est entre ses mains...

Simone Lefèvre est abasourdie. Non seulement elle vit un cauchemar avec l'état de santé de Michèle, mais elle se voit maintenant accusée d'être un bourreau d'enfant. Dominant son indignation et sa douleur, elle parvient à demander :

— Je pourrai tout de même la voir ?

— Certainement.

— Où est-elle ?

Et l'interne cite une adresse à plusieurs kilomètres de là.

La directrice du centre d'accueil est une femme sans âge, qui la reçoit on ne peut plus froidement. Lorsque Simone se nomme, elle acquiesce d'un signe de tête.

— Madame Lefèvre... Parfaitement : les fractures multiples. L'enfant va bien. Souhaitez-vous la voir ?

— Mais bien sûr !

— Il faut que je vous mette au courant du règlement : vous avez droit à une heure de visite par semaine et en ma présence. Si vous choisissez de voir votre fille maintenant, vous ne pourrez pas la voir avant la semaine prochaine.

— Mais ce n'est pas assez ! Qu'est-ce qu'elle va devenir sans moi ?

— Nous sommes parfaitement équipés pour nous occuper d'elle. Alors, que décidez-vous ?

— Je veux la voir...

En voyant arriver sa mère, la petite Michèle a un cri de joie. Simone se force à simuler la gaieté et à oublier la présence muette de la directrice pendant l'heure qu'elle passe avec elle. Lorsqu'elle doit partir, sur un signe discret de cette dernière, l'enfant éclate en sanglots déchirants... Une fois qu'elle est seule avec la directrice, Simone Lefèvre se tourne vers elle.

— Alors, est-ce qu'elle a l'air d'un enfant martyr ? Vous voyez bien qu'elle m'aime et qu'elle a besoin de moi !

Mais la femme sans âge lui répond sèchement :

— Cela ne veut rien dire. Les enfants sont souvent attachés à ceux qui les maltraitent.

Pendant le mois et demi qui suit, Simone Lefèvre ne voit sa fille que cinq heures. C'est pour elle un véritable cauchemar, d'autant que la directrice a toujours la même attitude glaciale à son égard. Mais Michèle supporte plus mal encore la situation. À chaque fois que sa mère la quitte, elle fait une véritable crise de nerfs.

Simone Lefèvre croit avoir touché le fond du désespoir, mais le pire l'attend encore... Lorsqu'elle reçoit la convocation du juge, elle ne ressent rien d'autre qu'un immense soulagement. Enfin, elle va pouvoir s'expliquer ! Cette erreur monstrueuse va prendre fin, on va lui rendre Michèle !

Le juge la reçoit dans un bureau encombré de dossiers. C'est un petit homme qui disparaît presque sous les piles de paperasses. Derrière son bureau, une secrétaire au visage fatigué se tient à son clavier pour prendre note de sa déposition. Cette vision cause un soudain malaise à Simone. Elle prend conscience qu'elle n'est qu'un numéro parmi d'autres, que la justice est une énorme machine, qui peut, dans son fonctionnement, écraser ceux qui ont affaire à elle... Le juge, après lui avoir jeté un rapide coup d'œil, la prie de s'asseoir. Elle est si décontenancée et impressionnée qu'alors qu'elle s'était jurée de s'expliquer avec lui, elle reste muette.

— L'hôpital de Montfermeil nous a alertés à propos des fractures à répétition de votre fille : trois, entre un an et demi et deux ans.

Le magistrat sort plusieurs feuillets d'une chemise.

— Une assistante sociale a fait une enquête de proximité à votre domicile. Voici la déposition de votre voisine, Madame Vieri : « Je n'ai jamais vu Madame Lefèvre maltraiter sa fille, mais j'ai entendu souvent la petite pleurer et crier. D'autre part, lorsque je l'avais à garder chez moi, j'ai remarqué qu'elle était triste et qu'elle semblait avoir peur, surtout les derniers temps. »

Simone Lefèvre reste abasourdie, sonnée, comme si elle avait pris un coup sur la tête… Madame Vieri, si bonne, si gentille, en qui elle avait toute confiance, à qui elle avait choisi de confier Michèle, parce qu'elle était sûre qu'auprès d'elle, elle ne risquerait rien ! Comment une telle trahison est-elle possible ? Comment peut-on dire des choses pareilles ?… Elle retrouve quand même ses esprits pour rétorquer :

— Michèle pleurait et criait comme tous les enfants. Et si elle paraissait inquiète ces derniers temps, ce n'est pas étonnant : elle s'était cassé deux fois le bras et elle avait peur que cela recommence.

— Laissez-moi poursuivre, s'il vous plaît… Je cite maintenant le directeur du libre-service en bas de votre immeuble. « Madame Lefèvre s'est toujours montrée sévère avec ses enfants, spécialement avec sa fille. Je l'ai même vu la gifler une fois dans mon magasin. »

Simone Lefèvre a l'impression de tomber dans un abîme… Quelle mère n'a pas donné une gifle un jour ou un autre ? Est-ce que cela signifie qu'on est un bourreau d'enfants ? Et cela continue ! Le juge s'empare d'un autre feuillet et poursuit sa lecture.

— J'ai également une déposition de votre gardien d'immeuble. « Madame Lefèvre a très mal supporté le départ de son concubin. Depuis, elle a de violents accès de colère et elle est capable de s'en prendre à ses enfants, spécialement à sa fille... »

Le concierge, à présent ! Cette fois, cela dépasse tout ! Bien sûr qu'elle a mal supporté le départ de Joachim, qui l'a abandonnée du jour au lendemain alors qu'elle était enceinte. Quant à ses violents accès de colère, c'est vrai qu'elle en a eu, mais pas contre ses enfants, contre lui. C'est un bon à rien, un alcoolique, qui laisse le HLM dans un état lamentable. Elle a eu plusieurs altercations avec lui à ce sujet. Elle a même écrit à l'office pour demander son remplacement. Il a dû l'apprendre et il se venge... Le juge redresse la tête et la regarde entre deux piles de papiers.

— Alors, Madame ? Qu'avez-vous à répondre à tout cela ?

— Ce sont des racontars, des jalousies, des méchancetés. Il n'y a pas un mot de vrai !

— Vous affirmez que ce sont des faux témoignages ?

— Je ne dis pas cela. Les gens ne savent pas ce qu'ils disent. Ils ne se rendent pas compte...

Dans un coin de la pièce, le clavier de la secrétaire crépite, notant implacablement toutes ses paroles. Simone se sent tomber dans un abîme. Elle cherche désespérément des arguments.

— Je ne suis pas une mère indigne. Mon fils Alain a cinq ans. Est-ce qu'on m'a jamais accusée d'avoir fait quelque chose contre lui ?

Le juge hoche la tête lentement. Il n'a absolument pas l'air convaincu.

— Justement, Madame, justement... Les cas de maltraitance ne concernent le plus souvent qu'un seul des enfants, qui devient le souffre-douleur. Voyez-vous, dans votre cas, on pourrait voir les choses ainsi : votre fils, conçu et élevé à un moment où le couple était uni, n'éveille chez vous que des sentiments normaux, alors que vous étiez enceinte de votre fille quand votre conjoint vous a quittée. Malgré vous, elle vous rappelle sa trahison et vous vous vengez sur elle de ce qu'il vous a fait.

— Mais c'est monstrueux !

Le juge ne répond pas. Il se contente de la regarder et Simone se dit qu'il est en train de penser comme elle, à cette différence près que, dans son esprit, c'est elle le monstre... Elle continue pourtant à se défendre.

— Allez demander la vérité à Michèle ! Elle vous dira, elle !

— On n'interroge pas un enfant de deux ans.

— Mais enfin, si je l'ai martyrisée, comme vous avez l'air de le supposer, elle n'aurait pas que des fractures, elle aurait des traces de coups, des ecchymoses, des bleus, des brûlures, que sais-je ?

Contrairement à ce qui s'était passé jusque-là, le magistrat semble prendre en considération cette dernière objection.

— Effectivement. J'ai sous les yeux l'examen médical qu'a subi votre fille et elle ne présente aucune trace de ce genre. C'est assez curieux et c'est même troublant. D'autre part, les enquêtes de moralité vous concernant, tant à votre travail qu'auprès de vos proches sont excellentes. C'est pourquoi je n'ai pas rendu mes conclusions. J'ai demandé un supplément d'information.

Mais le supplément d'information réclamé par le juge ne sera pas nécessaire, il arrive de lui-même le lendemain, de la manière la plus brutale. Le soir, lorsqu'elle rentre chez elle, Simone Lefèvre est accueillie par la sonnerie du téléphone. Elle décroche. C'est la directrice du centre. Elle n'a plus du tout la voix glaciale qu'elle avait jusque-là. Elle a l'air terriblement ennuyée et mal à l'aise.

— Madame Lefèvre, je dois vous présenter mes excuses. J'avoue que j'ai pensé que vous étiez coupable de mauvais traitements avec Michèle. Mais maintenant, malheureusement...

— Comment cela « malheureusement » ? Qu'est-ce qui lui est arrivé ?

— Je n'y suis pour rien, je vous le jure ! On lui a retiré son plâtre avant-hier. Avec une infirmière, nous lui avons fait faire ses premiers pas avec ses béquilles. Mais elle a glissé, elle est tombée et elle s'est recassé la jambe, exactement au même endroit.

— J'arrive !

— Ce n'est pas la peine, Madame. Elle n'est plus là. Le médecin de l'établissement a jugé qu'il fallait la conduire à l'hôpital Necker, à Paris. C'est certainement un cas qui relève d'un spécialiste…

Une heure plus tard, Simone Lefèvre est à l'hôpital Necker Enfants malades. Elle trouve Michèle dans son lit. Elle vient d'être opérée, tout s'est bien passé, mais elle n'est pas encore entièrement réveillée. Elle préfère ne pas la déranger davantage, d'autant qu'une infirmière vient la trouver.

— Le professeur Lantier vous attend, Madame. Il a examiné votre fille et il voudrait vous parler.

— Qui est le professeur Lantier ?

— Le spécialiste des maladies génétiques à l'hôpital…

Quelques minutes plus tard, Simone Lefèvre se trouve dans le bureau du professeur. La soixantaine, grisonnant, lunettes cerclées, ce dernier a tout à fait l'air du personnage savant et important qu'il est. Cela ne l'empêche pas de s'adresser à la jeune femme avec beaucoup d'humanité.

— J'ai appris les épreuves que vous avez traversées, Madame, et je suis de tout cœur avec vous. Mais il ne faut pas en vouloir au personnel soignant. Il a avant tout pour souci de protéger l'enfant. Il ne pouvait pas savoir…

— Savoir quoi ? Qu'est-ce qu'a ma fille ?

— Une maladie génétique très rare : l'ostéogenèse imparfaite, qu'on appelle aussi la maladie des os de verre. Les os du sujet se brisent exactement comme s'ils étaient en verre. Il y a environ deux mille personnes atteintes en France.

Simone est blême. Elle a l'explication du mystère des fractures à répétition qui ont failli l'envoyer devant le tribunal. Mais elle n'est pas soulagée, bien au contraire. À l'angoisse sur son sort personnel, a succédé une autre bien plus grande, concernant Michèle.

— Qu'est-ce qu'il va lui arriver ? Est-ce qu'il y a un traitement ?

— Pas pour l'instant. Mais on obtient des résultats avec des médicaments fortifiant les os et avec la pose de broches. C'est ce que nous avons fait en opérant votre fille tout à l'heure. Elle ne se cassera pas cette jambe, pas au même endroit en tout cas.

— Et est-ce que je vais pouvoir la garder avec moi ?

— Ce ne serait pas prudent. Il vaut mieux qu'elle soit pour le moment dans un milieu spécialisé. Mais gardez espoir, la médecine fait des progrès rapides…

Aujourd'hui, Simone Lefèvre garde effectivement espoir, même si l'affection de sa fille n'est toujours pas vaincue. Elle alterne les séjours en milieu médicalisé et retours à la maison, avec toute l'angoisse qui les accompagne. Mais à défaut de s'être débarrassée de la maladie, Simone a tourné le dos à la méchanceté et à la trahison par bêtise humaine : elle a déménagé.

19

Gorge profonde

Existe-t-il de « bons » traîtres ? On doit répondre par l'affirmative, quand il s'agit d'un membre d'une bande qui se désolidarise de ses complices parce qu'il réprouve leurs agissements. Il va trouver les autorités, la police ou la presse, pour tout révéler et rétablir l'ordre et le droit. Dans ces conditions, c'est le nom de justicier qui lui convient, plus que celui de traître.

C'est le cas du héros de cette histoire, bien que les circonstances soient un peu particulières. La « bande de malfaiteurs » contre laquelle il se dresse est l'exécutif du plus puissant pays du monde et le meneur de la bande est chef de l'État en personne. Quant à lui-même, son identité est restée secrète pendant des décennies et il n'a été désigné que par un sobriquet, le titre d'un film pornographique en vogue à l'époque. Il a pourtant joué un rôle déterminant dans une des plus retentissantes affaires politiques de tous les temps et il a changé le cours de l'histoire.

Nous sommes aux États-Unis, au printemps 1972. Le président Richard Nixon est au pouvoir depuis quatre ans. Élu en 1968, il va briguer un second mandat, lors des élections qui auront lieu en novembre. Il appartient à l'aile conservatrice du Parti républicain. C'est un vieux routier de la politique, qui en connaît toutes les ficelles, mais pour l'instant, sa tâche principale est de mettre fin à la guerre du Vietnam, qui empoisonne la vie du pays depuis des années. C'est de cela que se soucie avant tout l'opinion publique. Elle est beaucoup moins attentive à ce qui se fait sur le plan intérieur et, pourtant, il y aurait beaucoup à dire à ce sujet.

Avec l'arrivée au pouvoir de Nixon, la CIA, l'agence de renseignement, a développé un programme de surveillance de la population (lecture du courrier, filatures, écoutes téléphoniques, etc.), bien que toute activité sur le territoire américain lui soit interdite. Quant au FBI, la police fédérale, il se concentre sur le Parti démocrate. Espionnage, surveillance électronique, sabotages, provocations font partie de ses activités courantes. De tout cela, le public ne sait pratiquement rien. Seuls quelques journalistes enquêtent épisodiquement sur le sujet, mais ils n'ont guère de résultats et ils rencontrent l'indifférence générale.

En mai 1972, John Edgar Hoover, directeur du FBI, meurt. L'homme était une véritable institution. Il occupait cette fonction depuis 1924 et avait servi sous huit présidents. Nixon était proche de ses conceptions, mais il n'est pas fâché de sa disparition. Il va pouvoir nommer à sa place un homme docile. C'est ainsi qu'il choisit, non le n° 2 du FBI, Mark Felt, mais Patrick Gray, une de ses créatures. Cette décision, en apparence secondaire, va avoir des conséquences décisives.

17 juin 1972. En pleine nuit, cinq hommes s'introduisent dans l'immeuble du Watergate, le siège du Parti démocrate, à Washington. Mais ils jouent de malchance, ils sont repérés et arrêtés par une patrouille. Les policiers, qui s'attendaient à de banals cambrioleurs découvrent avec étonnement sur eux un matériel d'écoute ultra-sophistiqué.

D'autre part, ils ont, dans leurs carnets, des numéros de téléphone de la Maison Blanche. Enfin, l'un des hommes arrêtés, James McCord, attire particulièrement l'attention : c'est un colonel réserviste de l'armée de l'Air, un ancien du FBI et de la CIA et surtout un membre du Comité pour la réélection du président Nixon. Il ne faut pas oublier que nous sommes en pleine campagne électorale et que le Comité est particulièrement actif. Il gère, en particulier, des sommes considérables… Quoi qu'il en soit, les faits ayant eu lieu à Washington, capitale fédérale, ils sont du ressort du FBI, qui se saisit de l'enquête.

Le 20 juin, un responsable du Parti démocrate annonce, lors d'une conférence de presse, qu'une action en justice est engagée contre le Comité pour la réélection du président, pour violation de domicile et violation de droits civiques. Il affirme que les cambrioleurs du Watergate ont des liens avec de hauts fonctionnaires de la Maison Blanche. Cependant, le directeur du FBI Patrick Gray décide de ne pas pousser plus loin cette partie de l'enquête.

Le 22 juin, lors d'une conférence de presse, le président Nixon évoque pour la première fois l'affaire : « La Maison-Blanche, dit-il, n'est impliquée en aucune manière dans cet incident. Il s'agit d'un cambriolage de troisième catégorie. » Le Parti démocrate réplique que c'est un mensonge et essaie d'utiliser l'affaire comme argument de campagne, mais l'opinion publique reste indifférente ; seuls quelques journaux s'y intéressent.

Parmi ces journaux, figure le *Washington Post*, de tendance libérale, qui s'inscrit dans la grande tradition de l'investigation à l'américaine. Son rédacteur en chef, Benjamin Bradlee, intrigué par les anomalies de cette affaire, décide de la confier à plein-temps à deux jeunes journalistes : Bob Woodward, vingt-neuf ans, ancien officier de l'US Navy jusqu'en 1970, et Carl Bernstein, vingt-huit ans, qui a commencé dans la profession très jeune, puisqu'il a déjà douze ans de journalisme derrière lui.

Intrigués par de nombreux éléments, ces derniers se trouvent confrontés à un écheveau compliqué, dont tous les fils conduisent à la Maison-Blanche. Ils utilisent beaucoup le téléphone, n'hésitent pas à contacter des centaines d'interlocuteurs pour recouper leurs informations, suivant des pistes apparemment non explorées par la justice. Rapidement, des sources les informent que les hommes arrêtés au Watergate étaient équipés pour mener une opération d'espionnage et disposaient de milliers de dollars en liquide.

Bob Woodward et Carl Bernstein sont maintenant persuadés qu'il ne s'agit en aucune façon d'un cambriolage, mais d'une tentative d'espionnage du camp adverse, en pleine période électorale. Dans les jours qui suivent, ils se penchent, en particulier, sur James McCord, l'un des hommes arrêtés. Des témoins l'ont vu à la Maison Blanche, avec des familiers du président. Quel est son rôle exact dans l'affaire ?

Ils en sont là, à se poser des questions, lorsque Bob Woodward a soudain une idée.

— Un homme peut peut-être nous aider : Mark Felt.

— L'ancien adjoint d'Hoover ?

— Oui. Il doit savoir des choses.

— Tu le connais ?

— Très bien. On s'est connus quand j'étais au Pentagone. On a sympathisé.

— Et pourquoi est-ce qu'il nous aiderait ?

— Pour moi. Et peut-être aussi pour se venger. C'est lui qui aurait dû être nommé à la tête du FBI. Il ne doit pas porter Nixon dans son cœur…

Effectivement Mark Felt et Bob Woodward se connaissent bien. Ils se sont rencontrés quand le journaliste était lieutenant de marine, affecté aux bureaux du Pentagone. Entre eux, le courant est tout de suite passé, ils ont eu des longs échanges et Felt, qui est âgé de cinquante-neuf ans, est un peu devenu le père spirituel de Bob.

Mais lorsque ce dernier l'appelle à son domicile, il se heurte à un refus catégorique.

— Le Watergate ? Il n'en est pas question !

En soi, ce refus est une information : celui qui reste un des dirigeants du FBI n'a pas dit qu'il ne savait rien, mais qu'il ne voulait pas en parler, ce qui laisse supposer que l'affaire est effectivement grave… Bob Woodward essaie d'argumenter encore quelque temps, mais quand il se rend compte que c'est inutile, il lance, en raccrochant :

— Si vous changez d'avis, faites-le-moi savoir…

L'enquête continue donc comme avant. Bob Woodward et Carl Bernstein continuent à se heurter à un mur de silence, ils ont l'insupportable sensation de tourner autour de la vérité, sans pouvoir l'atteindre… Et puis, une semaine après le coup de téléphone à Felt, Bob va prendre comme tous les jours le *New York Times* qu'un livreur dépose le matin devant sa porte. Comme il l'ouvre, une enveloppe en tombe. À l'intérieur, il y a un papier portant quelques lignes :

« D'accord pour en parler. N'essayez plus de me téléphoner. Si je veux vous parler, je mettrai un mot dans votre *New York Times.* Nous avons rendez-vous à 19 heures dans le parking du supermarché. Prenez deux taxis. »

Le parking est tout près du domicile de Bob Woodward. Avant l'heure convenue, celui-ci prend un premier taxi et se fait conduire à l'autre bout de Washington. Là, il en prend un second, qui le ramène presque à son point de départ… Il entre dans le parking souterrain. Les lieux sont faiblement éclairés et passablement sinistres. Il commence à déambuler, lorsqu'une voix éclate dans son dos :

— Par ici !

Une ombre sort de derrière une colonne. On distingue un homme qui fume une cigarette. Bob s'immobilise à dix pas.

— Merci d'être là.

— Où en êtes-vous ?

— Nous sommes bloqués. Nous n'avons que des bribes, nous n'arrivons pas à voir comment le puzzle se met en place.

— Et vous pensez que je vais vous aider ?

— Je ne vous citerai jamais. Vous resterez en eau profonde. Vous pouvez me faire confiance, vous le savez…

Un silence s'écoule et puis la voix de l'homme.

— La Maison Blanche. C'est là que vous trouverez ce que vous cherchez. La vérité, c'est qu'ils ont été dépassés. Ils ont fait une erreur, vous devez en profiter.

— De quelle manière ?

— Pistez l'argent. Tout est là !

— Il y a beaucoup d'argent au Comité pour la réélection du président. C'est là qu'il faut chercher ?

L'homme ne répond pas. Il répète une dernière fois : « L'argent » et il quitte les lieux. L'entretien est terminé.

L'enquête reprend donc. Bob Woodward met Carl Bernstein au courant de l'intervention de Mark Felt. Ils décident de donner un surnom à leur informateur et, puisque Bob lui a promis qu'il resterait en eau profonde, ils choisissent le titre d'un film pornographique qui connaît un grand succès, en cette année 1972 : « Gorge profonde ». Le rédacteur en chef du *Washington Post*, Benjamin Bradlee, est mis ensuite dans la confidence. Les trois hommes jurent de garder le secret. Ils tiendront parole.

Suivant le conseil de Gorge profonde, Bob Woodward et Carl Bernstein concentrent leurs investigations sur le Comité pour la réélection. Ils découvrent rapidement que l'organisme gère effectivement des sommes considérables, dont l'origine est souvent douteuse. Les sommes sont utilisées à la propagande, mais pas toujours. Elles servent aussi à d'autres fins... Ils découvrent peu à peu que le Watergate n'est que la partie émergée de l'iceberg. Ce scandale est venu à leur connaissance parce qu'il y a eu un incident, mais ce n'est qu'une opération clandestine parmi d'autres. Depuis des années, la Maison Blanche combat ses adversaires politiques avec des méthodes de gangsters.

Les deux journalistes en viennent à s'intéresser à John Mitchell, le président du Comité de réélection. C'est un personnage considérable, un ancien ministre de la Justice et un des hommes de confiance du président Nixon. Le 29 septembre, ils écrivent que Mitchell, lorsqu'il était ministre, contrôlait un fonds secret consacré au financement d'opérations contre les Démocrates. Le 10 octobre, ils citent un rapport du FBI, selon lequel le Watergate fait partie « d'une campagne massive d'espionnage et de sabotage politique dirigée par des hauts-fonctionnaires de la Maison-Blanche et du Comité. »

D'autre part, ils parviennent à faire parler un jeune avocat californien, qui a participé à ces opérations et qui leur avoue qu'il en faisait le rapport aux assistants de Bob Haldeman, chef de cabinet de la Maison-Blanche. Haldeman, tout comme Mitchell, un très gros gibier. Il est plus proche encore de Nixon. Il est son collaborateur depuis 1952 et son rôle consiste à le protéger sans s'embarrasser des moyens. Nixon l'a surnommé « mon mur de Berlin » et Haldeman a préféré se donner un autre surnom « le salopard du président. »

Malgré les risques, Bob Woodward et Carl Bernstein ne reculent pas : le 25 octobre, ils citent Haldeman comme l'un des utilisateurs des fonds secrets, pour organiser des activités illégales. C'est l'exacte vérité, comme ce sera établi par la suite, mais ils manquent de preuves et les partisans de Nixon ne peuvent laisser passer une telle accusation quelques jours seulement avant les élections. Le porte-parole de la Maison-Blanche Ron Ziegler se déchaîne :

— C'est du journalisme de camelote ! C'est une véritable tentative d'assassinat politique !

Le *Washington Post* essuie une avalanche d'attaques. Il est accusé de soutenir la cause démocrate, alors qu'il s'est toujours proclamé impartial. Ses ventes baissent et, sans le soutien résolu de Bradlee, Woodward et Bernstein auraient certainement été contraints à la démission.

L'article mettant en cause Haldeman a une autre conséquence : Woodward trouve une nouvelle enveloppe dans son *New York Times* : « Demain, 19 heures, même endroit. Prenez deux taxis. »

Le journaliste s'y rend, après le même jeu de piste. Son interlocuteur est pratiquement au même endroit.

— Vous êtes satisfaits de vous ?

— Nous sommes sûrs qu'Haldeman est dans le coup. Des personnes dignes de foi nous l'ont dit !

— Est-ce qu'elles vous ont dit qu'elles étaient prêtes à en témoigner publiquement ?

— Non. C'était sous le sceau du secret.

— Alors, il ne fallait pas en faire état.

Gorge profonde s'anime.

— Vous avez rendu service à Haldeman ! À cause de vous, l'opinion publique prend fait et cause pour lui. Pour abattre une telle conspiration, il faut commencer par la périphérie et progresser pas à pas. Si on vise trop haut et si cela échoue, on conforte l'adversaire…

Bob Woodward garde le silence. Gorge profonde lui fait la leçon et il a parfaitement raison. Ils ont été imprudents, Bernstein et lui. Ils ont été impatients. Ils se sont comportés comme de mauvais journalistes.

Il y a un long silence… Bob Woodward voit l'homme, immobile dans la pénombre devant lui. Il allume une cigarette. Va-t-il encore parler ? Oui, il se décide et ce qu'il dit défie l'imagination.

— Tout a été mis au point par Haldeman, mais il ne vous sera pas facile de le découvrir. Mitchell a commencé ses magouilles bien avant, la liste est interminable. La totalité des services secrets des États-Unis est impliquée, le FBI, la CIA et le ministère de la Justice.

— Mais alors, le chef de tout ça, c'est forcément…

Mark Felt ne répond pas. Il lance une dernière phrase :

— Sortez votre bloc-notes, il y a une suite : vos vies sont en danger.

Bob Woodward et Carl Bernstein continuent leur enquête non sans appréhension. Appréhension pour eux-mêmes, car ils ne peuvent négliger les menaces sur leurs personnes, mais aussi et surtout parce que leur adversaire semble plus fort que jamais.

Richard Nixon, qui est sur le point de conclure la paix au Vietnam, se pose en homme d'État au-dessus de la mêlée et, le 7 novembre 1972, il remporte la deuxième plus écrasante victoire électorale de toute l'histoire des États-Unis, avec 47 millions de voix, contre 29 au démocrate McGovern. Toutefois, les Républicains ne gagnent pas les élections législatives : les Démocrates sont toujours majoritaires au Sénat et à la Chambre des représentants.

Quelques semaines plus tard, c'est un succès plus éclatant encore pour le président : un accord de cessez-le-feu au Vietnam est signé à Paris, le 27 janvier. Nixon devient une véritable idole, sa popularité atteint des sommets. Il a l'air intouchable. Mais c'est à ce moment précis qu'éclate le coup de tonnerre qui va faire du Watergate un scandale national. À partir de là, pendant un an et demi, de début 1973 à l'été 1974, les événements vont s'enchaîner d'une manière implacable, inexorable.

Le procès des cambrioleurs s'était ouvert dans l'indifférence quasi-générale, mais c'est alors que l'un des accusés, James McCord, écrit au juge une lettre, dans laquelle il affirme s'être parjuré devant le tribunal, à cause de pressions émanant de la Maison-Blanche, et il indique que de hauts responsables sont impliqués.

Aussitôt, sur proposition de Ted Kennedy, la majorité démocrate du Sénat décide de créer une commission d'enquête parlementaire. La présidence en est confiée à Sam Ervin. Bien qu'il se dise prêt à coopérer, Nixon ne tarde pas à opposer à la commission sénatoriale ce qu'il nomme « le privilège de l'exécutif ». Il se réserve le droit de refuser l'autorisation d'interroger tel ou tel membre de la Maison-Blanche.

Sam Ervin rétorque qu'il n'hésitera pas à demander l'arrestation pour outrage au Congrès de tout membre de la Maison-Blanche qui refuserait de comparaître devant la commission, et il ajoute : « Je maintiens que ce privilège ne peut être invoqué pour couvrir des méfaits. » Lors de la conférence de presse du 15 mars, pour la première fois, Nixon est assailli de question sur le Watergate, mais il campe sur ses positions.

Le 28 mars, James McCord est auditionné par la commission sénatoriale. Il confirme que le Watergate n'était qu'un élément d'une vaste opération d'espionnage politique, dirigé depuis la Maison-Blanche. Quelques jours plus tard, Bob Haldeman est mis en cause.

La Commission sénatoriale poursuit son travail et parvient à la conclusion que certains proches de Richard Nixon ont été coupables d'obstructions à la justice, de faux témoignage, d'écoutes clandestines et de détournement de fonds. Le 27 avril, le directeur du FBI Patrick Gray démissionne, après avoir admis qu'il avait détruit des documents compromettants provenant de la Maison-Blanche.

Le 30 avril, Bob Haldeman démissionne à son tour. Le lendemain, le porte-parole de la Maison Blanche, Ron Ziegler, présente ses excuses au *Washington Post* et à Woodward et Bernstein, en particulier, en reconnaissant ses « emportements dans ses commentaires à leur égard ». Pour la première fois, des voix commencent à évoquer l'éventualité de l'*impeachment*, la procédure de destitution du président, qui, depuis janvier, a perdu 20 points dans les sondages.

Dans les jours qui suivent, les révélations s'enchaînent devant la commission sénatoriale sur le Watergate. Hugh Sloan, l'ancien trésorier du Comité pour la réélection du président, avoue avoir effacé les traces de vingt millions de dollars en liquide destinés à financer des opérations clandestines et John Mitchell, le responsable du Comité, est inculpé.

À partir du 17 mai, les audiences de la commission sur le Watergate se déroulent en public et sont retransmises en direct à la télévision. L'opinion se passionne pour les rebondissements qui n'arrêtent pas de se succéder et Sam Ervin devient un des personnages les plus populaires du pays.

Nixon tente désespérément de faire face. Le 22 mai, il tente de justifier les activités illégales qui ont été commises en son nom, en affirmant qu'elles l'ont été à son insu, qu'il s'agissait de lutter contre un climat insurrectionnel et contre des fuites menaçant la sécurité nationale.

Le 16 juillet 1973, Alexander Butterfield, ancien adjoint de Bob Haldeman, avoue aux sénateurs qu'un système d'écoute sophistiqué permet d'enregistrer et d'archiver toutes les conversations des interlocuteurs de Nixon. Ce dernier prétendra que c'était pour réunir une documentation sur sa présidence, destinée à l'Histoire.

C'est une information capitale : tout ce qui a été dit dans le bureau du président est donc enregistré ! L'enjeu central est désormais la communication des bandes magnétiques aux enquêteurs. Nixon refuse, en invoquant de nouveau le privilège de l'exécutif. Il fait savoir que les bandes sont sous son contrôle personnel et le resteront, et proclame qu'il « n'a de comptes à rendre qu'à la nation et non aux tribunaux ». Cependant, il continue à chuter dans les sondages et finit par remettre les enregistrements demandés.

Ils sont accablants ! Voici, par exemple, une conversation de Nixon avec son conseiller juridique John Dean, peu après le Watergate :

Nixon : — De combien d'argent avez-vous besoin ?

Dean : — Je dirais que ces gens vont coûter un million de dollars dans les deux prochaines années.

Nixon : — Nous pourrions avoir cela. Je sais où cela pourrait être pris. Ce n'est pas facile, mais cela pourrait être fait. Mais la question est : qui diable s'en chargerait ?

Dean : — Eh bien, je pense que Mitchell pourrait le faire.

Nixon : — Je le pense aussi…

Bien que Nixon s'en défende, le sujet de cette conversation était sans nul doute la rémunération des auteurs du Watergate, pour obtenir leur silence.

Les choses avancent lentement, mais leur progression est inéluctable. Le 1er mars 1974, John Mitchell et Bob Haldeman sont poursuivis pour obstruction à la justice, faux témoignage, subornation de témoins et destruction de preuves. Ces charges, en particulier celles pesant sur son ex-chef de cabinet Haldeman, impliquent directement Nixon, mais le juge n'a pas le pouvoir de l'inculper, c'est la prérogative des chambres.

En juillet, celles-ci ont terminé leur travail d'enquête. Plus de deux mille pages décrivent la responsabilité de Nixon dans le cambriolage du Watergate et les obstructions à la justice qui ont suivi… Pour que la destitution soit prononcée, il faut qu'elle soit votée par les deux tiers des parlementaires. Théoriquement la minorité républicaine pourrait l'empêcher, mais nombre de Républicains, songeant à leur réélection, se sont peu à peu désolidarisés de Nixon. Le vote de l'*impeachment* ne fait aucun doute.

Après s'être farouchement défendu et pour éviter une pareille honte, Nixon préfère donner sa démission. Il l'annonce dans un discours télévisé, le soir du 8 août. C'est le seul président de l'histoire des États-Unis à avoir démissionné. Il quitte officiellement ses fonctions le 9 août 1974. Le vice-président Gerald Ford lui succède immédiatement.

Pour Bob Woodward et Carl Bernstein, c'est l'heure de gloire ! Ils publient immédiatement un livre relatant leur enquête : *Les Hommes du président*, qui connaît un succès considérable et leur vaut le Prix Pulitzer, l'équivalent, dans le domaine du journalisme, de notre Prix Goncourt. Il est à noter qu'ils ont respecté rigoureusement leur serment : leur informateur est désigné seulement sous son surnom de Gorge profonde, rien d'autre.

Deux ans plus tard, en 1976, Alan Pakula réalise un film portant le même titre, qui connaît un succès plus grand encore. Bob Woodward et Carl Bernstein y sont remarquablement interprétés par Robert Redford et Dustin Hoffman et le film est couronné de quatre Oscars, en 1977. Tout comme dans le livre, l'anonymat de Gorge profonde y est préservé. On le voit seulement apparaître dans la pénombre d'un parking et aucun indice n'est donné, qui permettrait de découvrir sa personnalité…

De nombreuses hypothèses ont été faites, par la suite, à son sujet, mais elles ont toutes été démenties, et, les années passant, on a fini par penser qu'il resterait à jamais inconnu. C'est, en définitive, Mark Felt lui-même qui en a décidé autrement. Le 31 mai 2005, il a tout avoué au magazine américain *Vanity fair.* Il était alors âgé de quatre-vingt-onze ans, il se sentait malade et il désirait « soulager sa conscience ».

Felt a reconnu sans détour les motivations qui étaient les siennes. Il désirait mettre un terme aux agissements révoltants de la Maison Blanche, mais aussi, il avait agi par dépit, pour avoir été écarté de la direction du FBI. Immédiatement, le *Washington Post* a confirmé la vérité de l'information et Bob Woodward a publié un livre : *Gorge profonde, la véritable histoire du Watergate*, dans lequel il racontait comment il avait connu Felt et la manière dont ce dernier était intervenu dans son enquête avec Bernstein…

Mark Felt est mort en 2008, à l'âge de quatre-vingt-quinze ans. Il a eu le temps, avant de disparaître, de connaître le dernier rebondissement de l'affaire. Peu après son aveu, une bande magnétique de la Maison Blanche a été rendue publique. Elle révèle que Nixon était au courant de l'identité de l'informateur des journalistes.

Haldeman le savait par un espion qu'il avait au *Washington Post* et il n'a pas voulu dire son nom au président, de crainte qu'il commette une imprudence. De son côté, Nixon a préféré ne pas sévir contre celui qui était alors le numéro deux du FBI, pensant qu'il ferait, dans ce cas, des révélations plus gênantes encore.

Ainsi donc la Maison Blanche et le *Washington Post* s'espionnaient mutuellement ! Quel était le mystérieux informateur du président au sein du journal ? Malgré toutes les recherches, il n'a pu être découvert. C'est le dernier secret du Watergate.

20

Le vrai Monte-Cristo

Nous sommes en 1807, à l'apogée du règne de Napoléon Ier. Rue Saint-Honoré, dans le centre de Paris, près des Halles, se trouve un estaminet tout ce qu'il y a de modeste. Il est tenu par un Nîmois, Nicolas Loupian, et une partie de sa clientèle est constituée de Nîmois, montés, eux aussi, à Paris.

Outre le patron, ils sont quatre à avoir quitté leur Midi et qui se retrouvent régulièrement ici, pour parler du pays derrière un verre : Chaubard, Solari, Allut et François Picaud. Nicolas Loupian est un peu plus âgé qu'eux. Il n'est pas loin de la quarantaine. Il est veuf, avec deux enfants ; sa femme est morte en donnant naissance au dernier. François Picaud est le plus jeune. Il est cordonnier en chambre, c'est-à-dire qu'il n'a pas de boutique et travaille chez lui. Il est courageux, habile de ses mains et il est en train de se constituer une clientèle.

Il est amoureux aussi. Sa fiancée, qu'il a connue dans la capitale, se nomme Marguerite Vigouroux. Elle est orpheline, mais ses parents étaient aisés et elle touchera une dot importante à son mariage. Ce n'est pourtant pas une question d'intérêt qui le pousse vers elle, c'est une affaire de sentiments, des sentiments partagés, car elle est tout aussi éprise de lui. Quand ils seront mariés, avec la dot, ils s'achèteront une boutique de cordonnier et ils en vivront. Tels sont les projets modestes et raisonnables du couple.

Malheureusement, le cafetier Loupian regarde, lui aussi, du côté de Marguerite. François Picaud la lui a présentée et ils sont amis, sans plus. Mais il aimerait que les choses n'en restent pas là. Ce n'est pas qu'il soit amoureux. Certes, la petite est mignonne et il passerait le restant de ses jours avec elle sans déplaisir, mais c'est la dot qui le fascine. Avec cet argent, il pourrait transformer son existence, s'acheter un café sur les Grands Boulevards, avoir une clientèle chic, posséder un des endroits dont on parle dans Paris.

Seulement, la belle ne fait pas attention à lui, elle n'a de regards que pour son François et voilà qu'un beau jour, le rêve se brise tout à fait. François Picaud arrive, tout rayonnant, dans l'estaminet. Il va trouver le petit groupe des Nîmois

— À boire pour tout le monde, c'est moi qui paye !

— Qu'est-ce qu'il t'arrive, François ? Tu as trouvé un trésor ?

— Mieux que ça : je me marie avec Marguerite ! Et vous êtes invités à la noce.

Tous trinquent à son bonheur. Nicolas Loupian donne, comme les autres, les signes de la joie et de la bonne humeur, mais, intérieurement, il est fou de rage. Le cordonnier finit par partir. Il a alors un sourire en coin.

— J'ai bien envie de la retarder un peu, sa noce !

Les autres le regardent, surpris.

— Tu es fou ? Quelle idée !

— Rassurez-vous, il n'y a rien de sérieux, j'ai juste pensé à une farce.

Une farce… Les Nîmois sourient à leur tour. Il faut dire qu'ils adorent ça, les farces, ils s'en font souvent entre eux. Elles ne sont pas toujours de bon goût, mais elles les font rire et c'est l'essentiel.

— À quoi tu as pensé ?

— Le commissaire Béraud. Il va prendre tout à l'heure son apéritif, comme tous les jours. Eh bien, je vais lui dire que François est un espion anglais. Comme ça, il y aura une enquête et la noce sera retardée !

Les Nîmois s'esclaffent. Ils trouvent l'idée excellente, sauf Allut, qui fait la grimace.

— C'est grave, ce genre d'accusation. Imaginez que la police prenne ça au sérieux.

— Allons donc ! Puisqu'il n'y a rien de vrai…

Chaubard, Solari et Loupian essaient de le convaincre, mais il n'y a rien à faire. Allut s'en va, en disant qu'il n'est pas d'accord… Les autres, eux, font ce qui a été décidé. Le commissaire vient prendre sa consommation à l'heure habituelle. Nicolas Loupian le sert et se penche à son oreille.

— Il faut que je vous dise : François Picaud, c'est un agent anglais.

— Un agent ? Comment pouvez-vous savoir une chose pareille ?

— Il me l'a dit hier. Il avait un coup dans le nez. Demandez à Chaubard et Solari. Ils étaient là. Ils l'ont entendu comme moi.

Il fait signe aux deux autres de s'approcher et ils viennent confirmer les dires du cafetier. Le commissaire Béraud s'en va troublé. Il est même si troublé, qu'il va trouver directement le ministre de la police Savary.

C'est là qu'intervient le hasard… Des troubles royalistes viennent d'éclater en Vendée et dans le Languedoc et, d'après les renseignements, les Anglais seraient derrière. L'empereur, mis au courant, a ordonné de réagir avec la plus grande fermeté. Le ministre intime au commissaire :

— Arrêtez-le et placez-le au secret !

Les choses ne traînent pas… Le lendemain matin, le commissaire Béraud se présente, avec plusieurs hommes, chez Picaud, qui habite non loin de l'estaminet, rue Sainte-Opportune. Il est en train de réparer une paire de chaussures.

— François Picaud, vous êtes en état d'arrestation.

Le cordonnier ouvre des yeux ronds.

— Mais qu'est-ce qu'on me veut ? Qu'est-ce que j'ai fait ?

Ce qu'on lui veut, ce qu'il a fait, le commissaire ne le lui dit pas. Personne ne le lui dit. Il est jeté au fond d'une voiture et c'est le début d'un voyage interminable, qui lui fait traverser toute la France et plus encore. Le véhicule s'arrête dans la forteresse de Fenestrelle, au Piémont, qui est alors français et Picaud y est incarcéré sans un mot d'explication...

Ce qui lui arrive est le fait d'une situation juridique très particulière. L'Empire se dit l'héritier de la Révolution et c'est la vérité dans la plupart des domaines, mais Napoléon a rétabli les lettres de cachet sans le dire. Tout comme les rois pouvaient le faire avant lui, il lui est possible de jeter les gens en prison, sans qu'ils soient jugés et de les garder en détention aussi longtemps qu'il veut.

Dans la sinistre forteresse de Fenestrelle, François Picaud croit devenir fou. Il crie, il hurle :

— Je veux qu'on me juge ! Je veux un procès !

Mais on ne lui répond pas davantage. Il croupit au fond d'un cachot et ses geôliers ne lui adressent pas la parole. Peu à peu, il comprend qu'il n'aura pas de réponse. Alors, il fait ce que font les prisonniers : il essaie de s'évader. Il creuse la muraille de sa cellule, à l'aide d'un bout de ferraille qu'il a trouvé par hasard. Mais les murs sont épais et c'est long, très long. Les mois, les années passent sans qu'il débouche nulle part.

Enfin, au bout d'une durée qu'il ne peut estimer, car il a perdu la notion du temps, il arrive au bout de sa muraille. Il ne débouche pas à l'extérieur, comme il l'avait espéré, mais dans un autre cachot. Il n'est pas vide. Une voix appelle faiblement :

— Qui est là ?

François Picaud se trouve en face d'un vieillard à l'interminable barbe blanche. Il se nomme et le prisonnier se nomme à son tour : c'est un prêtre italien, le père Torri...

Non seulement, le religieux est très faible physiquement, mais il semble que sa raison se soit égarée. Il tient des propos difficilement compréhensibles. À une exception près pourtant : il parle à François Picaud d'un trésor qu'il aurait enfoui, pas loin de la forteresse. Il donne l'endroit précis et tous les détails pour le retrouver. Leurs conversations durent quelques mois et puis, le père Torri finit par mourir.

François regagne sa cellule et l'attente recommence, toujours aussi interminable. Il a un vague espoir : comme il a été emprisonné sans la moindre raison, peut-être sera-t-il libéré d'une manière tout aussi inexplicable. Et là, il se rendra à l'endroit que lui a indiqué le père Torri. Quoiqu'il ne se fasse pas beaucoup d'illusion : cette histoire de trésor n'était vraisemblablement qu'une affabulation, née d'un esprit dérangé par une trop longue détention.

Sur le premier point, François Picaud ne se trompe pas : il est libéré d'une manière aussi imprévisible qu'il avait été arrêté. Un beau matin d'avril 1814, un officier de gendarmerie entre dans le cachot où il avait été jeté sept ans plus tôt.

— Picaud, vous êtes libre !

C'est trop beau, François ne veut pas y croire.

— Mon innocence a été reconnue ?

— Ce n'est pas ça. Vous étiez là sur ordre de l'empereur et il n'y a plus d'Empire. Napoléon a abdiqué.

— L'empereur m'a fait arrêter ? Mais pourquoi ?

— Ça, on ne sait pas et il est probable qu'on ne saura jamais. Vous n'avez pas comploté contre lui ?

— Mais pas du tout ! J'étais pour lui, au contraire.

— Ne vous en vantez pas trop : maintenant, ce sont les Bourbons qui sont au pouvoir. Allez, disparaissez !

François Picaud ne se le fait pas dire deux fois. Tout en quittant la forteresse, il se jure de trouver l'explication de son arrestation, mais en attendant, le plus urgent est le trésor… Il trouve sans mal l'endroit indiqué par le père Torri : le coffre est bien là, avec des joyaux et des pièces d'or, il y en a pour une fortune ! Il met tout ce qu'il peut dans ses poches, enfouit le reste au même endroit et part pour Paris, bien décidé à faire la lumière sur ce qui lui a volé sept ans de sa vie.

Tout au long du chemin qui le ramène dans la capitale, François Picaud a pu constater à quel point il avait changé. Les conditions physiques et morales de sa détention l'ont fait vieillir de manière incroyable. Il a les cheveux tout blancs, il est amaigri et voûté. C'est pourquoi, en revenant dans le quartier qu'il habitait autrefois, il ne prend pas la peine de modifier son apparence. Il n'y a aucune chance qu'on le reconnaisse.

C'est à visage découvert qu'il se présente dans son ancien immeuble, rue Sainte-Opportune. Le voisin à qui il s'adresse le connaissait bien, il avait même assisté à son arrestation, mais il ne manifeste aucune réaction particulière en le voyant.

— Je suis un ami de François Picaud. Il paraît qu'il habite ici. Vous pouvez me dire où le trouver ?

— Mais c'est qu'il lui est arrivé malheur...

Et le voisin raconte comment il a été arrêté pour une raison que personne n'a comprise. Depuis, il n'y a plus de nouvelles de lui.

— Il y a peut-être d'autres personnes qui pourraient me renseigner. Il était fiancé, je crois...

— Il allait même se marier. La petite l'a pleuré pendant deux ans et elle s'est fait une raison. Elle a épousé le cafetier de la rue Saint-Honoré. Maintenant, ils sont installés sur les Grands Boulevards. Ils sont riches.

François Picaud a du mal à dissimuler son émotion. Il continue pourtant, aussi calmement qu'il peut :

— Il avait aussi des amis, des Nîmois...

— Ils sont toujours là, à part un, qui est rentré au pays. Il s'appelait Allut, si je me souviens bien.

François Picaud prend la diligence de Nîmes. Il a décidé d'aller interroger Allut. Entrer dans le café des Grands Boulevards, voir Marguerite et Loupian, il le fera peut-être un jour, mais, pour l'instant, il n'en a pas la force.

À Nîmes, il part à la recherche d'Allut sous l'aspect d'un religieux, l'abbé Baldini. Il a jugé plus prudent de prendre, cette fois, un déguisement… Il interroge les uns et les autres et il finit par découvrir ce qu'il cherchait : Allut tient une auberge un peu à l'extérieur de la ville.

Il s'attable, il attend que les autres clients soient partis, il demande au patron de venir à sa table et il pose un énorme diamant devant lui. L'aubergiste écarquille les yeux.

— C'est un vrai ?

— C'est un vrai et il ne dépend que de vous que je vous le donne…

Et le pseudo abbé Baldini raconte toute une histoire… Le diamant appartenait à François Picaud. Il lui avait été remis par un prisonnier qui allait mourir. Il est mort à son tour, sans savoir pourquoi il avait été arrêté. Il l'a remis à l'abbé au moment de se confesser, en lui faisant promettre de le donner à celui qui lui dirait la raison de son arrestation… Allut fait un bond.

— Mais moi, je sais ! C'était une plaisanterie de Loupian.

C'est au tour d'Allut de raconter la fausse dénonciation au commissaire, qui a été tellement prise au sérieux, qu'elle a entraîné son incarcération. Chaubard et Solari étaient d'accord, mais lui ne l'était pas. D'ailleurs, il a quitté Paris peu de temps après…

Le faux abbé laisse le diamant sur la table, remercie et s'en va. Maintenant, il sait ce qui lui reste à faire : se venger. C'est à cela qu'il consacrera le reste de son existence.

Lorsqu'il pousse la porte du rutilant café des Boulevards, François Picaud est moins assuré que les autres fois. C'est qu'il va rencontrer Marguerite et il a peur, malgré tout, qu'elle le reconnaisse. Les yeux de l'amour peuvent se montrer plus perspicaces que les autres.

Il la voit tout de suite, il ne voit qu'elle : elle trône à la caisse, au milieu des éclairages, des glaces et des marbres de cet établissement de luxe. Malgré les sept ans qui se sont écoulés, elle n'a pas changé. Seul son regard est peut-être plus terne que par le passé. En l'apercevant, elle a un léger sursaut, comme si elle était frappée par une ressemblance, mais cela ne dure pas.

François Picaud voit aussi Loupian. Il a grossi, son visage s'est empâté. Il s'est laissé pousser des favoris, qui lui donnent l'air d'un bourgeois. Surmontant sa haine et son dégoût, il va vers lui.

— Est-ce que vous êtes le patron ? Je cherche du travail.

Nicolas Loupian le juge du regard et conclut :

— Cela pourrait m'intéresser. Vous vous appelez comment ?

— Prosper.

— Eh bien, vous pouvez commencer tout de suite…

François Picaud va mettre sa tenue de garçon et débute son service. Parmi les premiers clients qu'il sert, il reconnaît ses deux anciens « amis » Chaubard et Solari. Eux aussi ont pris du poids et ont l'air bien installés dans la vie. Ils ne le reconnaissent pas. Ils lèvent vers lui un regard indifférent. Ils ne se doutent pas que c'est par eux qu'il va commencer. Loupian, le plus coupable, mourra le dernier…

La vengeance est, dit-on, un plat qui se mange froid, mais ce n'est pas pour cette raison que François Picaud attend plus d'un an avant de passer à l'action. C'est par prudence. Si un premier meurtre survenait tout de suite après l'arrivée d'un nouveau garçon de café, on ferait peut-être le rapprochement. Il doit rester insoupçonnable.

D'autant que Prosper devient vite un modèle d'employé. Il sait se rendre précieux et même indispensable. Il est toujours volontaire pour travailler le dimanche. Il arrive le premier et part le dernier. Loupian a voulu plusieurs fois l'augmenter, mais il a refusé. Il se contente du salaire misérable auquel il a été embauché…

Il fait particulièrement maussade, ce jour de novembre 1815. On n'y voit pas à dix pas et le sol est glissant. Chaubard fait attention à l'endroit où il met le pied, en s'engageant sur le pont des Arts. Il s'agrippe à la balustrade pour ne pas tomber. Mais il tombera quand même… Une silhouette vient à sa rencontre dans le brouillard. Un bras qu'il ne voit pas se lève et, l'instant d'après, il s'écroule poignardé.

L'enquête qui suit est une des plus délicates qu'ait eu à faire la police depuis longtemps. Qui a bien pu tuer cet homme tranquille et respectable ? On ne lui connaissait pas d'ennemi. Il était célibataire et il n'y avait aucune histoire sentimentale dans sa vie. Alors, un inconnu, un fou ? Peut-être, mais le plus déroutant, c'est l'écriteau que l'assassin a déposé sur son cadavre : « Numéro 1 ». Cela signifierait qu'il va y en avoir un autre et même plusieurs autres : les policiers n'y comprennent rien.

Oui, il y a un autre meurtre. Il a lieu dans le café de Nicolas Loupian. Un après-midi, les consommateurs voient un homme attablé seul se mettre à crier, en se tordant de douleur. Ils se précipitent, mais il n'y a rien à faire. L'homme, un habitué du nom de Solari, ne tarde pas à mourir dans d'affreuses souffrances. C'est alors qu'on découvre à ses pieds, un écriteau : « Numéro 2 ».

Cette fois, les enquêteurs sont sur un terrain un peu plus solide. Car ils établissent rapidement que le « Numéro 1 » et lui se connaissaient. C'était même de vieux amis, tous deux originaires de Nîmes et montés à Paris. Le personnel du café est interrogé. François Picaud, alias Prosper, est même suspecté, car c'est lui qui a servi le verre empoisonné. Mais on ne peut pas lui trouver le moindre mobile et son patron témoigne avec force de sa moralité : rien n'est retenu contre lui.

Le meurtre fait très mauvais effet sur la clientèle, qui déserte l'établissement. Nicolas Loupian se voit proche de la faillite, mais c'est bien pire qui lui arrive. Peu après, un terrible incendie ravage les lieux. Il ne reste plus rien du brillant café des Boulevards et son épouse Marguerite en meurt de chagrin.

Loupian se retrouve dans un misérable estaminet, comme à ses débuts. Il n'a qu'une consolation, dans cette succession de drames, c'est que son fidèle Prosper ne l'a pas abandonné. Il est toujours là, pour servir les clients… Il fait même mieux.

Alors que son patron s'épanche, au cours d'une des longues conversations qu'ils ont désormais ensemble, il lui confie :

— Si vous voulez, je peux vous aider. J'ai fait un héritage, j'ai de l'argent.

— Tu ferais cela pour moi ?

François Picaud met la main à sa poche et en sort une pleine poignée de pièces d'or.

— Mais je demande quelque chose en échange.

— Tout ce que tu voudras !

— La main de votre fille Agnès.

Agnès est l'aînée des enfants que le cafetier a eus de son premier mariage. Évidemment, du temps de sa splendeur, il avait espéré pour elle un parti plus brillant, mais après tout, il doit bien cela à Prosper et puis, ce dernier est riche. Quant à Agnès, la perspective de se marier avec cet homme au physique peu engageant ne lui dit rien, mais elle sait ce que sa famille lui doit et elle donne son accord.

Le mariage a lieu. Quelques mois se passent encore. Avec l'argent de François, le cafetier a pu reprendre place sur les Boulevards. Son établissement est aussi beau que le précédent. Il ne désemplit pas, c'est devenu un des lieux à la mode. Un jour, Agnès annonce, tout heureuse à Nicolas :

— Papa, j'attends un heureux événement.

Elle ne le sait pas, mais elle vient de signer l'arrêt de mort de son père… Le lendemain, ce dernier rentre du travail, avec son gendre. Ils ont fait quelques pas dans la rue, déserte à cette heure tardive, lorsque le pseudo-Prosper tire un poignard de sa veste. Le cafetier ouvre de grands yeux.

— Qu'est-ce que tu fais ?

— Je vais te tuer.

Nicolas Loupian recule, il cherche un secours, à gauche, à droite, mais il n'y a personne.

— Tu es fou ?

— François Picaud, cela ne te dit rien ? La trahison, la bonne farce qui l'a envoyé sept ans en prison, cela ne te dit rien ?

— Si… Mais pourquoi ?

— Parce que François Picaud, c'est moi.

— Ce n'est pas possible, il est mort.

— Il n'est pas mort et celui qui va mourir, c'est toi ! J'attendais qu'Agnès soit enceinte pour le faire. Je vais l'abandonner, avec l'enfant qui va naître, cela fait partie de ma vengeance. Mais maintenant, je vais te tuer !

Sur ces mots, le poignard se lève et Loupian s'abat sur le trottoir, tandis que son meurtrier jette sur le cadavre l'écriteau « Numéro 3 ».

François Picaud a tout préparé. Une calèche l'attend. Elle le conduit à Calais et, de là, il va en Angleterre, d'où il ne partira plus. Avec sa fortune, il vit l'existence d'un riche oisif, l'esprit en paix, après avoir accompli sa vengeance.

Il n'a pourtant pas voulu que celle-ci reste ignorée. Il en a rédigé le récit et il l'a confié à un notaire, à charge pour lui de le transmettre aux archives de la police de Paris, à sa mort. Celle-ci est survenue peu après, le notaire s'est acquitté de sa mission et c'est ainsi que cette histoire de trahison et de vengeance s'est retrouvée dans les dossiers de la Préfecture. Elle y serait peut-être demeurée oubliée, si un journaliste, Jacques Peuchet, n'en avait fait, avec d'autres affaires criminelles, la matière d'un livre, *Mémoires tirés des archives de la police de Paris*, paru en 1837.

La postérité de François Picaud ne s'arrête pourtant pas là. Quelques années plus tard, en 1844, une discussion réunit le directeur du *Journal des débats* et Alexandre Dumas. Dumas est alors au sommet de sa gloire, son livre *Les Trois mousquetaires* vient de rencontrer un succès inimaginable. Le directeur du journal est disposé à lui faire un pont d'or pour publier un autre roman en feuilleton dans ses colonnes et il a son idée.

— Il faudrait quelque chose qui se passe à Paris. Comme les *Mystères de Paris* d'Eugène Sue.

L'ouvrage, sorti deux ans plus tôt, a, en effet, connu un succès tout aussi grand que les publications de Dumas… Ce dernier réfléchit quelques instants et se frappe le front.

— Il semble que j'ai lu quelque chose qui pourrait convenir.

Il va à sa bibliothèque et en sort les *Mémoires tirés des archives de la police de Paris* de Jacques Peuchet.

— Tenez, lisez ici. J'avais même corné une page pour m'en souvenir.

Le directeur en prend connaissance et son visage s'illumine.

— C'est tout à fait cela ! Vous avez mon accord. Quand pouvez-vous commencer ?

— Très vite…

Très vite, en effet, Alexandre Dumas livre quotidiennement son feuilleton au *Journal des débats.* L'intrigue est loin de se passer tout entière à Paris, la forteresse de Fenestrelle est devenue le château d'If, mais le fond de l'intrigue est le même : trahi par des « amis » jaloux, Edmond Dantès est emprisonné, rencontre en détention un religieux qui lui fait découvrir un trésor, s'évade et entreprend une impitoyable vengeance. Et l'ouvrage connaît, sous le titre *Le Comte de Monte Cristo,* un succès tout aussi grand que *Les Trois mousquetaires* ou *Les Mystères de Paris.*

Il reste un dernier point à évoquer : l'histoire racontée par Jacques Peuchet est-elle vraiment authentique ? Car il faut avouer que sur bien des points, ce trésor légué par un religieux mourant, cet homme que personne ne reconnaît sept ans seulement après son départ, ces trois écriteaux laissés sur les corps des victimes, tout cela paraît difficilement crédible. Et, sans doute, à partir de faits réels, Peuchet a-t-il enjolivé.

Quelle est la part de vérité et la part d'imagination dans son récit ? Alexandre Dumas aurait pu le savoir, en se rendant aux archives de la police, mais il n'a pas eu cette curiosité. Nous, nous ne pouvons malheureusement plus le faire. Les archives de la Préfecture, comme l'ensemble de l'état civil parisien, ont brûlé, en 1871, à la Commune.

Mais dans le fond, qu'importe ! François Picaud est devenu, sous la plume de Dumas, le comte de Monte Cristo et Monte Cristo, lui, n'a pas brûlé, il est éternel.

21

La trahison au quotidien

Avril 1956. C'est un splendide samedi de printemps. Jules et Huguette Vernier sont assis côte à côte dans le train de banlieue qui les emmène à Corbeil-Essonnes. Jules Vernier est euphorique. C'est la première fois qu'avec sa femme ils vont passer le week-end dans leur résidence de campagne. Résidence, ce n'est peut-être pas le mot qui convient, mais comment dire autrement puisqu'il ne s'agit pas d'une maison ? Sur un petit terrain, qu'ils ont acheté au bord de la Seine, les Vernier ont aménagé un wagon désaffecté. C'est peu de chose mais c'est tout ce qu'a pu s'offrir Jules Vernier avec son salaire d'instituteur, et cela représente tout de même une évasion par rapport au une pièce-cuisine qu'ils partagent dans le quartier des Batignolles.

Cela fait seulement un an que le couple Vernier habite à Paris. Avant l'affectation de Jules dans la capitale, ils ont parcouru différentes villes de Bretagne, car ils sont bretons tous les deux, et c'est en Bretagne, à Pontivy, qu'ils se sont rencontrés et mariés il y a vingt-cinq ans déjà.

Jules Vernier se tourne vers sa femme avec un sourire ravi. À quarante-cinq ans, Huguette n'a jamais été aussi jolie. Depuis qu'ils sont à Paris surtout. On dirait que cela l'a transformée. Huguette est un peu forte peut-être mais cela lui va bien. Son visage aussi respire la santé, avec son éclatante chevelure rousse, ses lèvres charnues et ses yeux noisette. À côté d'elle, Jules Vernier se sent un peu insignifiant. À cinquante ans, il est déjà largement grisonnant, joufflu et plutôt bedonnant. Quelle chance il a d'avoir une femme aussi séduisante !

Jules Vernier sourit... Sur la banquette en face, un monsieur bien mis regarde fixement Huguette. Celle-ci, de son côté, papillonne des cils. Jules Vernier en fait la remarque à sa femme, en descendant du train.

— Tu as vu comme le monsieur t'admirait, ma chérie ?

Huguette Vernier hausse les épaules.

— Et après ?

Jules embrasse sa femme dans le cou.

— Après rien... Je suis drôlement fier d'être avec toi !

Huguette Vernier ne répond rien. Elle se contente de jeter un regard à son mari, un regard qui en dit long... Enfin, à condition de ne pas être totalement aveugle, ce qui est malheureusement le cas de Jules Vernier.

Juin 1956. Deux mois ont passé depuis que les Vernier ont emménagé dans leur wagon pour les week-ends. Par ce beau samedi d'été, Jules est tout seul. Il faut dire qu'il voit Huguette de moins en moins. Elle a accepté un poste de convoyeuse pour la Croix-Rouge. Elle doit souvent s'absenter pour accompagner des enfants aux quatre coins de la France. Jules Vernier a essayé de l'en empêcher, mais elle y tenait tellement et ce qui compte avant tout c'est qu'Huguette soit heureuse.

Jules Vernier s'affaire dans le wagon-roulotte. Huguette doit arriver tout à l'heure. Il faut faire un peu de rangement. Et c'est en ouvrant le tiroir de la table de nuit qu'il trouve... Quel est donc ce paquet de lettres ? Jules Vernier lit celle du dessus.

« Vous êtes la femme que je cherchais. Depuis que je vous ai rencontrée, je ne pense qu'à vous... »

Abasourdi, Jules arrête sa lecture... Huguette ! Ce n'est pas possible ! Depuis qu'elle est à Paris, elle se conduit peut-être un peu librement avec les hommes, mais c'est uniquement par jeu. Jules Vernier prend une autre lettre au milieu de la pile :

« Je vous aime, Huguette, et je frémis d'impatience à l'idée de vous tenir dans mes bras. »

Jules sent le sol se dérober. Une chose pareille n'a pas pu se produire... Eh si, malheureusement. Il en a la confirmation en lisant la dernière lettre.

« Merci, ma chérie, de cette nuit inoubliable... »

Jules Vernier s'effondre sur sa couchette. Il reste prostré longtemps, la tête vide. C'est dans cette attitude qu'Huguette le surprend en rentrant. À la vue du courrier éparpillé, elle a une exclamation presque satisfaite :

— Ah, tu as trouvé mes lettres !

Jules relève la tête avec un air de chien battu :

— C'est une blague. Ce n'est pas vrai ! C'est pour me faire peur.

Huguette Vernier a un petit rire méprisant :

— Bien sûr que si, c'est vrai. Bon, voilà, j'ai un amant. Alors qu'est-ce que tu comptes faire ?

Jules Vernier a un regard d'incompréhension :

— Mais... rien.

— Comment ? Tu ne veux pas divorcer ?

La réponse de Jules lui vient de tout son être :

— Non, jamais ! Je t'aime trop ! Tout cela passera. Tandis que nous, c'est du solide.

Huguette ouvre la bouche pour répondre. On la sent près d'exploser, mais elle se maîtrise aussitôt. Elle réplique simplement :

— Très bien.

Et elle jette un bref regard à son mari. Un regard qui exprime à la fois la haine et la détermination. Mais Jules ne s'en aperçoit pas. Jules Vernier est aveugle.

10 août 1956. Jules Vernier se prélasse sur une plage de Bretagne près de Quiberon. Il passe de merveilleuses vacances avec sa femme. Depuis la terrible découverte des lettres, elle

est redevenue incroyablement gentille avec lui. Il était sûr de son repentir et il ne s'était pas trompé. Pas une fois, elle n'a reparlé de cette liaison. Tout est terminé. Ce n'était qu'une passade.

Jules suit les évolutions de sa femme en train de se baigner au large. Il se redresse brusquement... Que se passe-t-il ? On dirait qu'elle fait des signes... Mais oui ! Elle appelle au secours. Elle est pourtant bonne nageuse, elle est même bien meilleure que lui. Elle doit avoir une crampe, un malaise. Vite !

Jules Vernier se précipite. Il n'y a malheureusement personne d'autre sur la plage. En quelques minutes, il parvient à sa hauteur. Huguette est en train de couler. Jules essaie de la prendre sous les bras, mais il ne peut pas. Elle s'agrippe à lui en hurlant. Il tente de la calmer.

— Arrête ! Tu vas nous faire couler ! Arrête, voyons !

Jules ne peut en dire plus. Sa femme se jette sur lui et l'entraîne sous l'eau. Totalement surpris, il suffoque sans pouvoir faire le moindre mouvement. Huguette s'accroche toujours à lui... C'est alors qu'il se sent tiré par une main ferme et se retrouve dans un canot à moteur. Le propriétaire a l'air encore tout retourné.

— Eh bien, vous avez eu de la chance. À une ou deux minutes près !

Jules récupère difficilement, allongé au côté de sa femme.

— Qu'est-ce qui est arrivé ?

Huguette semble moins éprouvée que son mari :

— J'ai eu une crampe. C'était terrible !

— Mais enfin, pourquoi t'es-tu débattue comme cela ? Tu pouvais me noyer...

Huguette se prend la tête dans les mains.

— J'ai été prise de panique. Je ne savais plus ce que je faisais.

En débarquant sur la plage, Huguette se blottit peureusement contre son mari. Malgré son épuisement, Jules sourit. Il est heureux !

25 septembre 1956. Le couple Vernier est en train de pique-niquer en forêt de Rambouillet. Une idée d'Huguette, que Jules a trouvée charmante. Ils ont marché pendant des heures avant qu'Huguette trouve le coin qui lui plaisait. Peut-être se sont-ils un peu perdus, mais quelle importance puisqu'ils sont ensemble. Huguette déballe les victuailles sur la nappe. Jules a un sourire en constatant qu'elle a pris du museau, un plat qu'elle n'aime pas mais dont lui-même raffole. Quelle touchante attention !

Le pique-nique se passe aussi agréablement que possible. Mais au moment du café Jules se sent brusquement mal. La sueur lui coule tout le long du corps, il est agité de tremblements et une affreuse douleur lui broie l'estomac. Il agrippe le bras de sa femme.

— Chérie, je ne me sens pas bien.

Huguette s'alarme en voyant son mari, qui est maintenant agité de convulsions.

— Ne bouge pas, je vais chercher un médecin.

Et elle disparaît en courant dans la forêt… Pendant toute la journée, Jules Vernier lutte contre ce mal qui semble le dévorer de l'intérieur. Et Huguette qui ne revient toujours pas ! Huguette ne revient qu'au soir. Elle a un mouvement de surprise quand son mari se dresse à son approche.

— Jules, tu vas mieux ?

Dévoré par la soif et grelottant de fièvre, Jules Vernier tient à rassurer sa femme.

— Oui. Mais toi, qu'est-ce qui t'est arrivé, ma pauvre chérie ?

Huguette a un air éploré.

— Je me suis perdue. C'était terrible, tu ne peux pas savoir ! J'étais seule dans cette forêt et je pensais à toi qui souffrais.

Elle se jette en pleurant dans ses bras. Et malgré la douleur qui persiste, Jules Vernier est heureux !

Dimanche 7 octobre 1956 : les Vernier s'apprêtent à dîner dans leur wagon-roulotte de Corbeil-Essonnes.

— À ta santé, mon chéri !

Jules réprime une grimace. Son pastis est vraiment amer. Mais il ne va pas le dire à Huguette : il risquerait de se disputer avec elle et il serait trop bête de gâcher une aussi belle journée. Il réprime une grimace et vide son verre.

C'est après le repas qu'il se sent soudain pris d'une irrésistible envie de dormir. Jules demande à sa femme s'il peut se coucher tout de suite, ce à quoi elle consent bien volontiers. La dernière image qu'il entrevoit, c'est celle d'Huguette penchée à côté de lui.

— Tu ne viens pas te coucher, ma chérie ?

— Plus tard…

— Tu ne te déshabilles pas ?

— Plus tard…

Dans son sommeil, Jules Vernier a une sensation étrange : il doit faire quelque chose sinon ce sera très grave. Jules lutte contre l'engourdissement de son cerveau. Il faut faire quelque chose, mais quoi ?… Se réveiller, c'est cela : se réveiller !

Jules ouvre les yeux. Le wagon est en feu, les flammes sont en train d'attaquer sa couchette. En quelques bonds, il est dehors. Enroulé dans son drap, il contemple le désastre, tandis que les voisins commencent à accourir. Le wagon s'est embrasé avec une vitesse extraordinaire ; on dirait une torche. Mais par miracle, il n'a rien, pas la moindre brûlure.

C'est alors qu'il pousse un cri :

— Huguette !

Au loin, il entend la sirène des pompiers. Quand ils arriveront, il sera trop tard. Jules n'hésite pas une seconde : s'enroulant dans son drap, il retourne dans la fournaise.

Respiration bloquée, luttant contre la douleur et la peur, Jules Vernier cherche la couchette de sa femme… Non, la chaleur est trop intolérable, il est en train de griller, il doit sortir !

Transformé en boule de feu, Jules se roule à terre pour éteindre son drap enflammé. Plusieurs personnes l'aident avec des couvertures et reculent épouvantés ; c'est un spectre qui apparaît à leurs yeux, une tête noircie, sans cheveux et sans sourcils. Mais ce spectre se met à bondir.

— Ma femme ! Il faut que j'y retourne.

On essaie de le raisonner.

— C'est de la folie.

— Les pompiers vont venir, il faut les attendre...

Jules Vernier n'écoute pas. Il bouscule tout le monde et disparaît pour la seconde fois dans le brasier en hurlant :

— Huguette !

Jules Vernier reprend conscience sur son lit d'hôpital. Il essaie de se redresser : une douleur insupportable l'en empêche. Il regarde ses bras : ils sont recouverts de bandelettes ; il porte les mains à son visage : lui aussi ressemble à celui d'une momie. Tout revient d'un coup : le wagon, l'incendie. Et aussitôt, une autre pensée lui arrive, une pensée terrible qui lui fait oublier sa douleur même : Huguette, il n'a pas réussi à la sauver, elle est morte !

La porte de sa chambre s'ouvre. Une infirmière s'approche de lui :

— Une visite pour vous, monsieur Vernier : votre femme.

Jules écarquille les yeux derrière ses bandages.

— Ma femme ?

Il n'a pas le temps d'en dire plus. Huguette vient d'arriver parfaitement maquillée dans une robe décolletée qui lui va à ravir. Elle se penche vers lui.

— Alors, mon chéri, tu t'es un peu brûlé ?

Dans l'esprit de Jules Vernier, tout se bouscule. Il ne comprend pas encore, il n'ose pas encore comprendre.

— Tu n'étais pas dans la roulotte ?

Huguette a un sourire enjôleur.

— Voyons ! Je suis rentrée la nuit dernière à Paris. Tu le savais bien, je te l'avais dit.

La nuit dernière à Paris ? Jamais Huguette ne lui a dit une chose pareille ! Sinon, il ne serait pas retourné dans le brasier, il ne serait pas à présent un grand brûlé, alors qu'il était sorti indemne la première fois ! Et cet incendie, comment s'est-il produit ? Et ce pastis qui avait un goût amer ? Et le pique-nique ? Et la noyade de sa femme au large des côtes de Bretagne, qui a failli lui coûter la vie ?

Jules Vernier a un cri de tout son être, un cri de désespoir, de rage, de révolte contre lui-même, contre son aveuglement.

— Menteuse ! Criminelle !

Huguette pose la main sur le bras emmailloté de son mari.

— Écoute, Jules…

Malgré la douleur, Jules se dresse sur son lit.

— Va-t'en ! Je porte plainte contre toi. Tu as essayé de me faire griller comme un lapin. Tu passeras le restant de tes jours en prison !

Non, Huguette Vernier n'a pas passé le restant de ses jours en prison. À son procès, qui s'est ouvert en juillet 1957, elle a pu sans trop de mal réfuter toutes les accusations, malgré l'acharnement de Jules, qui avait eu beaucoup de chance dans cette histoire – une veine de cocu, évidemment – et qui, de mari aveugle, s'était brusquement métamorphosé en adversaire acharné.

L'accident en mer ? Il était bien réel. Elle a failli se noyer. Le pique-nique ? Une simple indigestion. Elle a fait son devoir en allant chercher un médecin au risque de se perdre. Du poison dans la salade de museau ? C'est une calomnie ! Qu'on le prouve !

En ce qui concerne l'incendie du wagon, bien que les pompiers aient été frappés par son anormale rapidité, il n'a pas été possible d'établir qu'il était criminel. À l'issue des débats, Huguette Vernier a été acquittée.

Quant à Jules, il a demandé et obtenu le divorce. Mieux vaut tard que jamais !

22

Mamie nazie

16 avril 1940. Un procès va s'ouvrir devant le tribunal de Winchester, au sud de l'Angleterre. Les abords du petit palais de Justice sont gardés par la troupe. C'est la guerre et l'autorité ne plaisante pas avec les affaires intéressant la sécurité nationale... Quelques journalistes ont néanmoins fait le déplacement, dans l'espoir d'un bon papier, si, évidemment, la censure le leur permet. Car la cause qui va se plaider est sans précédent depuis le début du conflit. Dorothy O'Grady, qui va paraître devant les juges, est accusée d'être une espionne et ce qu'on lui reproche est si grave qu'elle encourt la peine de mort.

Les représentants de la presse, contenus à bonne distance par les soldats, échangent entre eux leurs impressions. Quelle est cette mystérieuse espionne, dont l'enquête, couverte par le secret d'État, n'a rien révélé ? À quoi peut-elle bien ressembler ?... Sur ce point, un accord se dégage. C'est évidemment une femme fatale, une créature redoutable, capable de prendre dans ses filets le plus consciencieux et le plus flegmatique des sujets de sa Majesté. Les journalistes l'imaginent volontiers très grande, admirablement faite, avec les yeux bleus et les cheveux blonds platine.

Une voiture arrive à vive allure et stoppe devant les marches du palais. Les journalistes se bousculent pour voir. Une femme sort entre deux policemen. Et ce sont des exclamations de stupéfaction :

— Ça alors !

— C'est elle ?

Oui, c'est bien elle ! Dorothy O'Grady s'engouffre rapidement dans le bâtiment. Elle est loin de l'image que s'en étaient fait les journalistes ! Elle n'est pas blonde, elle a les cheveux gris ; elle n'est pas élancée, elle est boulotte ; elle n'a pas les yeux bleus, mais marron ; elle n'a pas vingt-cinq ans, elle en a cinquante. De plus, ses traits et toute son allure ont quelque chose de particulièrement banal. C'est une femme ordinaire, une brave Anglaise moyenne, comme il y en a des millions dans les Îles britanniques, qui préparent le porridge tous les jours que Dieu fait, et le pudding aux fêtes carillonnées.

Elle est loin, la vamp d'outre-Manche ! Du coup, les journalistes comprennent la discrétion des autorités militaires. Cette espionne, selon l'âge qu'ils ont, pourrait être leur femme ou leur mère. Et cela a quelque chose de particulièrement choquant. C'est l'image même de la trahison qui vient de passer sous leurs yeux. De l'avis général, si elle est vraiment coupable, c'est la corde qu'elle mérite !

Dans la petite salle du palais de Justice de Winchester, le procès de Dorothy O'Grady commence. Le président, un homme sec à l'air sévère, attaque, d'une voix froide, le résumé des faits. On sent chez lui, malgré la parfaite correction du ton et des propos, un profond sentiment de réprobation, voire de dégoût, vis-à-vis de l'accusée.

— Dorothy O'Grady, vous avez quarante-neuf ans. Votre mari, ancien ouvrier ébéniste, est décédé et votre fille est actuellement employée dans un magasin de confection à Londres…

Dorothy O'Grady se lève dans son box. Elle est incontestablement tout ce qu'il y a d'ordinaire et sa médiocre robe à rayures souligne encore le côté insignifiant de sa personne. Le ton de sa réplique n'en est que plus frappant. Elle s'exprime avec arrogance, en se haussant de toute sa petite taille ; ses yeux marron brillent d'un étonnant éclat.

— Parfaitement, Votre Honneur, je suis ce que vous dites !

— Et vous avez pourtant décidé de trahir notre pays. Dites-nous pour quelle raison.

— Par conviction. J'admire profondément le Führer...

Le président a un bref haut-le-corps, qui montre, malgré lui, à quel point il est choqué et, plutôt que de continuer lui-même l'exposé des faits, il préfère appeler le premier témoin, le sergent Perkins.

Perkins, un tout jeune homme aux allures de collégien, précise qu'il est affecté à la surveillance côtière de l'île de Wight.

— C'était le 11 janvier 1940, Votre Honneur. J'étais à mon poste, lorsque j'ai entendu un bruit du côté des barbelés. J'ai couru et j'ai vu l'accusée en train d'essayer de les sectionner à l'aide d'un sécateur.

Encore une fois, Dorothy O'Grady se dresse dans son box.

— C'est parfaitement exact !

— Je l'ai interpellée et c'est alors que j'ai vu à ses pieds un petit drapeau nazi. J'ai pointé mon fusil et j'ai dit à cette dame de me suivre. Au lieu d'obtempérer, elle a levé la main droite et elle a crié : « Heil Hitler ! »

Il y a un écho dans la salle du tribunal. Dorothy O'Grady fait le salut nazi et se met à hurler :

— Heil Hitler !

Son avocat commis d'office tente de la faire se rasseoir, mais Mme O'Grady l'envoie promener et reste debout à toiser la Cour, tandis que le témoin continue sa déposition.

— J'ai arrêté Mme O'Grady et je l'ai conduite à mes chefs. Là, elle a continué ses discours en faveur de l'ennemi...

Le président annonce le témoin suivant. Il s'agit du lieutenant Wilson, le supérieur du sergent Perkins. Longiligne, petite moustache, le lieutenant Wilson est le parfait prototype de l'officier de sa Majesté.

— Lieutenant, bien que l'accusée ait manifesté sans ambiguïté ses sentiments concernant nos adversaires, vous avez décidé de ne pas l'arrêter. Pouvez-vous nous expliquer pourquoi ?

— C'est très simple, Votre Honneur. J'ai pensé qu'en relâchant la suspecte, nous aurions une chance de mettre la main sur ses complices.

— Donc, vous l'avez libérée…

— Oui, Votre Honneur. Mme O'Grady est rentree chez elle et, dès le lendemain, elle recommençait. Elle ne se cachait même pas. Elle parcourait l'île de Wight, un carnet à la main. Dès qu'elle arrivait à proximité d'un ouvrage militaire, elle s'arrêtait et elle prenait des croquis et des notes. Cela a duré trois semaines, jusqu'au 1er février 1940.

Le président se tourne vers l'accusée, l'air dur.

— Pouvez-vous rappeler à la Cour ce que vous avez fait le 1er février 1940 ?

Même ton provocant de Dorothy O'Grady.

— Ce que j'ai fait ? C'est tout simple : je savais où se trouvait le câble téléphonique qui relie l'île de Wight avec l'Angleterre. Cette nuit-là, j'ai pris une paire de pinces et j'ai été le couper.

Le président se retourne vers le témoin, qui est toujours à la barre.

— Lieutenant Wilson, comment l'accusée a-t-elle pu commettre cet acte, alors que vous la faisiez surveiller en permanence ?

— Un de mes hommes la suivait, comme d'habitude. Mais il faisait très noir. Le temps qu'il comprenne, il était trop tard. Elle avait déjà sectionné le câble…

Le président apostrophe l'accusée.

— C'est un geste criminel ! Si les Allemands avaient envahi cette nuit-là l'île de Wight, il aurait été impossible de la secourir.

Dorothy O'Grady se dresse une fois encore. Elle lance d'une voix éclatante :

— Croyez bien que je regrette qu'ils ne l'aient pas fait !

Dans le tribunal, il y a un moment de malaise… Comment cette mère de famille, issue d'une famille de vieille souche anglaise peut-elle être animée de tels sentiments de haine contre son pays ? Qu'est-ce qui peut motiver un tel fanatisme chez un être que rien, dans sa personnalité, ne distingue des autres ?

Le président coupe court à la gêne qui s'était installée dans le prétoire, en continuant l'interrogatoire du témoin.

— À ce moment, vous avez enfin arrêté Mme O'Grady. Que vous a-t-elle déclaré ?

— C'est extrêmement bizarre, Votre Honneur. Elle a prétendu qu'elle avait été contactée par un Allemand, qui avait abordé en sous-marin. Il lui aurait demandé de recueillir le maximum de renseignements sur les défenses de l'île et il lui aurait donné rendez-vous un mois plus tard au même endroit pour venir les chercher.

— Pourquoi dites-vous que c'est bizarre, Lieutenant ?

— Parce que c'est impossible ! Je ne peux pas trahir de secret militaire, mais je peux vous dire qu'aucun sous-marin ne peut aborder l'île de Wight, du moins sans que nous ne nous en rendions compte.

— Alors, selon vous, l'accusée a menti sur ce point ?

— C'est incontestable.

Dorothy O'Grady fait de nouveau entendre sa voix désagréable.

— Si, j'ai dit la vérité ! Le lieutenant Wilson est un âne, comme tous les militaires anglais ! Les Allemands peuvent venir dans l'île comme ils veulent. Ils sont beaucoup plus forts que vous ne le croyez tous !

La vigueur de l'intervention semble avoir impressionné le président.

— Êtes-vous bien sûr de ce que vous nous dites, Lieutenant ?

— Absolument. Aucun sous-marin ne peut aborder l'île.

— Alors, comment Dorothy O'Grady a-t-elle pu avoir des contacts avec l'ennemi ?

— Justement. C'est ce qui est le plus étrange dans cette affaire. Pendant tout le temps que nous l'avons observée, elle n'a eu aucune relation suspecte. Elle vit très retirée, dans un petit village. Nous avons enquêté sur ses habitants. Aucun d'eux ne peut être mis en cause. De plus, pendant toute cette période, elle n'a ni envoyé une lettre ni passé un coup de téléphone. Elle n'a émis aucun message radio non plus. Car, vous pensez bien que nous la faisions surveiller en permanence par goniomètre.

Dorothy O'Grady se remet à glapir.

— C'est faux ! J'ai agi sous les ordres de mon correspondant allemand et il venait en sous-marin. Je le jure !

Il n'y a pas grand-chose à ajouter. Si les contacts de Dorothy O'Grady avec l'ennemi restent mystérieux, la réalité de son activité d'espionnage ne fait pas de doute. En particulier, le sabotage des câbles téléphoniques de l'île de Wight, un acte d'une gravité extrême, qui aurait pu, à lui seul, mettre en péril l'Angleterre…

Au soir du 16 avril, après une seule journée de débats, le président, conformément à la loi anglaise, enlève sa toque rouge et la remplace par un bonnet noir pour lire la sentence :

— Dorothy O'Grady, la Cour vous condamne à être pendue par le cou jusqu'à ce que mort s'ensuive. Que Dieu ait pitié de votre âme !

À ce moment, le bonnet noir, mal posé par le président, lui tombe sur les yeux et Dorothy a une réaction ahurissante. Elle éclate de rire en répétant :

— Le bonnet ! Le bonnet !

Dorothy O'Grady, « Mamie Nazie », comme l'ont surnommée entre eux les journalistes, est évidemment la seule à rire. Tous les assistants se retirent, le visage fermé… Le lieutenant Wilson est particulièrement songeur. Il sait que la condamnée a menti. Mais pourquoi et quelle peut bien être la vérité ? À quoi riment ces mensonges qui vont la conduire à la mort, ce dont elle semble se réjouir ?

En cet instant précis, le lieutenant Wilson se jure de l'apprendre.

24 septembre 1940. Malgré la bataille d'Angleterre, qui fait rage et qui mobilise toutes les forces disponibles, le lieutenant Wilson a obtenu de quitter pour une journée son poste dans l'île de Wight, afin de se rendre à la prison de Winchester.

Après la condamnation de Dorothy O'Grady, il a adressé un rapport aux autorités, leur conseillant d'accorder la grâce. C'était la seule manière de connaître la vérité et il fallait savoir ce qui se cachait derrière ses mensonges.

C'est ce qui vient de se produire : le 22 septembre, Dorothy O'Grady a été graciée par le roi et cette nouvelle, aussitôt annoncée à l'intéressée, a provoqué en elle un changement complet de comportement. Alors qu'elle attendait la mort d'une manière parfaitement sereine, elle s'est brusquement effondrée. Elle s'est mise à pleurer, à hurler qu'elle ne voulait pas finir ses jours en prison et elle a annoncé qu'elle parlerait, mais uniquement au lieutenant Wilson… Ces révélations ont paru suffisamment importantes aux autorités pour qu'elles permettent à ce dernier de se rendre à Winchester.

Le lieutenant pénètre dans la cellule. Dorothy, qui était prostrée sur son lit, se redresse brusquement :

— Vous allez me faire sortir, n'est-ce pas ?

Le lieutenant Wilson s'assied sur une chaise en face d'elle, caresse sa petite moustache et répond prudemment :

— Dites-moi d'abord ce que vous avez à me dire.

— Vous aviez raison, j'ai menti. Mais pas seulement à propos du sous-marin. J'ai menti sur tout. Rien n'est vrai !

— Pourtant, lorsque le sergent Perkins vous a arrêtée, vous étiez bel et bien en train de sectionner les fils barbelés. Vous aviez bien avec vous un petit drapeau nazi…

Dorothy O'Grady est loin du personnage arrogant qu'elle était au procès. Elle lance à l'officier un regard implorant.

— Il faut me croire, Lieutenant ! Ce jour-là, je promenais mon chien. Tout à coup, il s'est faufilé sous les barbelés et il a couru vers la plage. C'est pour le rejoindre que j'ai sorti le sécateur que j'avais dans ma poche. Et c'est à ce moment que j'ai fait tomber le petit drapeau allemand. Chez moi, comme beaucoup de gens, j'avais une carte où je notais la position du front avec des drapeaux anglais, français et allemands. Voilà l'explication...

Le lieutenant Wilson est loin d'être convaincu.

— Alors pourquoi, je vous prie, avez-vous crié « Heil Hitler » au sergent Perkins ? Pourquoi, quand il vous a amenée devant moi, avez-vous tenu des discours pro-nazis ?

Dorothy O'Grady fait alors une réponse stupéfiante :

— Pour me rendre intéressante !

— Je vous demande pardon ?

— Oui, pour me rendre intéressante ! Regardez-moi. Est-ce que j'ai un quelconque intérêt ? Toute ma vie, j'ai été une rien-du-tout. Je n'ai jamais été jolie, je n'ai jamais eu d'argent. J'ai perdu mon mari très tôt et j'ai élevé seule ma fille... Alors, cela m'a pris d'un seul coup, quand le sergent m'a menacée de son fusil. Je me suis dit que je pouvais enfin avoir l'air de quelqu'un, devenir une grande espionne !

Malgré son flegme, le lieutenant Wilson ne peut s'empêcher d'ouvrir la bouche toute grande et d'écarquiller les yeux.

— Quand, pendant trois semaines, vous avez pris des croquis de nos défenses côtières, c'était pour vous rendre intéressante ?

— Oui.

— Et quand vous avez coupé les fils du téléphone aussi ?

Dorothy O'Grady se fait toute petite.

— Cela, je n'aurais pas dû ! Je n'avais pas compris que c'était si grave.

Le lieutenant reste un moment silencieux. Il finit par déclarer.

— Savez-vous, Mme O'Grady, que si vous n'aviez pas inventé cette histoire absurde d'Allemand en sous-marin, je vous aurais réellement prise pour une espionne et que je n'aurais pas recommandé votre grâce ? À l'heure qu'il est, vous seriez morte !

— Mais cela m'était bien égal d'être pendue ! Au contraire, je ne souhaitais que cela. C'était pour moi une façon inespérée de mourir en beauté ! Tandis que rester toute ma vie en prison, je ne veux pas, je ne peux pas... Dites, Lieutenant, maintenant que j'ai avoué, on va me libérer, n'est-ce pas ?

Le lieutenant Wilson se lève à son tour et réplique froidement.

— Je vais faire mon rapport. Le reste ne dépend pas de moi...

Non, les autorités britanniques n'ont pas libéré Dorothy O'Grady, même si elles savaient, à présent, qu'elle n'avait pas trahi. Elle avait, de toute façon, commis des actes très graves et il ne fallait pas encourager les mythomanes de son espèce qui, d'une certaine manière, pouvaient se révéler aussi dangereux que de véritables traîtres.

Dorothy O'Grady est restée enfermée plus de neuf ans dans la prison de Winchester. Elle n'en est sortie qu'en novembre 1949 et elle est redevenue alors ce qu'elle était réellement : une femme sans intérêt.

23

Le repaire du loup

Octobre 1942. L'automne est déjà bien commencé en Ukraine et, à en juger par le vent qui balaye la plaine, l'hiver sera rude... Après le déclenchement de leur attaque surprise, en juin 1941, et une offensive éclair, qui les a conduits jusqu'aux portes de Moscou, les troupes allemandes marquent le pas ou reculent. Pour l'instant, tout se fait en bon ordre, mais la dureté des combats et la lourdeur des pertes ont éprouvé tout le monde.

À la tête de son unité de blindés, le commandant Claus von Stauffenberg arrive aux environs de la ville de Doubno, à l'ouest de l'Ukraine. Là, il a ordre de s'arrêter et de reconstituer ses forces, après quoi, il repartira pour une destination qu'il ignore encore...

Malgré les affrontements qui viennent de s'écouler, Claus von Stauffenberg a gardé belle allure. À trente-cinq ans, avec sa haute stature, son visage racé, ses cheveux bruns et ses yeux bleus, il a même un physique d'acteur. Pour un peu, on serait tenté de dire un physique de héros.

Il est en train de rouler en tête de ses blindés, à bord de sa voiture de commandement, lorsqu'il donne l'ordre de s'arrêter. Devant lui, de longues files humaines viennent de sortir de Doubno. Il y a là des hommes, des femmes, des enfants, des vieillards. Ils sont encadrés par des militaires portant l'uniforme noir des SS.

Maintenant von Stauffenberg se souvient d'avoir croisé en venant une énorme tranchée. C'est là qu'ils vont. Ces hommes, ces femmes, ces enfants, ces vieillards, sont des juifs et les SS vont les fusiller au-dessus de cette fosse commune... Les juifs, le jeune commandant n'a pas de particulière sympathie pour eux, mais cet acharnement dépasse la raison. Il ne peut réprimer un cri :

— Hitler est un fou !

Autour de lui, plusieurs officiers et sous-officiers ont entendu. Mais aucun d'eux n'affiche de réaction. Sans doute pensent-ils comme lui, sans oser le dire. Au loin, les premières rafales éclatent et le commandant von Stauffenberg se fait intérieurement un serment : il tuera Hitler !

Claus Schenk, comte von Stauffenberg, est né le 15 novembre 1907, au château de Lautlingen, en Bavière. Il appartient à l'une des plus anciennes et des plus illustres familles d'Allemagne. Ses ancêtres se sont distingués depuis des siècles, tant au service de l'État que sur les champs de bataille. Après ses études, il opte pour la carrière militaire. En 1926, il s'enrôle dans le régiment de cavalerie de Bamberg.

Les temps sont troublés. C'est la grande crise économique et la montée du nazisme. Politiquement, il appartient à l'opposition conservatrice, ce qui ne l'empêche pas de saluer l'arrivée d'Hitler au pouvoir. Il n'apprécie pas l'homme et il ne partage pas ses idées extrémistes, mais il pense qu'il peut rendre à l'Allemagne sa grandeur perdue après la guerre de 14-18.

C'est donc sans états d'âme qu'il fait les premières campagnes du IIIe Reich. Il combat en Pologne, puis en France, au sein de la VIe division blindée, avec le grade de capitaine et son brillant comportement lui vaut la Croix de fer. En 1941, il est envoyé en Russie et c'est à partir de ce moment que tout commence à changer. Il perçoit rapidement que ce pays immense constitue un piège dont l'Allemagne aura beaucoup de mal à se sortir, et les méthodes brutales du régime, contre les juifs en particulier, le mettent de plus en plus mal à l'aise.

Toutefois, ces sentiments restent inexprimés jusqu'à ce qu'il vient de voir à Doubno. À présent, il a compris : sous la direction d'Hitler, le pays ne peut aller qu'à la catastrophe !

Organiser un complot, Claus von Stauffenberg ne cesse d'y penser, mais il n'a pas la possibilité de passer à l'action. Il doit continuer de commander son unité. Les combats succèdent aux combats dans les plaines de Russie, il fait la guerre, il ne peut rien faire d'autre.

En 1943, changement total de décor : il est envoyé en Afrique du Nord où les troupes du maréchal Rommel sont aux prises avec les Anglais de Montgomery. La canicule remplace le froid glacial, les sables du désert les étendues enneigées, mais l'intensité des affrontements reste la même. Un jour qu'il effectue une reconnaissance, son véhicule est pris pour cible par un avion britannique volant en rase-mottes. Grièvement blessé de plusieurs balles de mitrailleuse, il est remarquablement soigné à Tunis, puis rapatrié à Munich. Il a perdu la main droite, deux doigts de la main gauche et l'œil gauche, mais il est en vie.

Il est nommé colonel et affecté à l'armée intérieure de réserve, l'*Ersatzheer.* Ces troupes, cantonnées en Allemagne, ont pour mission de surveiller les prisonniers et les travailleurs étrangers envoyés dans le pays. Pour von Stauffenberg, tout est changé ! Maintenant, il se trouve à Berlin, il a la possibilité de rencontrer les nombreuses relations qu'il a dans l'armée. De plus, son poste à l'état-major de l'armée de réserve le met en contact direct avec Hitler. C'est lui qui est chargé de recueillir les instructions du Führer.

Alors, il prend des contacts discrets et il se rend compte qu'ils sont nombreux à partager son point de vue. Bientôt, quelques-uns des plus hauts gradés entrent dans la conjuration : le maréchal von Witzleben, successeur désigné d'Hitler à la tête de l'armée, l'amiral Canaris, ancien chef des renseignements, et son adjoint, le général Oster, le général Beck, probable successeur d'Hitler en cas de décès de ce dernier, le maréchal von Tresckow, chef du groupe d'armées du centre, le général von Stülpnagel, gouverneur militaire de la France, le général von Hase, patron de la garnison de Berlin, pour ne citer que les plus importants.

Comme on le voit, presque tous portent la particule. Claus von Stauffenberg a recruté dans son milieu : la noblesse. Celle-ci, qui forme une bonne partie des élites de la Wehrmacht, n'a jamais vraiment admis Hitler, cet aventurier aux méthodes de gangster, qui s'est hissé à la tête de l'Allemagne. Tant qu'il accumulait les succès, elle s'est tue, mais depuis quelque temps, il est évident que la situation militaire est mauvaise, elle est même catastrophique.

Cette analyse, le plus haut militaire du Reich, le maréchal Erwin Rommel, la fait lui aussi. Il a été placé à la tête des armées de l'Ouest, chargées de refouler les Alliés qui sont sur le point de débarquer, et il fera son devoir, mais il ne pourra guère que retarder leur avance. L'Allemagne est prise en étau : les Américains progressent en Italie, ils viennent de prendre Rome ; les Russes sont aux portes de Varsovie et, bientôt, les troupes anglo-américaines vont débarquer sur les côtes de France.

Aussi, lorsque des conjurés viennent le trouver, le maréchal les écoute. S'il ne s'engage pas formellement à leurs côtés, il promet de garder le silence. Son avis serait d'arrêter Hitler et de le juger. Mais il convient que la procédure serait trop longue. Il se rallie à la solution de l'attentat.

Cet attentat, c'est Claus von Stauffenberg qui va le commettre. Il est, en effet, le seul, par ses fonctions, à approcher régulièrement Hitler. Il se fait remettre deux bombes miniatures d'environ un kilo chacune, provenant de saisies faites sur des espions anglais et c'est avec elles qu'il éliminera le dictateur.

Son action ne s'arrêtera pas là. Ses fonctions dans l'*Ersatzheer* lui confèrent un rôle capital dans la suite des opérations. L'armée de l'intérieur est la seule force militaire – à part la Gestapo et quelques groupes de SS – qui soit présente en Allemagne. Tout de suite après la mort d'Hitler, l'*Ersatzheer* devra s'emparer des principaux ministères, de la radio, du siège du parti et prendre le pouvoir. Bien sûr, ce n'est pas von Stauffenberg son chef, c'est le général Fromm, mais l'homme est un indécis, un mou, qui laissera faire, s'il se rend compte que la situation est à l'avantage des insurgés…

Claus von Stauffenberg est un esprit profondément moral et religieux. Il ne peut s'empêcher de méditer sur la responsabilité qui est la sienne. Il écrit dans son journal : « Il est temps de passer à l'action. Toutefois, celui qui ose faire quelque chose doit être conscient que c'est bien en tant que traître qu'il entrera dans l'histoire allemande. Cependant, s'il s'abstient d'agir, il serait alors un traître face à sa propre conscience. »

On retrouve ici le problème du « bon traître », déjà évoqué, dans le contexte infiniment moins dramatique du Watergate. Il est vrai que, d'un point de vue formel, ce que s'apprête à faire von Stauffenberg est une trahison. Il est sous les ordres d'Hitler, il lui donne toutes les marques de l'obéissance et du respect, pourtant, il va tenter de le tuer.

Mais d'un autre côté, quand la personne en question est un monstre, quand sa disparition sauverait des milliers et des milliers de gens, il n'est plus question de trahison, il s'agit d'un acte de justice.

Les événements se précipitent et viennent mettre un terme à ce débat de conscience… Le 6 juin 1944, c'est l'annonce du débarquement en Normandie et, le lendemain, c'est la première rencontre avec Hitler, dans son nid d'aigle de Berchtesgaden.

Le supérieur de von Stauffenberg, le général Friedrich Fromm, l'accompagne exceptionnellement, ce qui exclut qu'il puisse passer à l'action… En arrivant sur place, il ne peut s'empêcher d'être impressionné par le décor exceptionnel de ce quartier général, qui domine les Alpes bavaroises. Quelques-uns des plus importants chefs nazis sont présents : Himmler, Goering, Keitel.

Hitler, en revanche ne l'impressionne pas du tout. Ce dernier serre sa main valide et le fixe quelques instants dans les yeux, comme il le fait avec tous ceux qu'il voit pour la première fois. Claus von Stauffenberg soutient son regard et dira en rentrant, à son épouse :

— S'il a voulu m'hypnotiser, c'est manqué !

La rencontre de Berchtesgaden n'aura pourtant pas été inutile. Von Stauffenberg a emporté sa serviette contenant ses documents de travail. À aucun moment, il n'a attiré l'attention, à aucun moment, il n'a été inquiété. Les nombreux soldats en faction à l'entrée ne l'ont pas fouillé. Malgré sa méfiance maladive, Hitler ne considère pas comme suspects des gens comme lui. La prochaine fois, il n'aura qu'à placer les explosifs dans sa serviette, car elle est bien assez grande pour contenir les deux mini-bombes d'un kilo de plastic…

L'entrevue suivante a lieu un peu plus d'un mois après, le 15 juillet. L'endroit est aussi éloigné que possible du précédent. Alors que Berchtesgaden se situait tout au sud de l'Allemagne, von Stauffenberg est convoqué tout à l'est, à Rastenburg, en Prusse orientale, aujourd'hui Ketrzyn, en Pologne. Le Führer y a installé son quartier général, dans un camp retranché, surnommé *Wolfsschanze,* c'est-à-dire le « Repaire du loup. »

Claus von Stauffenberg part en avion de Berlin. Le général Fromm ne l'accompagne pas. Il va donc pouvoir agir et il emporte ses bombes. Le pilote se pose sur un petit aérodrome qu'on ne découvre qu'au dernier moment. L'ensemble est admirablement camouflé dans la forêt et a éte survolé plusieurs fois par les Alliés, sans qu'ils remarquent quoi que ce soit.

Le Repaire du loup est un véritable camp retranché ; il grouille de soldats, 2 500 en tout, une petite armée. Dès l'atterrissage, le colonel se voit entouré d'une nuée d'uniformes. Un instant, il pense qu'il va être fouillé et il n'ose imaginer le sort qui l'attend. Mais non, il est salué avec respect. On le prie de prendre place dans une voiture et, après un long chemin sous les arbres, il est conduit au Repaire lui-même, un ensemble de bunkers et de baraquements.

Il retrouve Hitler, qui ne lui répète pas son numéro d'hypnotiseur. Von Stauffenberg s'isole et tente d'amorcer ses bombes. Mais il se rend compte qu'avec les trois doigts de la main gauche qui lui restent, il n'est pas capable de faire les gestes nécessaires. Furieux contre lui-même et espérant qu'il aura une nouvelle possibilité, il s'en retourne à Berlin. La prochaine fois, il viendra avec son aide de camp, Werner von Haeften, qui fera l'amorçage pour lui.

L'occasion arrive bien plus tôt qu'il l'espérait, cinq jours seulement après, le 20 juillet 1944. Von Haeften est avec lui dans l'avion. Partis de Berlin vers 10 heures du matin, ils arrivent au Repaire du loup un peu après midi. Les gardes en faction ne se montrent pas plus curieux que la première fois et les conduisent sur les lieux.

Là, von Stauffenberg prend prétexte de changer de chemise, pour s'isoler dans la chambre de l'aide de camp de Keitel. Avec von Haeften, ils n'ont le temps que d'amorcer une bombe. En effet, alors qu'ils allaient attaquer la seconde, l'aide de camp de Keitel entrouvre la porte. Sans passer la tête par l'entrebâillement, il lance :

— Faites vite, Mon Colonel, la conférence va commencer.

Von Stauffenberg et von Haeften mettent donc une seule bombe dans la serviette et laissent l'autre dans la pièce, ce qui est une erreur, car, même non amorcée, elle aurait explosé sous l'effet du souffle de la première et n'aurait laissé aucune chance à Hitler. C'est le début d'un incroyable concours de circonstances, qui va décider de l'issue de l'opération.

À 12 h 20, von Stauffenberg pénètre dans le lieu de la réunion. Il s'agit d'un baraquement en bois, car il fait trop chaud pour aller dans un bunker. C'est la seconde circonstance défavorable, car, comprimée entre des murs de béton, l'explosion aurait eu un effet infiniment plus dévastateur. Enfin, toujours à cause de la chaleur, les fenêtres sont ouvertes, ce qui favorisera plus encore l'évacuation du souffle.

Claus von Stauffenberg avance, avec sa serviette sous son bras. Des cartes sont étalées sur la table et Hitler les regarde attentivement. Il se place à ses côtés, ce qui ne surprend personne, car, depuis sa blessure, il est à moitié sourd. Il pose la sacoche sous la table et, prétextant un coup de téléphone urgent, il quitte la pièce. Le colonel Brand, l'un des participants, gêné par la sacoche, la déplace. À présent, elle est séparée du Führer par le massif pied de la table, qui fera obstacle. C'est la dernière circonstance imprévue…

Peu après, Keitel, ne voyant pas von Stauffenberg rentrer, sort pour aller le chercher. Il ne le découvre pas et revient vers le baraquement. C'est le général Heusinger qui est en train de parler. Il est au courant du complot et il en a approuvé le principe, mais il n'a pas participé à sa réalisation ; il ignore donc ce qui va se produire. Il commente un des théâtres d'opérations :

— Les Russes se retournent, avec des forces importantes, vers le nord de la Douna. Si nous ne retirons pas notre armée de là, nous allons à la catastrophe…

C'est à ce moment que la bombe explose. Il est 12 h 42.

La détonation est effroyable. Sur les vingt-quatre personnes présentes, quatre sont tuées, dont le colonel Brand. Huit sont plus ou moins grièvement blessées et douze ne sont que légèrement touchées. Le général Heusinger est du nombre et Hitler, qui se trouvait juste à côté de lui, est sain et sauf aussi.

Mais il est dans un état impressionnant. Il est à peine reconnaissable. Il a le visage tout noir, les cheveux en partie brûlés. Il tente de s'extraire du baraquement effondré, mais il tombe. Keitel, qui est indemne, étant encore à l'extérieur quand l'explosion a eu lieu, l'aide à se relever et le conduit dans son bunker privé.

Immédiatement prévenu, Himmler, ministre de l'Intérieur et responsable des SS, arrive à 13 h 30 sur les lieux. Il comprend aussitôt que von Stauffenberg est le coupable et il appelle Berlin pour prévenir la Gestapo et les unités de SS qui s'y trouvent. L'ordre d'arrêter le comte est donné...

Une rencontre était prévue dans l'après-midi entre Mussolini et Hitler. Pendant qu'Himmler continue de donner ses instructions, le Führer se change et va accueillir le dictateur italien à la gare. Il lui apprend ce qui vient de se passer. Il est exalté au plus haut point.

— La providence vient de me préserver de manière miraculeuse. La protection dont j'ai bénéficié est le signe frappant d'une intervention divine !

Et il ajoute :

— Je suis absolument certain, après un tel miracle, de servir une grande cause. Je triompherai des périls actuels et le succès couronnera notre entreprise !

De retour au Repaire du loup, il retrouve Himmler. Il lui ordonne de se rendre à Berlin et de châtier les traîtres. Et il va en profiter pour se débarrasser enfin des aristocrates de la Wehrmacht, qui l'ont toujours méprisé. Il est hors de lui, pris par une de ses crises de violence, qui deviennent de plus en plus fréquentes. Il martèle :

— Ces traîtres méritent une mort ignominieuse ! Tous ceux qui sont impliqués dans cette conspiration, leurs complices, leurs femmes et leurs enfants expieront ce crime !

Avec une grande maîtrise, von Stauffenberg a rejoint son avion et il est arrivé à Berlin à 16 heures. Ayant entendu l'explosion, il est certain qu'Hitler est mort... Dès qu'il est sur place, il donne l'ordre aux unités de l'intérieur de s'emparer des points stratégiques de la capitale. Leur chef, le général Fromm, refusant de coopérer, est enfermé dans son bureau. Il faut noter, de sa part, une certaine passivité. Les insurgés arrivant, il n'a pas tenté de fuir, pour organiser la riposte. Il s'est laissé prendre et, maintenant, il attend.

Claus von Stauffenberg et les siens s'emparent du Bendlerblock, le ministère de la Guerre, tandis que le bruit qu'Hitler est mort se répand dans tout Berlin. Les insurgés font malheureusement preuve de mollesse. L'armée de l'intérieur cerne sans se presser les autres ministères. Von Stauffenberg, trop confiant, cherche à rallier les dignitaires de l'armée, alors qu'il faudrait prendre de vitesse la riposte qui se prépare.

Himmler a, en effet, mis en alerte une unité SS particulièrement sûre, l'unité Adolf Hitler. Quant à Goebbels, ministre de la Propagande, il va trouver un des officiers de la garde de Berlin resté fidèle, le commandant Otto-Ernst Remer.

— Vous allez donner l'assaut aux insurgés avec vos troupes.

— Mais le Führer est mort !

— Il n'est pas mort. Je vais vous en donner la preuve...

Il est 19 heures, lorsque la communication avec le Repaire du loup est établie. Au bout du fil, un interlocuteur prend la parole.

— Commandant Remer, reconnaissez-vous ma voix ?

Le commandant acquiesce : c'est bien la voix qu'il a entendue tant de fois à la radio.

— Je vous nomme colonel. Je vous ordonne de prendre la tête de vos troupes et d'arrêter les conjurés.

— *Jawohl, mein Führer* !...

Vers 22 heures, Kaltenbrunner et Skorzeny, à la tête de l'unité SS Adolf Hitler, et le colonel nouvellement promu Otto-Ernst Remer, avec ses propres troupes, donnent l'assaut au Bendlerblock où se sont réfugiés von Stauffenberg et ses amis. Les combats sont vite terminés. Tous les insurgés sont faits prisonniers et le général Fromm, qui était toujours retenu dans son bureau, est délivré. Ensuite, les troupes fidèles à Hitler repartent combattre dans d'autres secteurs de Berlin.

Après leur départ, le général Fromm ne perd pas de temps. Réunissant quelques-uns de ses officiers qu'il baptise cour martiale, il juge les prisonniers et les condamne à mort. Il espère, peut-être, par ce zèle, racheter la passivité qui a été la sienne, à moins qu'il ne craigne des révélations le concernant de la part de von Stauffenberg et des siens et qu'il préfère les réduire au silence.

Claus von Stauffenberg, son aide de camp Werner von Haeften et leurs six camarades sont conduits dans la cour du Bendlerblock et fusillés à la lumière des phares d'un camion. Avant de tomber sous les balles, von Stauffenberg lance ses derniers mots :

— Vive l'Allemagne sacrée !

Il est minuit exactement : les douze coups sonnent à l'horloge d'un clocher. Toujours avec la même précipitation, le général Fromm fait enterrer les corps dans un cimetière proche. Hitler les fera exhumer et brûler. Leurs cendres seront ensuite dispersées au-dessus d'un champ d'épandage de Berlin…

Mais le stratagème du général n'aura servi à rien. Revenant au Bendlerblock avec ses SS, Kaltenbruner est furieux d'apprendre la mort du chef de la conspiration. Il juge le comportement du responsable de l'armée intérieure tout à fait suspect et le met en état d'arrestation.

Le 21 juillet, lendemain de l'attentat, Adolf Hitler s'exprime à la radio. Dans un discours d'une violence rarement atteinte, il promet une vengeance terrible contre les auteurs du complot. C'est le dernier acte qui commence, celui de la répression. Il va être atroce.

Une commission de 400 membres de la Gestapo, sous les ordres de Heinrich Müller, un des spécialistes de l'élimination des juifs, opère des milliers d'arrestations. Le pouvoir en profite pour interner des personnalités d'opposition qui n'ont rien à voir avec le complot, comme Konrad Adenauer. Plusieurs généraux compromis préfèrent se donner la mort. C'est le cas du plus illustre chef militaire du Reich, le maréchal Rommel, qui met fin à ses jours le 14 octobre 1944, son nom ayant été prononcé par des conjurés. Pour éviter un scandale, son suicide est camouflé en mort naturelle et il a droit à des funérailles nationales.

Les autres passent devant une cour martiale présidée par le maréchal von Rundstedt. La plupart sont dégradés et renvoyés chez eux et, pour une centaine, traduits devant un tribunal présidé par le juge Roland Freisler, incarnation de la terreur judiciaire nazie.

Lors de parodies de procès, il insulte les accusés, les empêche de parler et les humilie de toutes les manières possibles. La plupart sont condamnés à mort et exécutés dans des conditions abominables, pendus nus par des filins à des crochets de boucher, comme les généraux von Hase, Steiff, les frères de von Stauffenberg et de von Haeften, l'amiral Canaris et son aide de camp Oster.

Passant en jugement parmi les derniers, en mars 1945, Friedrich Fromm est condamné à mort pour « mauvais exercice de ses fonctions » et « lâcheté devant l'ennemi ». Il aura la chance, si l'on peut dire, d'être seulement fusillé.

En tout, de juillet 1944 à mai 1945, ce sont 22 maréchaux et généraux, 700 officiers et 3 000 soldats ou civils qui ont été supprimés d'une manière ou d'une autre, à la suite de l'attentat manqué contre Hitler.

Quant à Claus von Stauffenberg, contrairement aux craintes qu'il exprimait dans son journal, il n'est nullement « entré en tant que traître dans l'histoire allemande ». Son geste a été célébré dès la fin de la guerre. Une plaque a été apposée à l'endroit de son exécution et elle est fleurie chaque année, à l'anniversaire de son sacrifice. Aujourd'hui, il reste un héros pour tous les Allemands, une trop brève et trop rare lumière dans la grande nuit du IIIe Reich.

24

Le brave des braves

21 novembre 1815. C'est l'atmosphère des grands jours, au palais du Luxembourg siège actuel du Sénat, qui abrite alors la Chambre des pairs. Le Tout-Paris politique s'écrase dans les tribunes : princes, ambassadeurs, ministres, députés, généraux, se bousculent dans un grand déploiement d'habits et d'uniformes. On remarque, entre autres personnalités, le prince royal de Wurtemberg, le prince de Metternich et le comte de Goltz, ambassadeur de Prusse.

Fait exceptionnel, la Chambre va siéger ce jour en Haute Cour de justice. Au-dessus du bureau du président, trois mots en grandes lettres d'or : « Sagesse Tolérance Modération », une devise pour guider les débats… En contrebas, à sa droite, le bureau du ministère public, à sa gauche, celui du greffier et de ses commis. En face de lui, une table et un fauteuil pour l'accusé, deux chaises pour ses avocats.

À 11 heures précises, l'accusé fait son entrée, entre quatre grenadiers. Sa prestance en impose à tous. Il est vêtu d'un costume bleu uni, il porte ses épaulettes de maréchal et n'a gardé de ses décorations que le grand cordon de la Légion d'honneur et le cordon de Saint-Louis, que le roi Louis XVIII lui a décerné un an plus tôt.

L'homme s'appelle Michel Ney, maréchal de France, duc d'Elchingen, prince de la Moskova, grand-croix de la Légion d'honneur, pair de France, chevalier de saint Louis, ex-commandant en chef de la cavalerie royale, ex-gouverneur de la 6e région militaire.

Il a quarante-six ans. Sa belle chevelure rousse n'a pas vieilli malgré l'âge et si ses traits sont quelque peu marqués, c'est qu'ils reflètent les épreuves d'une carrière militaire exceptionnelle. Mais à vrai dire, ce qui étonne le plus, ce sont les deux cordons qui lui barrent la poitrine. Comment peut-on posséder à la fois la plus haute décoration que pouvait décerner l'Empire et la plus haute décoration que peut décerner la Royauté ?

La réponse, nous l'aurons peut-être au cours des débats. En tout cas, c'est la raison de sa présence à ce procès où il risque la peine de mort.

Michel Ney naît le 10 janvier 1769 (la même année que Napoléon), à Sarrelouis, qui est alors une enclave française en pays allemand. Il est le fils d'un ouvrier tonnelier, qui a pour lui de grandes ambitions. Après ses études, il le place comme « petit clerc », chez un notaire.

Mais Michel Ney n'a aucune envie de moisir dans une étude, il veut se battre et rien d'autre. En 1787, à dix-huit ans, il s'enfuit et entre, comme simple hussard, dans le régiment de Colonel-Général, à Metz. C'est un jeune homme d'une belle taille, d'une force et d'une adresse peu communes, aux magnifiques cheveux roux, qui lui valent le surnom « le Rougeaud ».

Il se révèle tout de suite un soldat exemplaire : courageux, endurant et discipliné. C'est à un tel point qu'en deux ans seulement, il gravit tous les grades inférieurs. Il est sous-officier sorti du rang lorsqu'éclate la Révolution. Si celle-ci n'avait pas eu lieu, sa progression se serait arrêtée là, les postes d'officier étant, jusque-là, réservés aux nobles, mais maintenant, tout est changé et son ascension est fulgurante.

Il suit le général Kléber dans l'armée de Sambre et Meuse. Son chef remarque ses talents. Il le nomme lieutenant, en 1792, capitaine, en 1794 et lui confie un groupe de partisans. Cette mission convient tout à fait au caractère indépendant du jeune homme. Il opère des raids sur les arrières de l'ennemi, multipliant les razzias.

Aussi exigeant pour lui-même que pour ses hommes, Ney leur demande beaucoup et en obtient plus encore. Ses soldats, qui l'adorent, lui donnent un nouveau surnom, « l'Infatigable ». En 1796, il prend Wurtzbourg avec cent cavaliers seulement, puis force le passage de Rednitz et prend Forcheim, gagnant soixante-dix pièces d'artillerie, ainsi que d'immenses approvisionnements, ce qui lui vaut d'être fait général de brigade sur le champ de bataille.

En 1797, il contribue, à la tête de ses hussards, aux victoires de Neuwied et de Dierdoff. En 1798, il s'empare de Mannheim par la ruse, avec seulement cent cinquante hommes, et il est promu, pour ce fait d'armes, général de division. Un nouveau surnom s'ajoute aux précédents : « le Preneur de villes ». En septembre 1799, il commande provisoirement l'armée du Rhin. Peu après, il épouse Aglaé Auguié, amie de pension d'Hortense de Beauharnais, ce qui crée des liens supplémentaires entre Bonaparte et lui.

Le 3 décembre 1800, il remporte, avec Moreau, la bataille décisive de Hohenlinden, qui détermine les Autrichiens à demander la paix. Un peu plus tard, nommé ministre plénipotentiaire auprès de la République Helvétique, il sait imposer les volontés du Premier Consul Bonaparte. Enfin, il est nommé maréchal, le 19 mai 1804.

Ce qui est considéré par beaucoup comme un honneur suprême n'est, pour lui, qu'une incitation à s'illustrer davantage. Dès lors, il devient le plus brillant des soldats de l'Empire. Le 14 octobre 1805, il gagne à lui seul la bataille d'Elchingen, qui prélude à la prise de la forteresse d'Ulm, une semaine plus tard. Il joue un rôle capital à Austerlitz, comme à Iéna. À Eylau, le 8 février 1807, il emporte la victoire par son intervention, repoussant soixante-dix mille Russes avec quatorze mille hommes. Tout maréchal qu'il est, il charge à la tête de ses hommes. Son commandement favori est :

— Direction le trou du cul de mon cheval. Chargez !

À Friedland, le 14 juin 1807, il poursuit l'armée russe sabre au clair et pénètre en même temps qu'elle dans la ville. Il est cité à l'ordre de la Grande Armée en ces termes : « Le maréchal Ney, avec un sang-froid et une intrépidité qui lui sont particuliers, était en avant, dirigeant lui-même les plus petits détails et donnant l'exemple à son corps d'armée. » Pour tous ces exploits, il est fait duc d'Elchingen, le 6 juin 1808.

La même année, il connaît ses seuls revers, lors de la guerre d'Espagne. C'est à un tel point qu'il est relevé de son commandement et qu'il doit revenir à Paris. Il faut dire que ce genre de conflit contre des troupes de guérilla n'était pas fait pour lui convenir et l'empereur ne lui fait aucun reproche.

Paradoxalement, c'est pendant la campagne la plus désastreuse de l'Empire, celle de Russie, qu'il remporte ses plus éclatants succès. Lors de la phase offensive, il joue un rôle décisif dans les batailles de Smolensk et de la Moskova. Il est blessé d'une balle dans le cou lors de ce dernier affrontement, ce qui lui vaut le titre de prince de la Moskova.

Pendant la retraite, il a la tâche délicate entre toutes de commander l'arrière-garde. Lors de la bataille de Krasnoïe, il fait front à d'énormes troupes russes avec seulement six mille hommes et permet à l'armée française de s'échapper. Napoléon lui décerne alors son quatrième surnom, celui qui lui restera pour la postérité, en s'écriant :

— Je donnerais 300 millions pour sauver le Brave des braves !

Lors du passage de la Bérézina, il remporte les seuls succès de l'armée, faisant cinq mille prisonniers, avec seulement sept mille hommes et continue à protéger la retraite, toujours à l'extrême fin de l'arrière-garde. Il est au milieu de ses soldats, le fusil à la main, franchissant l'eau glacée avec eux. Le comte de Ségur, l'un des esprits les plus brillants de la cour impériale, a raconté ainsi cet épisode : « Il traverse la Bérézina et le Niémen, toujours combattant, reculant et ne fuyant pas, sacrifiant sa vie et sa liberté pour ramener quelques Français de plus. Il sort enfin de cette fatale Russie, montrant au monde que, pour les héros, tout tourne en gloire, même les plus grands désastres. »

En 1813, Ney s'engage dans la campagne de Saxe. Il accomplit des prodiges lors des batailles de Lützen et Bautzen, mais il est battu par Bernadotte à Dennewitz, en septembre 1813... Il faut reculer, on se bat sur le sol français, c'est le commencement de la fin. Il fait toute la campagne de France, mais le 31 mars 1814, après une sanglante bataille sur les hauteurs de Belleville, les ennemis coalisés entrent dans Paris. À la demande de Napoléon, réfugié à Fontainebleau, il tente de négocier une paix honorable avec le tzar. Ayant échoué, il vient lui faire part de son échec et lui conseille d'abdiquer.

Le 20 avril 1814, l'empereur déchu s'embarque pour l'île d'Elbe. Quelques heures plus tard, Ney fait sa soumission aux Bourbons. Il écrit à Talleyrand : « Il ne reste plus aux Français, pour éviter une guerre civile qu'à embrasser entièrement la cause de nos anciens rois. » Quand le comte d'Artois, frère du roi et futur Charles X, fait son entrée à Paris, il lui déclare :

— Monseigneur, nous avons servi avec zèle un gouvernement qui nous commandait au nom de la France. Votre Altesse royale et Sa Majesté verront avec quelle fidélité et quel dévouement nous saurons servir notre roi légitime.

Il est le premier maréchal à se rallier aux Bourbons, ce qui lui vaut d'être couvert d'honneurs. Il est fait pair de France, chevalier de Saint-Louis, commandant en chef de la cavalerie royale et gouverneur de la 6e région militaire. Il manifeste alors un goût surprenant pour la solitude, il se retire dans sa terre de Coudreaux, près de Châteaudun.

Neuf mois plus tard, sous les ordres de Jean-de-Dieu Soult, autre maréchal de Napoléon devenu ministre de la Guerre, il prend ses fonctions de gouverneur de la 6e région. Le lendemain 7 mars, il apprend le débarquement de Napoléon à Golfe-Juan. Chargé par Louis XVIII de barrer la route à l'ex-empereur, il promet au roi de « le ramener dans une cage de fer ». Il part avec une troupe importante et proclame :

— Je passerai mon sabre à travers le corps du premier qui refusera de me suivre !

Mais quand il rencontre son ancien souverain à Auxerre, il se rallie à lui. Tout s'est décidé lors d'une rencontre à huis clos entre les deux hommes. On ne sait pas ce qu'ils se sont dit. Ce qui est certain, c'est que, malgré son ralliement, l'empereur reste en froid avec lui.

Tout de suite après, il fait une nouvelle proclamation, bien différente de la précédente : « Le maréchal Ney déclare à ses officiers, sous-officiers et soldats que la cause des Bourbons est à jamais perdue. C'est à l'empereur Napoléon, notre seul souverain, qu'il appartient de régner sur ce beau pays. La liberté triomphe enfin, car notre auguste empereur va l'affermir à jamais. À Paris, sous peu de jours, notre espérance et notre bonheur seront à jamais réalisés. Vive l'empereur ! »

Napoléon et lui ne se revoient pas avant la campagne de Belgique. Le maréchal arrive sur place le 15 juin. Il ne parvient pas, malgré des effectifs supérieurs en nombre, à déloger les Britanniques de Quatre-Bras. Son action à la bataille de Waterloo, le 18 juin, est controversée. L'empereur, dans ses mémoires, le rend responsable de la défaite tout autant que Grouchy.

C'est de cette triste manière que se terminent sa carrière militaire et sa carrière tout court. À la Seconde Restauration, il est décidé que tous ceux qui se sont mis au service de Napoléon lors des Cent jours seront considérés comme traîtres ; un seul nom de maréchal y figure, celui de Ney. Fouché, ministre de la police, lui donne des passeports pour fuir en Suisse ou aux États-Unis, mais il refuse. Il reste en France, chez une cousine de sa femme, au château de Bessonis, près d'Aurillac. Il y est arrêté et conduit à Paris sous escorte, le 19 août.

Ney est incarcéré à la Conciergerie, en attendant d'être jugé par un Conseil de guerre présidé par le maréchal Jourdan. Il sera défendu par les avocats Berryer et Dupin. Le 9 novembre, le conseil de Guerre tient son audience. Mais à la surprise de tous, il refuse la compétence du tribunal, pourtant dirigé par un vieux camarade de combat, auprès duquel il pouvait espérer une certaine compréhension. Au contraire, en tant que pair lui-même, il demande à être jugé par la Chambre des pairs.

C'est parfaitement son droit, mais l'assemblée regroupe tout ce que le pays compte de personnalités royalistes et il n'a aucune indulgence à attendre d'elle. Le conseil se déclare donc incompétent et la suite aura lieu devant la Chambre, siégeant en Haute Cour. Comme l'observe Lamartine : « Les maréchaux et les généraux pouvaient se souvenir de ses exploits, les pairs ne verront que le crime. »

Tel est l'homme qui vient de faire son entrée dans l'hémicycle du palais du Luxembourg et qu'on va maintenant juger.

Le maréchal Ney est toujours défendu par les avocats Berryer et Dupin. Ceux-ci ont conscience que, dans un milieu aussi hostile, ils ne peuvent espérer aboutir que grâce à des arguments juridiques… Lors d'une de ses campagnes, le maréchal Ney avait obtenu, à titre honorifique, la nationalité prussienne. L'avocat Dupin émet donc une objection préalable :

— Ney ne peut être jugé, car il est prussien et sa nationalité le protège.

Mais son client vient ruiner ses efforts. Il se lève et proclame :

— Je suis français et je resterai français !

Dans ces conditions, les débats s'engagent… Le premier témoin est le duc de Duras, qui se trouvait aux Tuileries, dans le cabinet du roi, lorsque le maréchal Ney y fut introduit, le 9 mars 1815.

— Ney parut entendre avec reconnaissance les assurances que lui donna Sa Majesté de son extrême confiance en lui. Puis, en se retirant, il lui baisa la main et promit de tout entreprendre pour ramener Bonaparte dans une cage de fer.

Les autres témoins racontent comment, avec ses troupes, il était, au début, déterminé à arrêter Napoléon et a changé de camp après sa rencontre avec l'empereur, à Auxerre.

Suspendus, les débats reprennent le 4 décembre, mais rien de plus n'est dit. Le 6 décembre, le procureur Bellart résume les faits, en regrettant que l'accusé n'ait pas su prendre à temps une glorieuse retraite et réclame la mort. L'avocat Berryer fait une plaidoirie émouvante et conclut :

— Le maréchal Ney n'a jamais eu qu'un souverain, sa patrie...

Le verdict se déroule en deux parties : premièrement la culpabilité, deuxièmement la peine. Il a lieu, conformément à la loi en matière de haute trahison, en l'absence de l'accusé. Pour la culpabilité, les pairs ont à répondre à trois questions, la troisième étant la plus importante : « Le maréchal Ney a-t-il commis un attentat contre la sûreté de l'État ? » La réponse est 157 « oui », 3 « non » et 1 abstention. Dans ces conditions, la sentence ne fait plus de doute. Elle est prononcée à 11 heures et demie du soir. Le maréchal Ney, reconnu coupable de haute trahison, est condamné à mort par 128 voix, contre 17 en faveur de la déportation. Il est, en outre, radié de la Légion d'honneur.

C'est le lendemain, à 3 heures du matin, que le secrétaire-archiviste de la chambre des pairs, vient lui lire la sentence, dans la cellule du palais du Luxembourg où il est incarcéré. C'est une petite pièce dans les combles ; une plaque de marbre y a été apposée, en 1935. Le secrétaire lui propose l'assistance d'un prêtre. Ney lui répond :

— Vous m'ennuyez avec votre prêtraille !

Au petit matin, la maréchale vient le visiter, en compagnie de ses quatre enfants ; c'est une entrevue intensément dramatique...

Le 7 décembre 1815, à 8 h 30, un fiacre escorté de soldats vient le chercher... Sa femme ira un peu plus tard demander sa grâce à Louis XVIII. Mais volontairement ou non, on l'a mal renseignée sur l'heure de l'exécution. Quand elle se présente au palais, son mari a déjà été fusillé. C'est le comte d'Artois qui la reçoit. Il lui annonce laconiquement :

— Madame, votre demande n'a plus d'objet…

Après avoir été extrait de sa cellule, le maréchal Ney est conduit, non dans la plaine de Grenelle où ont lieu traditionnellement les exécutions par fusillade, mais tout près de son lieu d'incarcération, à l'Observatoire, car on craint des manifestations bonapartistes, voire des tentatives pour le faire évader.

Arrivé à l'extrémité des jardins qui prolongent celui du Luxembourg, Ney descend de son véhicule. Un abbé est là et vient vers lui. Il choisit de ne pas le repousser. Il enlève son chapeau et s'agenouille, tandis que le religieux lui donne une courte bénédiction… Les soldats qui vont le fusiller sont là. Il se relève et dit d'une voix forte :

— Je proteste que le jugement qui me condamne est inique ! J'en appelle à l'Europe et à la postérité.

Le maréchal demande au commandant du peloton d'exécution comment il doit se placer. Ce dernier lui indique le mur en face de lui. Il s'écrie, montrant sa poitrine.

— Faites votre devoir. C'est là qu'il faut frapper. Ne me manquez pas.

Il veut commencer un discours :

— Mon honneur…

Mais c'est plus que n'en peut supporter le commandant. Il reprend la parole, tourné vers ses hommes.

— En joue… Feu !

Il y a une grande détonation. Le maréchal Ney tombe face contre terre, d'une seule masse, sans aucune convulsion, dans une mare de sang. Les tambours battent, les soldats crient :

— Vive le roi !…

Contrairement aux craintes des autorités, aucun rassemblement n'a lieu. Seuls de rares badauds sont présents. Conformément à la coutume en vigueur à l'époque, la dépouille reste quinze minutes seule. Un cavalier britannique fait sauter son cheval par-dessus le cadavre. Un officier russe, qui a exprimé ostensiblement sa joie, est renvoyé de l'armée par le tzar Alexandre Ier, qui a toujours apprécié le maréchal.

Des soldats arrivent enfin, portant une civière. Le corps est emmené vers l'hospice voisin de la Maternité où il demeure deux jours avant d'être mis en bière. Il est alors inhumé au Père-Lachaise sous une simple dalle sans nom.

Apprenant la nouvelle à Sainte-Hélène, Napoléon aurait dit, en guise d'oraison funèbre :

— C'était un brave, personne ne l'était plus que lui, mais c'était un fou !

Ce jugement sévère sanctionne une fin de carrière, au cours de laquelle, par ses revirements successifs, le maréchal aura fini par dresser contre lui les uns et les autres…

Mais cette désaffection ne dure pas. En 1831, Louis-Philippe réhabilite le maréchal Ney et le réinscrit sur les listes de la Légion d'honneur. En 1848, le gouvernement provisoire de la IIe République décide d'ériger une statue à l'endroit où il a été fusillé. Confiée à François Rude, elle est considérée comme un de ses chefs-d'œuvre. Elle a été inaugurée en 1853 et légèrement déplacée, lors de la réalisation du RER B.

Alors, peut-on dire que Michel Ney, condamné et exécuté pour haute trahison, a été un traître ? Contrairement aux apparences, certainement pas. Est un traître, celui qui, pour de l'argent ou par idéologie, prend le parti de l'ennemi contre son propre pays. Or, ainsi que son avocat l'a dit : « Le maréchal Ney n'a jamais eu qu'un souverain : sa patrie. »

S'il a été jugé et reconnu coupable, c'est qu'il a effectivement trahi sa parole envers Louis XVIII. Dans des moments critiques où les événements peuvent basculer d'un côté ou de l'autre, sa volte-face a eu un effet déterminant. Elle a contribué incontestablement au retour de Napoléon et à l'épisode des Cent jours qui a suivi.

Mais si l'on y réfléchit bien, ce n'est pas à ce moment que le maréchal a vraiment trahi, c'est quand, après l'abdication de l'empereur, il a accepté de se laisser charger d'honneurs par la royauté. Comment a-t-il pu supporter ce reniement de son passé, lui, le Brave des braves, qui s'était couvert de gloire sur tous les champs de bataille, lui qui, bien que maréchal, chargeait à la tête de ses troupes ? Et comment, retrouvant Napoléon, aurait-il pu faire autrement que de reprendre l'aventure à ses côtés ? La faute du maréchal Ney a été de se trahir lui-même. À partir de là, la catastrophe était probable, sinon inévitable.

25

Traîtres de père en fils

En apparence, toutes les bonnes fées se sont penchées sur le berceau d'Harry St. John Philby, lorsqu'il naît, le 3 avril 1885, à Badulla, dans l'île de Ceylan, l'actuel Sri Lanka. Tout autour de la grande maison coloniale, les champs de thé s'étendent à perte de vue. Ils ont fait la fortune de sa famille, qui est l'une des plus prospères de la région.

Mais une mauvaise fée s'est glissée dans le cortège et elle ne tarde pas à se manifester. Presque tout de suite après sa naissance, les cours du thé s'effondrent. Montague Philby, le père, avait fait d'importants investissements pour assurer la croissance de l'entreprise et celle-ci n'y résiste pas. En moins d'un an, c'est la faillite. La raison de Montague n'y résiste pas non plus : il faut l'interner. Madame Philby n'a d'autre choix que de rentrer au pays avec son fils.

Courageusement, elle fait face. Elle ouvre, à Londres, une pension pour les militaires de passage, ce qui lui permet de vivre à peu près décemment. Mais ce qui compte vraiment pour elle, c'est son fils, qu'elle a pris l'habitude d'appeler par son second et curieux prénom St. John. Elle nourrit de grands espoirs pour lui et elle n'est pas déçue. Le jeune St. John réussit le concours des bourses et, grâce à cela, parvient à intégrer la prestigieuse université de Cambridge.

En apparence, tout s'est passé selon ses vœux : son fils a pris une éclatante revanche sur le destin et l'avenir qui s'ouvre à lui est celui de toutes les élites britanniques. Malheureusement pour elle, ce n'est pas ce qui va se produire. St. John Philby va rejeter avec violence la bonne société qui l'entoure et son pays lui-même. Autrement dit, il va devenir un traître. Et cela ne s'arrêtera pas là : son fils suivra, plus tard, ses traces. Chez les Philby, on va devenir traître de père en fils !

Intellectuellement, St. John Philby ne dépare par parmi ses condisciples de Cambridge. Bien au contraire, il figure parmi les plus brillants, ce qui lui vaut d'être admis dans l'un des cercles privés typiquement britanniques, qui sont nombreux à l'université. Mais si on respecte son intelligence, le boursier qu'il est se voit traité avec mépris par tous ceux qui doivent leur présence dans cette institution, à leur fortune ou à leur rang social.

Lui, de son côté, prend vite en haine ces fils de millionnaires et de lords, qui ne sont que des snobs sans cervelle… En ce début du XXe siècle, le bouillonnement des idées est intense. Il se convertit au socialisme et devient athée. Il se rapproche des étudiants qui partagent les mêmes idées, notamment Jawaharlal Nehru, avec lequel il a d'interminables échanges politiques. Ce jeune homme, originaire du Cachemire, professe une idée invraisemblable à l'époque : l'indépendance de l'Inde. C'est aussi l'un des esprits les plus brillants que St. John ait rencontré et il n'y a que cela qui compte pour lui : il propose aux membres de son club de l'admettre parmi eux. Il déclenche un beau concert d'indignation.

— Un indigène parmi nous ! Tu as perdu la raison ?

— Il n'a même pas la peau blanche…

Cet échec ne fait que le renforcer dans sa détestation de la gentry. Mais le conservatisme qui l'entoure, ne l'incite pas à la prudence. Il est bien décidé, quand l'occasion se présentera, à réaliser un nouveau coup d'éclat !

1908, St. John Philby a vingt-trois ans et son diplôme en poche. Son mauvais esprit est connu des autorités, mais ses mérites sont à ce point remarquables qu'il est envoyé aux Indes, dans le *civil service*, la haute administration du pays. Peu après, il tombe amoureux d'une ravissante anglaise, Dora Johnston. Ils ont une liaison, ce n'est pas trop choquant, même à l'époque, mais la suite est franchement scandaleuse. Peu après le début de leur aventure, il propose à Dora :

— Voulez-vous m'épouser ?

La jeune femme ouvre de grands yeux.

— Vous n'êtes pas sérieux ?

— Tout ce qu'il y a de sérieux !

— Mais ce n'est pas possible !

— Aucune loi ne l'interdit. Alors, votre réponse ?

La réponse est « oui » et le couple est, dès lors, en butte à la réprobation de son entourage. Car si, effectivement, aucune loi ne l'interdit, une tradition exige que les membres du *civil service* attendent au moins cinq années après leur entrée en poste, pour se marier.

À la suite de ce pied de nez aux autorités, St. John Philby voit sa carrière piétiner. Pendant des années, il est confiné à des postes de second ordre. Mais il s'en moque, d'autant qu'en 1912, il a la joie qu'il attendait : Dora donne naissance à un fils. Il lui ressemble ; comme lui, il est brun aux yeux bleus. Il le prénomme Harold Adrian Russel, mais il ne l'appellera jamais autrement que Kim.

St. John était prêt à végéter des années, pourtant, le destin en décide autrement. En 1914, la guerre éclate et les qualités qui sont les siennes, notamment le fait qu'il parle arabe couramment, lui valent d'être envoyé en Mésopotamie, l'actuel Irak, en guerre contre l'Empire ottoman, allié des Allemands.

Dora, Kim et ses sœurs nées après lui, regagnent l'Angleterre et St. John Philby débarque à Bassora. Sa mission est de convaincre les Bédouins de se ranger avec les Anglais contre les Turcs. C'est exactement la même que celle de T. E. Lawrence, le fameux Lawrence d'Arabie, qui est sur les lieux en même temps que lui. Les deux hommes se rencontrent à plusieurs reprises, mais n'éprouvent aucune sympathie l'un pour l'autre.

En tout cas, tout comme son illustre compatriote, St. John est immédiatement fasciné par le pays qu'il découvre. Il s'adapte sans peine à l'environnement et à la population et contribue à renforcer l'implantation britannique dans la région. Tant et si bien qu'à l'automne 1917, il est chargé d'une autre mission, plus délicate encore : se rendre dans la péninsule Arabique, pour resserrer les liens avec Ibn Séoud, émir de Riyad.

L'Arabie est alors divisée entre deux clans : la dynastie Hachémite, gardienne des lieux saints de La Mecque et Ibn Séoud, chef de la secte des Wahhabites. Les deux lignées s'opposent vivement entre elles, parfois par les armes… L'Angleterre est traditionnellement alliée avec les Hachémites et St. John Philby est chargé de faire en sorte qu'Ibn Séoud garde quand même de bons rapports avec les Britanniques.

Là encore, il s'acquitte parfaitement de sa mission. Il réussit à se faire accepter dans l'entourage d'Ibn Séoud et il devient un de ses proches, presque un ami. Il acquiert aussi une certitude : les Wahhabites vont l'emporter sur les Hachémites et, bientôt, ce seront eux les maîtres du pays. Les Anglais se trompent en soutenant leurs adversaires. Il le dit à ses supérieurs, qui ne veulent rien entendre. Il n'insiste pas et, à la fin de la guerre, en décembre 1918, il rentre au pays.

Il y retrouve Dora et Kim. Ce dernier est un enfant aimable, doué et travailleur. Malgré ses six ans, il manifeste les plus vives dispositions intellectuelles. St. John est persuadé qu'il marchera sur ses traces, qu'il réussira au concours des bourses et qu'il intégrera ensuite Cambridge…

En 1924, il apprend une nouvelle qui ne le surprend pas : les Wahhabites d'Ibn Séoud l'ont emporté sur les Hachémites et se sont emparés des lieux saints. La péninsule Arabique prend, dès lors, le nom d'Arabie Saoudite. Il démissionne de l'Administration et y retourne. Cette fois, il va agir en son propre nom. Il dit « se sentir plus arabe qu'anglais », il adopte le costume local, se fait appeler Cheik Abdallah et devient le conseiller officieux d'Ibn Séoud...

Il revient quelque temps chez lui, en 1929, car il vient d'apprendre une grande nouvelle : Kim Philby, âgé maintenant de dix-sept ans, a remporté brillamment, comme lui-même à son époque, le concours des bourses. En retrouvant son fils, il a l'impression de se revoir lui-même. Il lui ressemble physiquement : il a la même allure irrésistible, avec ses yeux bleus et ses cheveux bruns et il est également grand amateur de femmes.

Mais la ressemblance est tout aussi grande en ce qui concerne la personnalité. St. John s'en rend compte dès leur première conversation.

— Tu as l'intention d'entrer à Cambridge ?

— Oui, mais pas pour faire partie de la gentry. Je déteste ces gens-là autant que je les méprise !

— J'espère que tu vas leur montrer qui tu es !

— Non, père. Je vais, au contraire, faire semblant d'être des leurs. C'est après que je prendrai ma revanche...

St. John s'en va sur ces paroles, qu'il ne comprend pas entièrement, mais qui le remplissent d'aise. Revenu en Arabie, il se convertit à l'Islam, ce qui lui ouvre les portes du conseil privé d'Ibn Séoud. Il devient, dès lors, son plus proche collaborateur. Il le voit deux fois par jour, sauf le vendredi, consacré à la prière. Ils parlent ensemble de toutes les affaires de l'État et le souverain lui fait une totale confiance. St. John Philby sent que son heure va arriver ; il ne se trompe pas, elle est toute proche.

Le grand atout de l'Arabie, c'est son pétrole. Sa découverte n'en est encore qu'aux débuts, mais on pressent que les réserves sont considérables, peut-être les plus importantes du monde. En 1933, arrivent à Riyad les représentants de la compagnie américaine Standard Oil of California, avec tout un projet d'exploitation du sous-sol. Ils se trouvent en concurrence avec les Anglais de l'Anglo-Persian Oil company, implantés depuis longtemps dans la région, chez le voisin irakien.

Très imprudemment, leur responsable, Stephen Longrigg, croit avoir, en St. John Philby, un allié auprès du roi, en raison de leur nationalité commune. Il le met au courant des propositions commerciales de sa société. St. John s'empresse de les communiquer à ses concurrents, pour qu'ils fassent des offres plus avantageuses. Après quoi, il lui est facile de convaincre le souverain.

— Tu vois combien les Américains te proposent en plus ! Tu n'as pas à hésiter.

— Oui, mais les Anglais sont depuis plus longtemps dans la région, ils ont plus d'expérience.

— Ils sont en Irak, pas en Arabie. Ils favoriseront toujours les Irakiens contre toi…

Et Ibn Séoud, convaincu, signe avec la Standard Oil. C'est une perte immense pour les Anglais. Non seulement une perte financière, mais une perte stratégique. Jusque-là, l'Arabie était dans leur sphère d'influence, à présent, elle passe aux Américains et elle l'est encore aujourd'hui.

St. John Philby peut triompher. Il a porté à son pays, qu'il déteste, un coup aussi dur que la perte d'une bataille. Il devient un des hommes les plus haïs de ses compatriotes et il le leur rend bien. Il se promène dans les clubs de Riyad, avec deux babouins, qu'il présente comme « les plus respectables membres de la communauté anglaise locale ». Maintenant, il attend que son fils fasse aussi bien que lui. Et Kim va faire mieux encore, il va le surpasser.

À Cambridge, Kim Philby n'est pas resté inactif. Comme son père, il professe des idées avancées, mais les temps ne sont plus les mêmes : St. John était socialiste, lui, est communiste. Autre différence, il n'affiche pas ses opinions. Il en discute, mais en secret, avec un petit groupe d'étudiants aussi convaincus que lui.

Deux d'entre eux, appartiennent au plus prestigieux club de l'université : la « Société des Apôtres », ainsi nommée, non pour des raisons religieuses, mais parce que ses membres sont douze, comme les compagnons du Christ. Ces deux communistes pour le moins atypiques sont Guy Burgess, un aristocrate anticonformiste, qui n'hésite pas à afficher son homosexualité et Anthony Blunt, fils d'un pasteur, homosexuel lui aussi, un jeune enseignant si brillant qu'il a presque l'âge de ses élèves.

En outre, Kim Philby, qui est, comme son père, un homme à femmes, est en relation avec deux condisciples, qui ne font pas partie de la Société des Apôtres, mais qui sont des marxistes tout aussi convaincus : Donald Maclean et John Cairncross. À eux cinq, ils forment un groupe dont il a pris la tête, une sorte de cercle des poètes disparus, animé par la politique et pratiquant un secret absolu. Plus tard, ils deviendront tous espions et entreront dans l'histoire sous le nom des « Cinq magnifiques »...

En 1933, Philby obtient son diplôme d'économie et il estime que le moment est venu de découvrir le monde. Mais le monde, pour lui, est celui du combat politique. Muni d'une lettre d'introduction d'un de ses professeurs marxistes, il se rend à Vienne où une guerre civile vient d'éclater entre les milices d'extrême droite et les groupes socialistes et communistes.

Grâce à son passeport britannique, il assure la liaison entre les cellules communistes de la capitale. Jour après jour, il prend les plus grands risques. Il aurait pu y récolter une blessure, voire y laisser la vie, il va, au contraire, rencontrer l'amour...

Alice Friedman, surnommée Litzy, est une militante du PC autrichien, avec laquelle il se trouve fréquemment en contact. C'est une brunette piquante, un petit bout de bonne femme, aussi spirituelle que courageuse et au sourire charmant. Il ne peut y résister et il rentre avec elle en Angleterre, où il l'épouse.

À Londres, Litzy, s'inscrit tout naturellement au Parti communiste anglais. Kim, s'apprête à la rejoindre, mais il va changer d'avis. Quelques jours plus tard, Litzy lui déclare :

— Quelqu'un m'a parlé. Il veut te rencontrer.

— Qui est-ce ?

— Je ne sais pas. Il ne le dira qu'à toi.

— Quand va-t-il venir ?

— Il ne viendra pas chez nous. Il te propose un rendez-vous.

Et Litzy lui désigne un banc de Regent's park, le grand parc au centre de Londres.

Kim Philby s'y rend, très intrigué. Il se trouve en présence d'un homme de haute taille, parlant anglais avec un accent d'Europe centrale.

— Je suis heureux de faire votre connaissance, Monsieur Philby. Je m'appelle Arnold Deutsch. Vous avez fait un excellent travail en Autriche !

— Comment me connaissez-vous ?

— Le Komintern vous connaît bien et il s'intéresse à vous.

Kim Philby essaie de ne pas manifester la surprise. Le Komintern est la puissante organisation internationale communiste, dirigée par Staline. Il est très impressionné de se trouver devant un de ses représentants… Arnold Deutsch poursuit :

— Vous vous apprêtiez à entrer au PC britannique. C'est une démarche louable, mais il y a beaucoup mieux à faire.

— Quoi ?

— Rien ! En travaillant de manière clandestine, vous rendrez bien plus de services à la cause. On ne doit pas savoir vos opinions. Rajoutez-en même, si vous le pouvez. Faites-vous passer pour un de nos adversaires extrémistes, un nazi, un fasciste.

Kim Philby a parfaitement compris et il joue le jeu à la perfection. En juillet 1936, lorsqu'éclate la Guerre d'Espagne, il obtient de couvrir le conflit pour un journal conservateur, le vénérable *Times*. Pendant toute la durée de la guerre, il se tient du côté franquiste, auquel il manifeste toute sa sympathie dans ses articles. Prenant de gros risques, il va, en même temps, donner des renseignements à Alexandre Orlov, chef du Komintern d'Espagne, qu'il rencontre de l'autre côté de la frontière française.

En 1937, il est blessé devant Teruel par un éclat d'obus républicain, ce qui lui vaut d'être décoré de la médaille du Mérite militaire, par Franco en personne. Son image, la tête bandée, aux côtés du général nationaliste, est largement reproduite dans la presse et lui vaut d'être définitivement étiqueté comme un homme de droite.

Cette réputation s'avère décisive… À l'été 1940, après la défaite de la France, Kim Philby est engagé dans les services secrets britanniques, l'ancien Intelligence Service, appelé désormais le MI 6. Ses responsables n'ont considéré que ses activités récentes. Son mariage avec une militante communiste ne les a pas alertés…

Pendant toute la guerre, Philby sert fidèlement son pays. Il n'a évidemment pas la moindre sympathie pour les nazis et, de plus, l'Angleterre et l'URSS sont alliées. Sa personnalité est, en outre, vivement appréciée. Il est sympathique, un peu bohème, il plaît à tous par sa vive intelligence, son humour et sa connaissance de plusieurs langues étrangères. Tant et si bien qu'à la mi-1944, il a gravi tous les échelons. C'est maintenant que tout va se jouer.

Il est convoqué par le chef du MI 6 en personne, le lieutenant-colonel Stewart-Menzies. Ce dernier l'accueille avec un large sourire.

— Que pensez-vous de la guerre, Philby ?

— Je pense qu'Hitler est fichu, colonel. Maintenant que nous avons débarqué en France, les Allemands ne pourront plus tenir longtemps.

— C'est bien mon avis et celui du gouvernement. C'est pourquoi, il faut dès à présent envisager les choses différemment. Les Russes sont encore nos alliés, mais plus pour longtemps. Dès la guerre terminée, nos vrais adversaires, ce seront eux.

Kim Philby écoute de toutes ses oreilles. Le lieutenant-colonel Stewart-Menzies poursuit :

— C'est pourquoi, nous avons décidé de créer un service de renseignement anti-soviétique. Nous l'avons nommé R5. Acceptez-vous d'en prendre la tête ?

Philby doit faire preuve de tout son flegme britannique, pour répondre, d'une voix où ne transparaît aucune émotion :

— À vos ordres, colonel.

À ce poste clé, il ne tarde pas à faire des ravages. Toutes ses interventions en faveur des Russes ne sont pas connues, mais une seule l'est avec certitude, l'affaire Volkov. Il s'agit d'un haut fonctionnaire, responsable de l'espionnage soviétique pour le Moyen Orient. À l'approche de la fin de la guerre, il se sent menacé par Staline, sans doute avec raison, et prend contact avec les services anglais pour passer à l'Ouest.

L'arrivée d'un transfuge de cette importance pourrait apporter aux Occidentaux des renseignements de premier plan. Malheureusement pour Volkov, sa demande arrive entre les mains de Philby et, du jour au lendemain, il disparaît. On n'entendra plus jamais parler de lui.

En 1949, Kim Philby est nommé Premier secrétaire de l'ambassade britannique à Washington et participe à la création de la CIA. Les rapports qu'il fait passer à Moscou permettent d'affaiblir la centrale « pendant au moins trente ans », selon un de ses biographes. Il apporte des informations sur la bombe atomique et il fait échouer plusieurs opérations secrètes.

La plus célèbre est l'opération *Valuable*. Il s'agit d'un commando envoyé en Albanie par les Américains, pour renverser le régime communiste d'Enver Hodja. Mais inexplicablement, des soldats adverses sont là pour les attendre. Tous les membres de la troupe sont arrêtés et jugés dans un procès à grand spectacle, avant d'être fusillés. La même chose se produit en Lettonie, en Lituanie, en Biélorussie et en Ukraine : les Russes sont toujours là au moment où les commandos arrivent.

L'idée d'une trahison commence à se faire jour, d'autant qu'est intercepté un message secret russe, indiquant qu'il y a une taupe à l'ambassade anglaise de Washington. Heureusement pour Philby, c'est lui qui est chargé de l'enquête. Il fait tout ce qu'il peut pour étouffer l'affaire, mais il ne peut empêcher les soupçons de persister. Il est tellement bien considéré qu'ils ne se portent pas sur lui, mais sur deux de ses complices, deux des « Cinq magnifiques », qu'il a réussi à faire engager à l'ambassade : Donald Maclean et Anthony Blunt.

L'étau se resserre sur eux et ils sont envoyés en Angleterre, pour être soumis à une enquête approfondie. Kim Philby est tenu informé de son déroulement et, quelques jours avant un interrogatoire qui doit s'avérer décisif, il leur envoie un télégramme sibyllin : « On va envoyer ta voiture à la casse. » Le 25 mai 1951, les deux hommes quittent l'Angleterre pour l'URSS.

Kim Philby n'est pourtant pas hors de danger, car un nouveau message russe intercepté fait état d'un troisième homme à l'ambassade. Cette fois, enfin, les soupçons se portent sur lui. Interrogé par les services secrets, il se refuse à tout aveu. Il y a sûrement des preuves contre lui, mais le gouvernement répugne à un procès, qui rendrait publique l'incroyable négligence dont il a fait preuve.

Philby doit quitter l'ambassade et il est envoyé en Angleterre. Les autorités continuent à le soutenir, pour dissimuler leur propre échec. Le ministre conservateur des Affaires étrangères, Harold MacMillan le disculpe publiquement, en octobre 1955 et, un mois plus tard, Kim Philby lui-même tient une conférence de presse, dans laquelle, avec l'assurance qui a toujours été la sienne, il balaie les accusations contre lui.

— Moi, communiste ? Ma dernière rencontre avec un communiste remonte à 1934 !

L'opinion s'en contente et, pour éviter un scandale, il est envoyé à Beyrouth, comme correspondant du quotidien *The Observer*. Là, Kim retrouve son père, qui y réside depuis 1953, ayant quitté l'Arabie après la mort d'Ibn Séoud. Il vit avec une femme musulmane et il est professeur à l'Université américaine où il se montre un ardent défenseur des Arabes.

Que se sont dits les deux hommes, qui avaient, chacun à leur manière, réussi ce qu'ils avaient décidé ? On ne le saura pas, car ils n'en ont rien dit. On peut imaginer qu'ils ont passé de bons moments en évoquant leurs souvenirs et la complicité qui les a toujours unis. Ces retrouvailles ne durent pas plus de quatre ans : St. John Philby meurt en 1960, à l'âge de soixante-quinze ans.

Avec le temps, l'étau se resserre autour de son fils, ce quinquagénaire aux yeux bleus et au charme toujours aussi irrésistible. Il boit de plus en plus dans son appartement de la rue Kantari ou dans les bars d'hôtels. Le plus grave pour lui est le changement de camp d'Anatoly Golitsyn, officier du KGB, avec lequel il a été en rapport, et qui, s'il ne le met pas publiquement en cause, a certainement fait des révélations aux services britanniques.

C'est sans doute à la suite de celles-ci qu'il reçoit la visite d'un vieil ami, Nicholas Eliott. Mais il n'est pas là par amitié. Il est envoyé par Londres, en mission officielle.

— Le gouvernement veut clore ton affaire. Si tu fais une confession complète, il te garantit l'immunité.

— Une confession de quoi ?

— De tes activités pour les Russes. Tu sais parfaitement de quoi je veux parler.

— Et si je le faisais, quelle garantie aurais-je ?

— Un document officiel, signé par les autorités…

Kim Philby n'est, malgré tout, pas convaincu. Il craint un piège, il fait traîner les discussions en longueur. Début 1963, il finit par accepter du bout des lèvres, mais tout de suite après, il se rétracte. Le 23 janvier 1963, il est invité à une réception donnée par l'ambassade britannique et il se rend compte qu'il doit prendre une décision.

À 17 h 30, alors qu'une pluie torrentielle s'abat sur Beyrouth, il laisse un mot à sa femme Eleanor – sa troisième, car Litzy a été depuis longtemps remplacée –, pour lui dire d'aller sans lui à la soirée de l'ambassade et il prend la direction du port où mouille la *Dolmatova*, un cargo sous pavillon soviétique. Le 24 janvier au petit matin, la *Dolmatova* appareille en direction d'Odessa, en laissant sur le quai la cargaison qu'elle devait embarquer.

Kim Philby retrouve à Moscou Burgess et Maclean. Des trois, c'est lui qui supporte le mieux l'exil. Il devient une sorte de personnalité de l'espionnage. De temps à autre, il donne au KGB des conférences pour les nouveaux espions. Ceux qui sont envoyés à l'Ouest lui rapportent de la marmelade d'orange. Il épouse Roufina Poukhova, une jeune femme membre des services secrets. C'est la quatrième et ce sera la dernière. Il vit modestement, avec un salaire qui n'a rien à voir avec les fastes de sa vie d'antan.

En 1968, il publie *Ma guerre silencieuse*, récit très expurgé de ses années d'espionnage. Il garde une notoriété certaine dans son pays d'adoption. Des timbres sont émis à son effigie. Parfois des journalistes occidentaux viennent l'interroger. Car, maintenant, sa trahison est connue de tous à l'Ouest, suscitant, d'ailleurs, plus de curiosité qu'autre chose. Et c'est dans ce climat qu'il meurt, le 11 mai 1988, d'une crise cardiaque.

Il est enterré dans le cimetière de Kountsevo, celui des héros de l'Union soviétique, en présence de centaines de personnes, dont beaucoup d'officiels, et de sa femme Roufina. La tombe croule sous les fleurs. Une unité militaire tire trois salves d'honneur. Car cet ancien officier du MI 6 avait rang de général du KGB. Il était aussi le seul au monde à être décoré à la fois de l'ordre de l'Empire britannique et de l'ordre soviétique du Drapeau rouge.

Ainsi s'est terminée l'existence si peu ordinaire du second des Philby. Un an plus tard, c'était la disparition du bloc communiste et, deux ans après, celle de l'URSS elle-même. Kim Philby est mort juste à temps pour ne pas assister à la fin de ses illusions et à l'écroulement de son rêve.

26

La meilleure amie

Linda Tripp écoute la voix de son interlocutrice sans vraiment faire attention à ses propos. Elle est au téléphone avec elle depuis bientôt un quart d'heure et il n'y a rien d'intéressant dans ce qu'elle lui dit. Elle s'épanche, elle lui fait part de ses états d'âme. C'est une incorrigible romantique, Monica, une rêveuse ! Elle parle de ses moments passés à la Maison Blanche, du béguin qu'elle avait à ce moment-là pour le président Clinton. Malheureusement, l'entourage présidentiel a dû s'en rendre compte, car elle a été brusquement mutée au Pentagone...

Linda Tripp pousse un soupir las sur son canapé, le combiné à la main. Elle a la cinquantaine fatiguée. C'est une blonde aux traits épais, avec une tendance à l'embonpoint, qu'elle combat comme elle peut. Elle déclare sans conviction :

— Il va y avoir la cérémonie de réélection. Essaie de te faire remarquer de lui. Là, tu auras tes chances.

En effet, Bill Clinton, après avoir été élu une première fois en 1992, vient d'être reconduit pour un second mandat, début novembre 1996. Et il va organiser sous peu une fête pour les collaborateurs de son parti, parmi lesquels figure Monica... Celle-ci s'est tue brusquement.

— Monica tu es toujours là ?

Il y a un nouveau silence et l'interpellée reprend la parole. Mais sa voix n'est plus la même, elle est hésitante, émue.

— Linda, tu es vraiment ma meilleure amie ?

— Bien sûr, ma chérie ! Comment peux-tu en douter ?

— Je vais te dire quelque chose, mais il faut jurer de ne pas le répéter.

— Je te le jure !

— Eh bien voilà : j'ai été la maîtresse de Bill !

— Qu'est-ce que tu dis ?

— J'ai été la maîtresse du président.

— Mais c'est extraordinaire ! Donne-moi des détails. Vous avez fait quoi ? C'était comment ?

— Je ne veux pas en parler maintenant. Plus tard, peut-être…

Linda Tripp essaie encore d'avoir des informations, mais elle se rend compte que c'est inutile. Alors, elle prend une décision : acheter un magnétophone et enregistrer ses conversations avec Monica Lewinsky.

Comme dans une partie de bridge, les protagonistes de cette histoire sont quatre. Il va y être question de passions banales, voire mesquines, mais comme l'un d'eux est à la tête du pays le plus puissant de la planète, le monde entier va connaître ce qui va suivre dans les moindres détails…

Le personnage qui est à l'origine de toute l'affaire est aussi le plus insignifiant. Linda Tripp a quarante-six ans en cette fin 1996. Issue d'un milieu modeste, femme d'officier, elle est embauchée en 1990 à un poste administratif à la Maison Blanche. C'est une militante républicaine convaincue. Lorsqu'elle prend ses fonctions, c'est justement ce parti qui est au pouvoir, avec George Bush senior, et tout va bien dans son travail.

Mais les choses changent, deux ans plus tard, avec l'élection du démocrate Bill Clinton. Non seulement, il est du parti adverse, mais l'homme lui déplait. Il est désinvolte, anticonformiste, on dit qu'il multiplie les aventures féminines. Sans doute pour des raisons politiques, Linda est mutée peu après et se voit affectée au Pentagone, à un poste qu'elle juge sans intérêt.

En même temps, elle connaît une période difficile dans sa vie privée. Son mari demande le divorce et elle doit organiser sa vie seule. Dès lors, elle rumine sa rancœur, cherchant de quelle manière elle pourrait nuire à ce président détesté. Se souvenant d'avoir vu une collaboratrice occasionnelle du parti démocrate, Katheleen Willey, sortir du bureau de Clinton le corsage défait et le rouge à lèvres en bataille, elle va le confier à l'hebdomadaire *Newsweek*. Mais son témoignage n'est pas jugé assez crédible et les choses en restent là. C'est alors qu'elle fait la connaissance d'une nouvelle arrivante au Pentagone, Monica Lewinsky.

Le moins qu'on puisse dire, c'est que les deux femmes ne se ressemblent pas. Par l'âge, d'abord. Monica Lewinsky a vingt-quatre ans, elle pourrait être la fille de Linda, qui a d'ailleurs une fille à peu près du même âge qu'elle. Ensuite, elle est aussi brune que l'autre est blonde, avec la fraîcheur en plus. C'est une beauté épanouie, peut-être un peu vulgaire, en tout cas, avec beaucoup de charme.

Leur milieu d'origine les sépare également. Monica Lewinsky appartient à une famille tout ce qu'il y a de huppé. Elle a grandi à Beverly Hills, le quartier le plus sélect de Los Angeles ; elle est la fille d'un cancérologue réputé. Enfin, elles sont d'opinions opposées : Monica est aussi résolument démocrate que Linda est farouchement républicaine.

Elles font pourtant la même carrière. Sur recommandation d'un riche homme d'affaires de New York, ami de ses parents et mécène du Parti démocrate, Monica Lewinsky entre, en juin 1995, à la Maison Blanche, comme stagiaire. Elle n'est pas rémunérée, mais son poste la met souvent en contact avec le président.

C'est là que se produit l'événement : à la fin de l'année 1995, Bill Clinton et elle deviennent amants. Leurs rapports amoureux ont lieu dans le bureau présidentiel. Étant donné la clandestinité, ils sont brefs, mais il s'agit d'une véritable liaison. Elle est, comme on peut l'imaginer, folle de lui, mais lui aussi semble épris : il lui fait de petits cadeaux, il a des conversations tendres au téléphone avec elle.

Malgré les précautions qu'ils prennent, l'entourage du président ne tarde pas à réagir. Il trouve suspecte l'insistance de Monica à se trouver en sa compagnie et, en avril 1996, elle est mutée au Pentagone. Bill ne s'oppose pas à son éloignement, soit par prudence, soit parce qu'il n'a plus de sentiments pour elle.

La voilà donc, désespérée, séparée de celui qu'elle aime… Lorsqu'elle rencontre Linda Tripp, dans le même service du Pentagone, elles sympathisent. Elles sont toutes deux d'humeur sombre et elles ont en commun la nostalgie de la Maison Blanche, même si ce n'est pas pour les mêmes raisons. Mais très rapidement les sentiments de l'une et de l'autre évoluent. Monica trouve immédiatement un réconfort dans cette grande sœur qui a plutôt l'âge d'être sa mère. Tout de suite, elle fait d'elle sa confidente, sans lui dire toutefois la vérité sur sa relation avec le président.

Linda Tripp n'a pas du tout le même état d'esprit. Bien loin d'avoir de la sympathie pour Monica, elle la juge comme une écervelée. La petite est intelligente et elle a fait des études, mais affectivement, c'est une midinette. Monica est, de toute évidence, amoureuse du président. Y a-t-il eu autre chose ? Bien que l'autre jure que non, Linda n'en est pas persuadée…

Le troisième personnage est le plus célèbre. William Jefferson Clinton, appelé communément Bill Clinton, est né en 1946, dans une famille pauvre du Sud. Enfant, il joue avec brio du saxophone et songe même un moment à devenir musicien, mais une rencontre avec John Kennedy décide de son destin : il fera de la politique.

Il révèle aussitôt d'étonnantes dispositions, il est même si doué qu'en 1978, à trente-deux ans, il est gouverneur de l'Arkansas. C'est le plus jeune élu du pays à ce poste. En

1992, désigné comme candidat démocrate à la présidence, il l'emporte facilement sur le sortant George Bush et il réédite ce succès quatre ans plus tard.

Sa présidence, qui se déroule dans une période de prospérité, est aussi brillante sur le plan intérieur qu'international et il bénéficie d'une popularité remarquable durant tout son mandat. Sa personnalité le fait pourtant détester de la partie la plus conservatrice de l'opinion. Il s'est arrangé pour ne pas faire la guerre du Vietnam, il a été un grand coureur de jupons et on dit que ce n'est pas terminé, il a avoué avoir fumé de la marijuana durant sa jeunesse. Pour toutes ces raisons, Clinton est l'objet de violentes critiques. Il les méprise, considérant que seules comptent les questions politiques. Il a tort…

Le dernier protagoniste est déjà en action depuis quatre ans, en cette fin d'année 1996. Durant la première campagne électorale de Bill Clinton, ses adversaires avaient évoqué l'affaire Whitewater, une opération immobilière frauduleuse, dans laquelle il aurait trempé quand il était gouverneur de l'Arkansas. L'accusation a fait du bruit et, après l'élection, la pression de l'opinion publique oblige la ministre de la Justice, Janet Reno, à nommer un « procureur indépendant », chargé d'instruire le dossier. D'après la constitution, c'est au Sénat de le choisir et, comme il est en majorité républicain, il opte pour un républicain, Kenneth Starr.

Né en 1946, Kenneth Starr a exactement le même âge que le président, mais c'est bien son seul point commun avec lui ! S'il est théoriquement indépendant, dans la réalité, il est loin de l'être. Il appartient à cette frange ultra-conservatrice qui hait le locataire de la Maison Blanche. Il ne boit pas, ne fume pas et donne des cours de catéchisme le dimanche. Son père était pasteur et sa mère est si rigoriste qu'elle dénonce le goût de son fils pour le café comme un péché horrible. Sa distraction préférée, quand il était enfant, était de cirer, le dimanche, les chaussures de la famille. Dans ces conditions, on peut imaginer ce qu'il pense de ce démocrate socialisant, tombeur de filles, fumeur de marijuana et opposé à la guerre du Vietnam !

Aussi, c'est d'un véritable acharnement que Kenneth Starr fait preuve, dès qu'il est nommé à son poste. Il emploie des moyens sans précédent pour son enquête : une centaine d'avocats, plusieurs centaines d'agents du FBI. Il fouille en tous sens l'Arkansas, mais au bout de quatre ans, il n'a rien trouvé. Il a dépensé en pure perte trente millions de dollars aux frais du contribuable : impossible de prouver l'implication de Bill Clinton dans ce scandale immobilier.

C'est dire qu'en cette fin 1996, alors que commence le second mandat du président, le procureur « indépendant » broie du noir. C'est un échec cuisant, qui risque de compromettre sa carrière. Alors, en désespoir de cause, il pense à la piste sexuelle. Peut-être ce fornicateur de Clinton a-t-il fait des confidences à l'une ou l'autre sur l'oreiller…

C'est ainsi qu'il s'intéresse à Paula Jones. Cette ancienne fonctionnaire de l'Arkansas poursuit Bill Clinton pour harcèlement, du temps où il était gouverneur. Bien que les faits soient déjà anciens, elle s'en est souvenu seulement quand il a été élu président et lui réclame sept cent mille dollars pour préjudice moral. Parmi les personnes citées, figure Linda Tripp, à cause de sa dénonciation concernant Katheleen Willey. Elle est, en quelque sorte, un témoin d'immoralité du président.

Après avoir fait son aveu, Monica Lewinsky n'en dit pas plus à son « amie ». Elle a beau être pressée de questions, elle garde le silence. Elle déclare, au contraire :

— Tu as raison : je vais essayer de renouer avec lui à la fête pour sa réélection.

Et le plus extraordinaire, c'est que cela réussit ! Monica Lewinsky est là à la réception donnée aux fonctionnaires proches du président. Elle est perdue dans la foule des invités, mais elle lui fait un large sourire, il la voit et il lui rend son sourire.

Rien ne se passe pendant plusieurs semaines. Ils se revoient, toujours dans un cadre officiel et anonyme, à l'arbre de Noël de la Maison Blanche. Encore une fois, il y a entre eux un échange de sourires et le week-end suivant, le miracle se produit : il l'appelle chez elle et lui donne un rendez-vous !

Cette reprise de leur liaison va durer près de six mois. Elle se passe dans des conditions plus délicates, car la jeune femme n'est plus à la Maison Blanche, mais ce n'est pas la première fois que le président a une aventure extraconjugale et il a dans son entourage des collaborateurs discrets, qui se chargent de ce genre de problèmes…

De tout cela Monica Lewinsky fait la confidence à sa « meilleure amie », au cours d'interminables conversations téléphoniques. La jeune femme parle des rendez-vous qu'elle a avec Bill depuis la reprise de leurs relations, mais aussi de leur première liaison, dans le bureau ovale, à la Maison Blanche. Linda demande des détails et, pendant ce temps, les bobines du magnétophone tournent en ronronnant.

— Comment vous faisiez dans son bureau ?

— Il ne fallait pas qu'on se fasse surprendre, tu comprends ? Alors, je lui faisais juste une fellation…

— Tu es sûre que jamais personne ne vous a vus ?

— Absolument !

Les enregistrements s'accumulent. Linda Tripp n'a pas encore décidé de ce qu'elle en ferait. Elle est tentée d'écrire un livre à scandale, elle a même pris contact avec un éditeur, qui s'est montré intéressé, mais elle préférerait quand même s'en servir contre le président. Notamment lors du procès Paula Jones, qui n'a pas encore commencé, du fait des lenteurs de la justice. Le procureur Starr donnerait cher pour avoir ces bandes. Mais rien ne presse…

Au mois de mai 1997, se produit un événement dramatique pour Monica : Bill Clinton rompt. Il lui annonce la chose avec beaucoup de ménagements, de gentillesse, ce n'est pas à la suite d'une dispute, il n'est pas fâché, mais les mots qu'il emploie sont définitifs... Pendant de longs jours, de longues semaines, les bandes magnétiques se chargent de lamentations et de pleurs. Linda Tripp comprend que, désormais, elle n'apprendra plus grand-chose. Elle va devoir se décider : ou le livre ou la vengeance. Elle choisit la vengeance.

Le procès Paula Jones va enfin se tenir. Il est prévu pour la deuxième semaine de janvier 1998. Tout de suite après les fêtes de Nouvel an, Linda Tripp va trouver le procureur Starr et elle lui apporte la totalité de ses enregistrements : vingt heures au total.

On peut imaginer la réaction de ce dernier. Il était pratiquement au bout du rouleau. Il n'était arrivé à rien, malgré les moyens considérables qu'il avait employés. Les accusations de Paula Jones étaient loin d'être probantes. Elle n'avait aucune preuve, c'était sa parole contre celle de l'ancien gouverneur de l'Arkansas et la justice allait vraisemblablement prononcer un non-lieu. Ce serait la fin de la mission du « procureur indépendant ».

Et voilà, alors que sa procédure était moribonde, qu'il a entre les mains un témoignage prouvant que Bill Clinton a eu une liaison !... Le moment de jubilation passé, Kenneth Starr tempère pourtant sa joie. Il faut jouer serré, manœuvrer habilement. Si ces faits sont impardonnables à ses yeux, ils ne le sont pas aux yeux de la justice. Il va garder ces preuves secrètes. Ensuite, il va faire comparaître Monica Lewinsky dans le procès Jones, à titre de témoin, et il lui demandera, ainsi qu'à Clinton, s'il y a eu quelque chose entre eux. N'étant pas au courant des enregistrements, ils nieront l'un et l'autre, ils commettront un parjure devant le tribunal et cela, c'est un vrai délit !

Kenneth Starr décide d'étoffer encore ses preuves. Il équipe Linda Tripp d'un matériel d'enregistrement sophistiqué et lui demande de déjeuner avec Monica Lewinsky. Elles seront, en outre, écoutées et photographiées discrètement par des agents du FBI.

La rencontre a lieu une semaine plus tard. Les deux femmes se retrouvent au restaurant Ritz-Carlton, de Pentagone City, une triste ville nouvelle autour du Pentagone, devant un cheeseburger. Monica Lewinsky vient de recevoir sa convocation en tant que témoin au procès Paula Jones. Elle est totalement paniquée et les micros enregistrent son désarroi.

— Je ne comprends pas. Qu'est-ce qu'ils me veulent ?

— T'interroger. Je suis bien convoquée moi aussi.

— Toi, c'est à cause de ton accusation contre Kathleen Winsley. Mais moi ?

— Il doit y avoir des bruits, à propos de Bill et toi.

— C'est impossible, personne ne nous a surpris.

— Cela n'empêche pas les bruits. Pourquoi crois-tu que tu as été mutée au Pentagone ?

Monica a le visage défait, elle fond en larmes.

— En tout cas, je nierai tout !

— Cela ne t'ennuie pas de te parjurer sous serment ?

— Je n'ai pas le choix. Je mentirai pour Bill, pour ma famille pour moi...

Le jour prévu pour sa déposition, Monica Lewinsky, interrogée par le procureur Starr sur une éventuelle liaison avec le président, nie catégoriquement et, le lendemain 17 janvier, Bill Clinton fait de même. Kenneth Starr pose la question fatidique :

— Monsieur le Président, avez-vous eu une relation sexuelle avec Monica Lewinsky ?

Il réplique d'une voix assurée :

— Je n'ai pas eu de rapports sexuels avec cette femme, Mademoiselle Lewinsky.

Il est tombé tête baissée dans le piège et celui-ci ne va pas tarder à se refermer sur lui. Le 22 janvier, *Newsweek* dit avoir entendu la retranscription de la conversation au restaurant entre Linda Tripp et Monica Lewinsky. Le journaliste écrit :

« Sur l'enregistrement, Monica Lewinsky paraît désespérée. Elle parle spontanément de ce qu'elle suggère être une relation sexuelle avec le président. Elle exprime son angoisse d'être impliquée dans le dossier Paula Jones. Elle affirme, en pleurs, qu'elle va nier toute liaison de nature sexuelle avec le président. »

L'origine de la fuite n'est pas citée, mais il y a gros à parier qu'elle provient directement du procureur lui-même. Ce dernier, d'ailleurs, va trouver le ministère de la Justice et obtient que l'affaire du scandale immobilier Whitewater soit abandonnée au profit de l'affaire Monica Lewinsky. Désormais, c'est sur elle qu'il va enquêter.

C'est un coup de tonnerre non seulement dans tout le pays, mais dans le monde entier ! Du jour au lendemain, Bill Clinton, ce président si populaire et qui avait réussi dans tous les domaines ou presque, devient un homme déstabilisé, traqué. Kenneth Starr veut lancer contre lui une procédure de destitution, d'*impeachment*, selon le mot américain. Cela ne s'est jamais produit dans l'histoire des États-Unis. Richard Nixon aurait certainement été destitué après l'affaire du Watergate, dont il est question dans cet ouvrage, mais il a choisi de démissionner avant.

En même temps, Kenneth Starr accentue sa pression sur Monica, dans ce qui est devenu maintenant son affaire. Elle aussi s'est parjurée sous serment et elle risque gros. L'insistance du procureur finit par porter ses fruits : elle accepte de tout dire, en échange de l'immunité judiciaire.

Le 13 août 1998, devant le tribunal, elle reconnaît avoir eu des relations sexuelles avec Bill Clinton « douze fois en dix-huit mois ». Elle remet les preuves qu'elle possède : une robe bleue tachée, paraît-il, du sperme présidentiel et des enregistrements de messages du président sur son répondeur. À la fin de sa déposition, lorsque le procureur lui demande si elle a une dernière déclaration à faire, elle réplique avec rage :

— Je hais Linda Tripp !

Bill Clinton avait essayé jusque-là, tant bien que mal de se maintenir à l'écart du scandale, mais cette fois, il est obligé d'intervenir. Le 17 août, il s'adresse solennellement au pays, dans une déclaration télévisée.

« Comme vous le savez, lors d'une déposition en janvier, on m'a posé des questions sur ma relation avec Monica Lewinsky. Même si mes réponses étaient juridiquement correctes, je n'ai pas volontairement fourni d'informations. En effet, j'ai bien eu, avec Mlle Lewinsky, une relation qui n'était pas convenable. En fait, c'était une erreur. Cela constitue une très grave erreur de jugement et un manquement personnel de ma part, dont je suis le seul et l'entier responsable.

« Mais j'ai dit au grand jury et je vous le dis ce soir, que je n'ai jamais demandé à qui que ce soit de mentir, de cacher ou de détruire des preuves ou de commettre aucun acte illégal. Je sais que mes déclarations publiques et mon silence sur cette affaire ont donné une impression fausse. J'ai trompé le public, y compris ma femme. Je le regrette profondément.

« Maintenant, il est plus que temps de tourner la page. Nous avons d'importantes questions à résoudre, de réelles opportunités à saisir, de réels problèmes à affronter… »

À côté de cela, la procédure de destitution suit son cours, sur le plan constitutionnel. Le procureur Kenneth Starr réclame l'*empeachment* du président devant la chambre des Représentants, majoritairement républicaine. Présentée en décembre 1998, la motion obtient une courte majorité et elle est repoussée par le Sénat, en janvier 1999, à une courte majorité également, alors que, dans les deux cas, les deux tiers des voix étaient nécessaires.

C'est que, dans l'ensemble, l'opinion n'a pas suivi Kenneth Starr et ses semblables. Plus le temps passait et plus ils sont apparus comme des extrémistes agissant pour des motifs idéologiques. Hillary Clinton n'a cessé de dénoncer, dans cette affaire, un complot de la droite. Kenneth Starr n'était, selon elle, qu'un adversaire acharné. Elle a déclaré à son sujet :

« Après avoir passé quatre ans à contrôler chacun de nos coups de fil, à éplucher tous les chèques que nous avons signés, à intimider les témoins par dizaines, il ne pouvait admettre d'avoir remué tant de boue pour rien. »

Et des hommes politiques de tous bords ont fini par partager ce jugement. Le président de la chambre des Représentants, pourtant républicain, a déclaré, au moment d'émettre son vote : « On ne destitue pas un président pour ce genre de peccadille. »

Cela n'a pas empêché Linda Tripp de défendre imperturbablement son point de vue. Inconsciente ou provocatrice, elle a prétendu, en février 1999, sur la chaîne NBC, n'avoir agi que pour le bien de Monica Lewinsky. Elle n'a pas hésité à déclarer :

« La pauvre avait tellement souffert de ce que lui avait fait endurer le président, qu'il fallait lui donner un choc. En tant que maman, et particulièrement avec une fille d'un âge proche de celui de Monica, j'espère que d'autres mères feraient pour ma fille ce que j'ai fait pour elle, même si cela a l'air horrible et peut ressembler à une trahison… »

Cela y ressemble, en effet.

27

Mourir à Roncevaux

Nous sommes en l'an 778. Une armée considérable est rassemblée devant Saragosse, au nord de l'Espagne. On n'avait pas vu depuis longtemps autant de soldats, de chevaliers et de machines de guerre. Il faut dire que c'est le plus puissant monarque de la terre qui est là, avec toutes ses forces. Charlemagne, depuis qu'il est au pouvoir, a réuni autour de lui la puissance franque. Son royaume est immense et, bientôt, peut-être, il égalera l'Empire de Rome disparu.

Pourtant, ce n'est pas l'optimisme qui règne dans la tente royale où Charles a convoqué son conseil de guerre. La situation s'éternise. Cela fait des mois qu'on campe devant Saragosse ; la ville, défendue par le roi sarrasin Marsile, résiste aussi bien aux assauts qu'aux privations. Or, le pays ne peut rester beaucoup plus longtemps sans son chef. Déjà, des provinces récemment conquises commencent à s'agiter.

Au milieu des douze barons qui forment son conseil, le roi Charles se distingue par sa haute stature. C'est le plus grand, le mieux bâti et son visage s'orne d'une belle moustache tombante à la gauloise. Auprès de lui, son neveu Roland, comte de la marche de Bretagne, fils de sa sœur Gisèle. Ce jeune et beau guerrier, aux cheveux blonds bouclés, a été surnommé le Preux, car sa piété n'a d'égale que son courage. Lorsqu'il est sur le champ de bataille, il ne fait pas bon se trouver à proximité de son épée, sa fidèle Durandal.

Appartenant également à la famille du roi, son beau-frère Ganelon, fils de Griffon, comte d'Hautefeuille, a épousé en secondes noces Gisèle, devenant ainsi le beau-père de Roland. C'est un colosse à la barbe noire et à la voix puissante. Il est souvent brutal, parfois violent. Beaucoup ne l'apprécient guère, mais sa parenté avec le roi rend indiscutable sa présence à ses côtés.

Olivier de Vienne a pris place près de Roland. Les deux jeunes gens sont inséparables. Il est aussi brun que Roland est blond et, bien qu'ils aient le même âge, il paraît largement son aîné. C'est son air de sagesse qui donne cette impression. Autant Roland est fougueux, autant Olivier est réfléchi. Ils sont parents depuis peu. Roland vient d'épouser la sœur d'Olivier, la belle Aude, qui attend le retour de l'armée, là-bas, très loin dans le nord, à Aix-la-Chapelle.

Un clerc figure au milieu de tous ces chevaliers, Turpin, l'archevêque de Reims. À vrai dire, s'il fait partie du clergé, cela ne se voit pas à la bataille. À cette époque, les religieux combattent comme les autres et Turpin n'est pas le dernier à ferrailler. Bâti en athlète, avec son torse massif et ses bras puissants, il est doté d'une voix de stentor et jure comme un soudard. Lui aussi, porte l'épée, dans un baudrier passé par-dessus sa chasuble…

Une fois tout le monde réuni, Charlemagne prend la parole.

— Mes beaux seigneurs, je viens de recevoir un message du roi Marsile. Il nous fait une offre de paix.

Un murmure salue cette nouvelle. Le roi poursuit :

— Cette démarche arrive au mieux. Je me demandais si nous n'allions pas être obligés de lever le camp et voilà que c'est notre ennemi qui nous le propose. D'autant qu'il nous offre un butin important.

Cette annonce suscite un vif débat. À part Ganelon, qui serait partisan d'accepter la proposition, l'avis général est réservé. Le sage Olivier est pour la prudence.

— Marsile a mauvaise réputation. Nous devons nous méfier.

Roland se joint, pour une fois, à son avis.

— Cela cache peut-être un piège.

Charlemagne se tourne vers son neveu.

— Que proposes-tu pour le savoir ?

— Que l'un d'entre nous se rende auprès du Sarrasin et parle avec lui. Il nous dira si on peut lui faire confiance ou non.

— Je partage ce point de vue. Ganelon va se rendre auprès de Marsile.

L'interpellé a un sursaut.

— Pourquoi serait-ce moi ? Marsile est fourbe et cruel. Je n'ai pas à courir ce risque.

— C'est une mission délicate, en effet. C'est pourquoi je vous ai choisi.

— C'est Roland qui a eu cette idée, qu'il y aille !

— Plus un mot, mon beau-frère ! Vous irez parce que j'en ai décidé ainsi.

On ne discute pas un ordre de Charlemagne. Ganelon quitte, furieux, le conseil de guerre. Et il n'a toujours pas décoléré, lorsque, un peu plus tard, il se présente en parlementaire devant les portes de Saragosse.

Si Marsile avait une réputation de fourberie, Ganelon ne s'en aperçoit guère. Le roi sarrasin vient l'accueillir personnellement et le conduit dans son palais, entouré de jardins. Là, Ganelon découvre un décor magnifique, des tapis, des soieries, des parfums, tout un luxe inconnu en Occident, même à la cour de Charlemagne... Marsile le fait asseoir auprès de lui, sur un pouf incrusté d'argent et d'or.

— Alors, quelle réponse m'apportes-tu de la part du roi franc ?

Ganelon est un coléreux, un emporté. L'affront qui lui a été fait devant le conseil l'a profondément blessé. Il est rempli de haine contre son beau-fils Roland. Puisque c'est ainsi, puisqu'il a été humilié à cause de lui, il va le faire payer. Il va se venger de la plus terrible des manières !...

— Je ne suis pas venu te rapporter les propos de Charlemagne. Je suis venu te parler en mon nom.

— Je ne comprends pas...

— Je ne t'apporte ni la nouvelle de notre départ ni celle de la poursuite des combats, je t'apporte la victoire !

— Tu te moques de moi ?

— Je vais dire aux miens que ta proposition de paix est sincère. Charlemagne s'en repartira sans méfiance, avec le butin que tu lui donneras et tu n'auras qu'à attaquer l'armée dans un endroit favorable. Je te propose le défilé de Roncevaux. Il m'a paru particulièrement propice pour une embuscade, lorsque nous y sommes passés en venant...

Le roi Marsile caresse sa barbiche noire, ce qui est, chez lui, un signe de profonde réflexion.

— Pourquoi agirais-tu ainsi ?

— Parce que je veux me venger du comte Roland. Laisse passer l'armée et attaque l'arrière-garde. C'est toujours Roland qui la commande.

Ganelon affiche un sourire.

— J'ajoute que c'est à l'arrière-garde qu'on place les objets précieux. Non seulement tu anéantiras une partie de tes ennemis, mais tu retrouveras tes richesses !

Marsile remercie chaleureusement son interlocuteur. Il lui demande s'il ne veut rien pour lui-même. Mais Ganelon secoue la tête. Ce n'est pas l'intérêt qui lui a fait faire cette démarche, il veut se venger, c'est tout.

Ce 15 août 778, jour de l'Assomption, est particulièrement magnifique dans les Pyrénées. Au matin, l'armée de Charlemagne a entendu la messe, célébrée par l'archevêque Turpin. Puis, elle s'est mise en marche, le roi en tête, avec son beau-frère Ganelon à ses côtés, les gros des troupes ensuite et l'arrière-garde, enfin.

Roland chevauche auprès d'Olivier. Tous deux sont d'excellente humeur. Encore un dernier col et on laissera l'Espagne derrière. Bien sûr, le chemin sera encore long jusqu'à Aix-la-Chapelle, mais en pays franc, on sera chez soi. C'est la fin des épreuves, avec au bout de la route, la belle Aude…

La montagne s'est rétrécie. On est arrivé dans le col de Roncevaux. La roche sombre forme un contraste saisissant avec le bleu du ciel, dans lequel tourbillonnent les aigles… Les Francs avancent sans méfiance. Comment s'imagineraient-ils qu'ils sont entourés d'ennemis ?

Ceux-ci, effectivement, sont invisibles. Ils ont pris place, soigneusement dissimulés dans la montagne. Les Sarrasins ne sont pas les plus nombreux parmi eux. Si le roi de Saragosse est présent, avec sa garde et quelques contingents, les plus nombreux appartiennent au peuple local, les Vascons, les Basques d'aujourd'hui. Ils connaissent les recoins de la montagne mieux que quiconque et ils ont l'habitude de ce genre d'embuscade. Marsile a préféré s'allier avec eux, pour profiter de leur expérience…

La suite arrive à toute vitesse. Une pluie de flèches s'abat sur l'armée franque, tandis que se déverse une avalanche de rochers. Avant que les soldats aient pu se saisir de leurs armes, près de la moitié sont déjà blessés ou morts. Alors, en poussant de grands cris, Sarrasins et Vascons dévalent les pentes.

Les Francs se ressaisissent. Roland a tiré sa fidèle Durandal, Olivier a dégainé lui aussi et, un peu plus loin, Turpin est entré dans la mêlée, frappant des coups de bûcheron avec son épée Almace… Tout en se battant, Olivier crie à Roland :

— Sonne du cor ! Charlemagne l'entendra et il viendra nous secourir.

Le neveu du roi ne l'entend pas ainsi.

— Ce serait lâcheté. Nous vaincrons seuls nos ennemis…

Mais toute la valeur aux armes, tout le courage ne peuvent rien contre la multitude. Déjà, Turpin s'est effondré, au milieu d'ennemis sans nombre. Olivier, qui perd son sang en abondance, supplie de nouveau son compagnon :

— Sonne du cor, Roland ! Sonne, pour l'amour du ciel !

Cette fois, le jeune homme a compris que c'était leur seule chance. Il s'empare de son olifant et le porte à ses lèvres. Il souffle de toutes ses forces, il souffle et souffle encore, au risque de s'en rompre les veines.

À l'avant-garde, Charlemagne, qui chevauche aux côtés de Ganelon, a dressé l'oreille.

— Ne dirait-on pas un cor ?

— Non, Sire, c'est le vent ou le cri de quelque bête.

Le roi se tait et poursuit sa route, mais le même son se fait entendre.

— C'est Roland, j'en suis sûr ! Il m'appelle.

— Pourquoi vous appellerait-il ?

— Il est en danger.

— De quel danger voulez-vous parler ? La paix a été signée. Il n'y a rien à craindre. Ce sont des chasseurs qui traquent le gibier.

Mais les sonneries du cor se font de plus insistantes. Alors, Charlemagne fait faire demi-tour à son armée.

À Roncevaux, Roland sent que la mort arrive. À force de souffler, ses vaisseaux se sont rompus. Sa vue se brouille. Il n'est plus en état de combattre. Olivier est mort, son corps gît un peu plus loin. Roland ne songe plus qu'à une chose : que Durandal ne tombe pas aux mains de ses ennemis. Réunissant ses dernières forces, il tente de la briser en frappant une pierre, mais c'est la pierre qui se fend en deux.

Alors le comte de la marche de Bretagne s'allonge sous un pin, tourné vers l'Espagne, en guerrier qui fait face jusqu'au bout à l'ennemi. Il retire son gantelet droit et l'élève, en hommage à Dieu, pour qu'il veuille bien accueillir son âme…

C'est là que, quelques heures plus tard, Charlemagne le découvre. Les Sarrasins et les Vascons, qui s'étaient attardés à piller le trésor, sont pris au dépourvu et l'armée franque les taille en pièces, Marsile en tête. Ensuite, après avoir rendu les derniers devoirs à son neveu, à Turpin, à Olivier et à tous les braves morts à Roncevaux, Charlemagne fait arrêter Ganelon et se remet en route. Pour le traître, l'heure du châtiment est venue.

En arrivant à Aix-la Chapelle, le premier souci de Charlemagne est d'aller trouver Aude. La belle pâlit, en ne voyant à ses côtés ni son mari ni son frère.

— Où sont Roland et Olivier ?

— Hélas, ma nièce, ils sont morts glorieusement.

Charlemagne s'apprête à raconter de quelle manière, mais Aude a défailli. On se précipite sur elle : elle n'est pas sans connaissance, elle est sans vie. Elle n'a pas résisté à la double et terrible nouvelle…

Le procès de Ganelon a lieu peu après, dans la grande salle du château royal. Les principaux seigneurs et ecclésiastiques du royaume sont présents et en seront les juges. Le beau-frère du roi se défend avec vigueur de l'accusation dont il est l'objet.

— Le comte Roland a suggéré cette ambassade à Marsile, pour m'envoyer à la mort. Je me suis vengé de lui, je le reconnais, mais il n'y a pas trahison. J'ai toujours servi mon souverain, avec amour et fidélité.

Charlemagne ne l'entend pas ainsi.

— Vous avez tendu un piège à l'arrière-garde de l'armée.

— Parce que Roland la commandait.

— Lorsque j'ai entendu le cor, vous m'avez dit que c'était le vent, un animal, des bruits de chasse et vous saviez que c'était mon neveu.

— J'ai menti, Sire, je le reconnais. Mais je n'ai pas trahi…

Malgré ses dénégations, l'avis de presque tous est que Ganelon a trahi. En complotant avec les Sarrasins contre Roland, il a oublié que ce dernier était au service de Charlemagne et c'est bien contre le roi lui-même qu'il a agi.

Pourtant, ce n'est pas une opinion unanime. La famille et les vassaux de Ganelon viennent parler en sa faveur. L'un d'entre eux, le chevalier Pinabel, jette son gantelet devant le tribunal.

— Je me fais le champion de l'accusé et je défie en combat singulier quiconque le prétend traître !

Un autre chevalier, Thierry d'Anjou, se déclare prêt à relever le défi et, finalement, Charlemagne décide que le duel judiciaire aura lieu. En dernier ressort, c'est Dieu qui décidera.

Dieu, bien entendu, donne la victoire à Thierry et Ganelon subi le supplice des félons à leur souverain : il meurt écartelé.

Ainsi se termine le récit de la trahison de Ganelon, tel qu'il est raconté dans *La Chanson de Roland.* Si Ganelon lui-même est totalement inventé, l'épopée s'appuie sur des faits réels. Roland a bien existé. Il était effectivement comte de la marche de Bretagne et commandait l'arrière-garde de l'armée franque à Roncevaux.

Loin d'être une grande bataille, cet affrontement a été un coup de main des Basques, sans rapport avec le siège manqué de Saragosse. Mais, succédant à une guerre sans résultat en Espagne, il s'agissait d'un douloureux revers et les chroniqueurs de l'époque se sont montrés très discrets sur cet épisode peu glorieux.

Dans ces conditions, on peut se demander pourquoi l'auteur de *La Chanson* a choisi de raconter cette défaite, alors que le règne de Charlemagne ne manquait pas de victoires éclatantes... Pour le comprendre, il faut se replonger dans la mentalité médiévale. Tandis que le héros de l'Antiquité – et de notre époque – est un personnage toujours vainqueur, comme Achille, le héros du Moyen Âge est un vaincu.

La principale vertu médiévale n'est, en effet, pas le courage, mais le sacrifice. Il s'agit d'imiter le Christ et, tout comme le Christ a été la victime de Judas, le héros du Moyen Âge acquiert sa pleine grandeur par l'intervention du traître. Seule la trahison peut faire que sa mort soit absolument sans reproche. Elle n'est pas due à un manque de clairvoyance ou de courage, ni même au simple hasard, elle est la conséquence d'une volonté maligne, contre laquelle le plus brave, le plus habile ne peut rien.

À sa manière, Ganelon participe à l'apothéose de Roland. Il fait de sa mort le couronnement de sa vie.

28

Trahison épistolaire

Patrick Dundee fait le bonheur et l'admiration de ses parents, de modestes quincailliers de la ville de Memphis, dans le Tennessee. Depuis qu'il est tout jeune, il étonne tout le monde par ses résultats scolaires. Toujours premier à l'école primaire, il achève, en cette année 1969, ses études secondaires et il vient de remporter l'équivalent de notre baccalauréat avec la mention « Très bien ». Il est bon partout, mais spécialement dans les matières littéraires. Et le plus étonnant, c'est qu'il ne travaille pas outre mesure, il serait même plutôt paresseux. Mais il est doué, extraordinairement doué.

Si on y ajoute qu'il est doté d'un physique de jeune premier, on comprendra que l'avenir se présente pour lui de la manière la plus brillante. Du moins l'avenir à long terme, car, à court terme, ce qui attend Patrick Dundee, comme la plupart des jeunes Américains, n'est guère souriant. Après une année d'études supérieures, il reçoit une convocation l'enjoignant de rejoindre l'armée. C'est, en effet, la guerre au Vietnam.

L'armée, le jeune Patrick Dundee l'a en horreur et la guerre plus encore. Ce qui l'intéresse, c'est de tenir une plume, pas un fusil. Il a envie de devenir écrivain, de donner la vie à toute une foule de personnages, pas de la retirer à des inconnus qui ne lui ont rien fait. Aussi, si on lui disait que c'est au Vietnam qu'il va trouver sa vocation, il serait le premier étonné.

Après s'être distingué, durant ses classes, par sa maladresse au tir et son inaptitude à la discipline, Patrick Dundee est expédié avec les autres au bout du monde. Là, c'est le cauchemar qui commence, dans cette nature hostile, en face d'un ennemi invisible et toujours présent. Il voit ses camarades se faire blesser sous ses yeux, parfois se faire tuer, il n'a qu'une idée, qu'une hâte, que tout cela finisse.

Et il a de la chance ! Son comportement au combat est tellement médiocre, qu'il en résulte un petit miracle. Au bout de trois mois, son lieutenant vient le trouver.

— Dundee, il n'y a rien à faire, tu es trop mauvais. Tu nous encombres.

— Je fais de mon mieux, Lieutenant.

— Tu fais de ton mieux, mais ce n'est pas suffisant. Le cuistot est tombé malade, tu vas le remplacer.

Patrick Dundee se contente de répliquer un réglementaire :

— À vos ordres, Lieutenant !

Mais il a du mal à ne pas crier sa joie. Tandis que ses camarades vont continuer à risquer leur vie, lui, il va rester au camp, avec les infirmiers et les blessés... Et une vie nouvelle commence pour lui. Le travail aux cuisines est loin d'être exténuant, il a du temps libre, il lui arrive même de s'ennuyer. Tant et si bien qu'il lui vient une idée pour occuper son temps.

Au retour d'une opération particulièrement pénible, il voit arriver ses camarades totalement épuisés physiquement et moralement : les pertes qu'ils ont subies, la violence des accrochages avec l'ennemi les laissent dans un état proche de l'hébétude. Au moment d'écrire à leurs petites amies, ils ont le plus grand mal à trouver leurs mots, ils mettent un temps fou pour rédiger leurs lettres, certains même renoncent, découragés... Patrick Dundee se souvient alors de ses talents littéraires. Il s'approche d'un de ses camarades.

— Tu veux que j'écrive ta lettre à ta place ?

— Tu saurais ?

— Laisse-moi faire un essai. Si elle ne te plaît pas, tant pis, sinon, c'est deux dollars.

Patrick rédige la missive en un temps record et la tend à son compagnon d'armes, qui n'en revient pas.

— C'est drôlement bien tourné ! Où est-ce que tu vas chercher tout ça ?

— À ton service, vieux. N'oublie pas mes deux dollars…

À partir de ce moment, Patrick Dundee devient l'écrivain public du camp. Il prend son rôle très au sérieux et enquête soigneusement sur chacune des destinataires des lettres. Il demande une photo, il pose à ses camarades des questions sur les circonstances de leur rencontre, sur la nature de leurs sentiments, si c'est purement physique ou plus sentimental, etc. Il leur donne aussi le conseil d'ajouter des fautes d'orthographe et des maladresses de style pour que la demoiselle n'ait pas l'impression que le texte ait été écrit par quelqu'un d'autre.

Et ce n'est pas inutile, quand on lit un échantillon de sa production : « Ma Douce, hier, au plus fort du combat, les balles traçantes dessinaient ton visage, le vent chargé de poudre avait ton parfum. Plus ma rage contre l'ennemi grandissait, plus ma passion pour toi était forte… Dans ma prochaine lettre, je te raconterai combien, ici, les papillons sont étranges. Il y en a même des bleu et vert qui te ressemblent, mais chut, je ne le leur ai pas encore avoué ! »

À deux dollars la lettre et même quatre s'il y a deux pages au lieu d'une, Patrick Dundee finit par se faire un joli pécule. Il a un peu peur que ses supérieurs découvrent son activité et prennent des mesures, mais là encore, tout se passe d'une manière inespérée… Un jour, son lieutenant vient le voir, l'air maussade.

— Salut, Dundee ! Ne crois pas que je ne sois pas au courant de ton petit trafic, il y a longtemps que je l'ai découvert. Si ça n'avait tenu qu'à moi, je t'aurais envoyé au cassepipe pour t'apprendre, mais il paraît qu'en haut lieu, on trouve que tu entretiens le moral des gars. Alors, continue…

Patrick Dundee continue donc et c'est presque à regret qu'il apprend sa démobilisation dix-huit mois plus tard et qu'il se retrouve à Memphis où personne ne l'attend, à part ses parents. Car, paradoxalement, lui qui a tant écrit pour les amours des autres, n'a pas de petite amie.

Ce qui l'ennuie le plus, c'est qu'il va devoir travailler. Cela ne lui est pas encore arrivé et il en a moins envie que jamais. D'ailleurs, que faire ? Écrivain public, c'était bien à l'armée, mais dans le civil, cela n'existe pas… À moins que… Une idée un peu folle germe dans son esprit, mais pour la mettre en application, il a besoin d'aller dans un endroit où personne ne le connaît. Un peu par hasard, il choisit Vancouver, au Canada. Avec le pécule qu'il a amassé au Vietnam, il a largement de quoi se payer le billet d'avion, il dit à ses parents qu'il a trouvé un travail là-bas et le voilà parti. On va voir si son idée est la bonne !

À Vancouver, Patrick Dundee commence par lire la presse. Il regarde la rubrique des petites annonces du cœur et il choisit de répondre à une certaine Jennifer Logan, parce que c'est une Américaine et qu'il est indispensable qu'elle habite loin. Elle demeure, d'ailleurs, près de chez lui, dans le Tennessee. Il commence par une première lettre expliquant qu'il est veuf, sans enfant, à seulement vingt-cinq ans, ingénieur de son métier et il conclut : « Mademoiselle, mon cœur espère beaucoup en vous. »

En retour, Jennifer Logan lui explique qu'elle a vingt-cinq ans aussi, qu'elle travaille dans une bibliothèque, qu'elle trouve la vie ennuyeuse et son entourage sans intérêt. Elle aspire à rencontrer un homme « fin, cultivé et aimable. » Pense-t-il être cet homme ?

Patrick Dundee lui répond qu'il ne peut pas, sous peine d'être prétentieux, se prétendre tel mais le ton et la grâce de sa lettre le disent à sa place. Une correspondance régulière s'installe entre eux et Jennifer est vite sous le charme.

D'autant que, par une savante progression, le jeune homme se fait de plus en plus tendre.

À la quinzième lettre, il l'appelle « ma chérie » et après toute une série de gentillesses rédigées dans un style inimitable, il lui annonce qu'il ne pourra plus lui écrire avant une quinzaine de jours. Il ne lui donne aucune explication et, effectivement, pendant deux semaines, il ne lui envoie plus rien ; les lettres violemment inquiètes de Jennifer restent sans réponse.

Enfin, au bout des quinze jours annoncés, il rompt le silence. Mais sa missive n'a rien de commun avec les précédentes. Elle est d'un ton grave, presque tragique. Il lui avoue qu'il sort de l'hôpital où il a été opéré pour une maladie des poumons. Les médecins lui ont dit que l'intervention avait réussi et qu'il s'en sortirait, mais à présent, une longue convalescence commence pour lui.

La lettre n'est pas finie... Patrick fait maintenant part à Jennifer des problèmes d'argent qui sont la conséquence de ses problèmes de santé. Il prend soin de préciser qu'il ne s'agit pas de sa part d'un appel au secours. Il s'en sortira certainement tout seul. Il ne sait pas comment, en particulier, il va payer son loyer, mais il s'en sortira, c'est certain ! Et de toute façon, même s'il se retrouve à la rue, il continuera à l'aimer !

La réaction de Jennifer Logan ne tarde pas. Par retour du courrier ou presque Patrick Dundee reçoit une lettre d'amour éperdue et un mandat de 1 500 dollars, une jolie somme, en ce début des années 1970. La jeune fille précise qu'il s'agit de toutes ses économies, mais que cela n'a pas d'importance, l'argent est secondaire, ce sont les sentiments qui comptent... Mais dès lors, toutes ses lettres restent sans réponse, il n'y aura plus la moindre manifestation de la part de son amoureux épistolaire. La candide Jennifer Logan n'imagine pas un instant avoir été victime d'une escroquerie. Elle pense, au contraire, à une rechute de la maladie, qui a emporté son Patrick et elle est désespérée.

Pourtant, il s'agit bel et bien d'une escroquerie et, à partir de ce moment, Patrick Dundee va la poursuivre à une échelle, pourrait-on dire, industrielle. Pour les suivantes, il fait en sorte qu'elles habitent plus loin encore, car les États-Unis ce n'était pas suffisant, il y avait toujours le risque que la demoiselle vienne le chercher au Canada. Heureusement pour lui, les pays anglophones sont nombreux de par le monde et il communique désormais avec l'Écosse, l'Australie, la Nouvelle-Zélande, l'Inde ou la Jamaïque.

Malgré tout, il frôle quand même la catastrophe. Par trois fois, son amoureuse éperdue lui annonce qu'elle quitte tout pour le rejoindre. Il va même jusqu'à imprimer son propre faire-part de décès, qu'il expédie à Melbourne où une Australienne s'apprêtait à traverser le Pacifique, direction Vancouver.

Cela dure quatre ans et elles ne sont pas moins de 109 à tomber dans le panneau ! Tout cela aurait pu continuer encore longtemps, mais le hasard en décide autrement… Un jour de mai 1976, deux jeunes femmes, Gillian Roberts, trente-cinq ans, et Patricia Turner, trente ans, se trouvent seules dans le même compartiment du train qui relie Auckland à Wellington, en Nouvelle-Zélande. Le trajet est long et elles engagent la conversation. L'une des deux, peu importe laquelle, dit la première :

— Je suis fiancée. Il habite Vancouver.

L'autre s'écrie :

— Quelle coïncidence, moi aussi ! Et il s'appelle comment ?

— Patrick.

Cette fois, la coïncidence est plus extraordinaire encore, mais quand elles se rendent compte que le nom de famille est le même et l'adresse également, un grand silence s'abat dans le compartiment… Bien entendu, elles ont l'une et l'autre dans leur sac à main plusieurs lettres enflammées dont elles ne se séparent jamais. Elles les sortent : l'écriture est identique. Mais il n'y a pas que cela : à plusieurs reprises, les mots et les formules sont les mêmes. En définitive, c'est ce dernier point qui les fait porter plainte : les mêmes mots, les mêmes formules, une telle trahison n'était pas pardonnable !

La plainte suit son cours, relayée par Interpol et ce n'est pas à Vancouver qu'elle trouve le jeune escroc, mais à Memphis. Patrick Dundee avait décidé de passer un mois chez ses parents, pour se reposer un peu de cette correspondance frénétique et profiter de l'argent amassé.

Il n'est pas extradé, mais jugé sur place, pour escroquerie. Le président du tribunal correctionnel de Memphis lui fait part de sa surprise.

— Vous avez fait des études brillantes, exceptionnelles même. Je m'étonne que vous ayez pu sombrer dans la délinquance !

— C'est à cause de ce qui s'est passé au Vietnam, M. le Président, tout est venu de là.

Le juge insiste.

— Vous avez reçu des principes moraux, vos parents sont des gens honnêtes, comment avez-vous pu imaginer une telle trahison ?

— Je le regrette profondément…

L'accusé est bien défendu par son avocat, qui, lettres à l'appui, prouve que son client n'a jamais promis quoi que ce soit à ses victimes, à commencer par le mariage. Il ne leur a même pas demandé d'argent, il a fait seulement état de difficultés financières consécutives à une maladie ; c'est de leur propre initiative que ses correspondantes ont envoyé leurs mandats et leurs chèques… À l'issue des débats, Patrick Dundee est condamné à un an de prison, dont six mois avec sursis.

Six mois de détention, ce n'est pas long à passer et Patrick Dundee décide de l'occuper comme il en a l'habitude : à écrire. Car il y a une des jeunes femmes pour qui il a vraiment ressenti des sentiments, tout au long de leur correspondance, c'est la toute première des 109, Jennifer Logan, celle qui habite non loin de Memphis.

Il lui envoie une lettre pleine de remords, dans laquelle il implore son pardon et il l'obtient. Il obtient même plus que cela. Elle vient le voir en prison et, entre eux, tout va très vite. Ils se marient peu après sa libération.

Patrick Dundee, qui est devenu journaliste, a écrit, un peu plus tard, un livre racontant son aventure. On aurait pu imaginer qu'il s'agissait de sa part d'un surcroît de cynisme, qu'il tirait parti de sa malhonnêteté pour s'enrichir plus encore, mais c'est exactement l'inverse. L'ouvrage s'est très bien vendu et, avec les droits d'auteur, il a remboursé toutes ses victimes, dont il avait gardé soigneusement les adresses. Non seulement le dénouement était heureux, mais, au bout du compte, la morale était sauve.

29

Sortie de prison

Noël Bordes vient d'avoir vingt et un ans, en cette année 1935. Ce n'est assurément pas un bon sujet. Costaud, tout en muscles, il a gardé un visage encore enfantin avec ses cheveux blonds, mais il s'efforce de prendre des expressions brutales. Noël Bordes veut avoir l'air d'un dur.

Il roule les épaules quand il sort de la prison de Lens où il vient de purger une peine de six mois, pour vol et coups et blessures à agents. Les gardiens, qui sont habitués à ce genre de personnage, ont une certitude, en le voyant sortir : ils le reverront bientôt. Noël Bordes a entamé le processus classique : emprisonné pour un délit mineur, il a rencontré pendant sa détention des malfaiteurs chevronnés qu'il brûle d'imiter. Il sort de prison avec, en tête, des projets de coups audacieux. Il se voit bientôt chef de bande.

Mais pour l'instant, en franchissant les lourdes portes de la maison d'arrêt, Noël Bordes a des préoccupations plus immédiates : Joséphine est là, qui l'attend sur le trottoir. Joséphine Ladot est sa maîtresse. Ils vont fêter sa libération ensemble. Une belle soirée en perspective !

Joséphine embrasse son homme… Elle n'est pas venue seule. À ses côtés, se tient Michel Ferrand. Il a le même âge que Noël. Ils se connaissent bien. Ils ont même fait un ou deux petits cambriolages ensemble. Les deux hommes se serrent la main et le trio part pour une virée mémorable dans les rues de Lens.

Après avoir fait le tour des cafés de la ville, ils se retrouvent au dîner dans un restaurant marocain. L'établissement n'a pas précisément bonne réputation ; aussi, aucun des clients présents n'est étonné quand, vers 11 heures du soir, les policiers débarquent pour une rafle. Ces derniers accordent une attention toute spéciale à Noël, mais comme ses papiers sont en règle, ils le laissent partir.

La soirée se continue donc... À partir de ce moment, Noël Bordes n'en aura que des souvenirs confus. Avec Joséphine et Michel, qui continue à les suivre, ils vont à la recherche des derniers cafés ouverts. Lorsqu'on les jette dehors, Noël et Joséphine, enfin seuls, vont terminer la nuit dans la petite chambre de bonne du garçon.

Le matin, Noël Bordes est satisfait de sa première nuit de libération. Seulement il serait bien incapable de dire ce qui s'est passé...

La suite des événements ne tarde pas. Le jour même, alors que Joséphine est partie, il voit les gendarmes arriver. Le brigadier s'adresse à lui d'un ton rogue :

— Alors, la prison te manquait, hein ? Dès la première nuit, il fallait que tu fasses l'imbécile !

Noël, en proie à un mal de tête accentué, prononce d'une voix pâteuse :

— Qu'est-ce que c'est que cette histoire ?

Le policier ne répond pas et les gendarmes se mettent à fouiller sa chambre de fond en comble. Le jeune homme comprend de moins en moins.

— Mais enfin, qu'est-ce que vous cherchez ?

Le brigadier hausse les épaules.

— Ton revolver, pardi ! S'il n'est pas chez toi, tu ferais mieux de nous dire où tu t'en es débarrassé.

Noël Bordes proteste, mais les policiers ne l'écoutent pas. La fouille n'ayant rien donné, il est conduit, menottes aux poignets, au commissariat. Là, le commissaire Bernard lui donne enfin un début d'explication.

— On sait que tu étais au restaurant marocain hier soir à 11 heures. Une patrouille a relevé ton identité. Or, une heure plus tard, à deux cents mètres de là, un agent a été blessé par balles en voulant interpeller un groupe de deux hommes et une femme. Tu n'étais pas avec Joséphine Ladot et Michel Ferrand ?... Ne nie pas, on a noté les identités.

Noël se défend avec énergie.

— Oui, c'est vrai. Mais je n'avais pas de revolver. Ce n'est pas moi. Vous n'avez qu'à leur demander.

— On y a pensé, figure-toi. Ils ont été convoqués.

Et le commissaire ajoute, en faisant un signe pour qu'on l'emmène :

— Tu as de la chance, l'agent n'est que légèrement blessé. Sans quoi...

Noël Bordes se retrouve en prison, un jour après en être sorti. Bien entendu, la police lui met cette histoire sur le dos parce qu'il est un mauvais garçon. Mais il ne s'inquiète pas trop. Joséphine et Michel doivent se trouver en ce moment devant le commissaire. Ils vont tout lui dire. Ce soir même, il sera libéré.

Mais si Noël savait ce que Joséphine Ladot et Michel Ferrand sont en train de dire au commissaire Bernard, il n'aurait pas du tout la même assurance.

Le commissaire commence par interroger Joséphine.

— Noël Bordes prétend qu'il n'est pas l'agresseur du policier. Je vous conseille de me dire la vérité.

Joséphine n'a pas besoin de cette mise en garde.

— C'est bien lui, Monsieur le Commissaire. On sortait de chez le Marocain, lorsqu'un agent nous a sifflés. Noël était nerveux après la rafle. Alors, il a sorti son revolver et il a tiré.

— Et après, que s'est-il passé ? Où a-t-il laissé son arme ?

— Je ne me souviens plus. On avait déjà pas mal bu, vous savez...

Michel Ferrand, qui succède à la jeune femme dans le bureau du commissaire, tient exactement le même langage.

— C'est bien Noël qui a tiré… Je lui ai dit « Fais pas le con », mais c'était trop tard. Alors on a couru chacun de son côté. Je ne l'ai pas revu après.

Le lendemain, c'est au tour de Noël Bordes de se retrouver devant le commissaire Bernard. Au visage fermé du policier, il pressent qu'il se passe quelque chose. Il demande tout de même :

— Alors, ils vous ont dit ? Vous allez me relâcher ?

— Qu'est-ce que tu crois ? Ils ont eu trop peur. Même ta petite amie s'est dégonflée. Tirer sur un flic c'est grave. Ils t'ont balancé.

Noël Bordes crie et proteste sans résultat. C'est plus tard, tandis qu'on le ramène à sa prison, que la vérité se fait jour dans son esprit. Joséphine et Michel… Il a surpris quelques regards, quelques mots furtifs au cours de la soirée. Maintenant, il en est sûr ! Pendant ses six mois de prison, Joséphine ne l'a pas attendu. Elle s'est mise avec Michel. Et tous les deux ont saisi cette occasion de se débarrasser de lui… Coups de feu sur un agent, cela vaut plusieurs années avec ses antécédents. Noël comprend maintenant la machination dont il est victime. Il se jure de leur faire payer cher à tous les deux quand il sortira de prison. Mais quand sortira-t-il ?

En tout cas, il se promet de dire tout cela au commissaire quand il sera devant lui. Et il ne désespère pas de le convaincre. Il est un mauvais garçon, bien sûr, un voleur, un violent, mais de là à tirer sur un policier !

L'occasion de s'expliquer devant le commissaire arrive quarante-huit heures plus tard. Noël Bordes se retrouve, toujours menottes aux poings, dans le bureau qu'il finit par bien connaître. Mais avant qu'il ne puisse ouvrir la bouche, c'est le commissaire Bernard qui parle, et ce qu'il dit est tellement stupéfiant, tellement énorme, que Noël en reste sans voix.

— Tu n'as vraiment pas de chance ! Nous avons retrouvé ton revolver. Je ne t'apprendrai rien en te disant qu'il se trouvait près du canal…

Noël Bordes s'apprête à protester, mais le commissaire l'interrompt d'un geste impératif, presque haineux.

— Tais-toi ! L'arme avec laquelle tu as blessé le policier a déjà tué deux fois. L'expert vient de me remettre son rapport : ce sont des balles tirées avec la même arme qui ont tué le bijoutier Fessart et notre collègue Dornier !

Fessart, le bijoutier, l'agent de police Dornier… Noël Bordes se souvient effectivement. C'était il y a un peu plus de six mois. Un cambrioleur s'était introduit la nuit dans une bijouterie. Le propriétaire s'était réveillé, avait tenté d'intervenir et avait été abattu. Un agent qui faisait la ronde s'était précipité et avait subi le même sort ! Fébrilement, Noël Bordes essaie de se souvenir s'il se trouvait en prison à cette date… Mais non, il se rappelle avoir lu la nouvelle dans le journal, à la terrasse d'un café. C'était avant son incarcération.

La voix du commissaire Bernard le tire de ses réflexions. Elle est dure. Noël Bordes sait bien toute l'émotion qu'avait occasionnée dans la police la mort de l'agent Dornier…

Ses protestations d'innocence tombent dans un silence glacial. Maintenant, il risque sa tête. Que peut-il faire d'autre que de nier ? C'est ce que doit penser le commissaire.

C'est ce que pensent aussi les jurés, quand, au mois de décembre 1935, il passe devant la cour d'assises de Lens, inculpé de deux meurtres et d'une tentative de meurtre… Joséphine Ladot et Michel Ferrand ne sont pas revenus sur leur dénonciation. Sans doute, n'était-ce pas cela qu'ils voulaient. Ils pensaient simplement se débarrasser de Noël pour quelque temps. Mais maintenant, ils ont trop peur de revenir sur leurs aveux. Devant les juges et les jurés, malgré les cris de Noël, qui les menace, qui les supplie, ils maintiennent leur déposition.

L'avocat commis d'office de Noël Bordes a beau souligner l'inconsistance de l'accusation, qui ne tient que sur le témoignage de deux personnes, elles-mêmes douteuses, on ne l'écoute pas. Le passé de l'accusé plaide contre lui, l'opinion exige un châtiment, et Bordes est la victime toute trouvée. À l'issue des débats, Noël Bordes est reconnu coupable et condamné à mort.

Ses serments d'innocence quand il entend la sentence sont accueillis dans l'indifférence. Ses vociférations contre les deux témoins sont très mal interprétées. Dans le fourgon qui le ramène à sa prison, ce sont les mêmes cris sur son passage :

— À mort ! À mort !...

C'est un mois plus tard, en janvier 1936, alors qu'il est au secret dans le quartier des condamnés à mort de la prison de Lens, qu'il apprend la nouvelle : le président de la République lui accorde sa grâce. Il se retrouve condamné aux travaux forcés à perpétuité.

Les mois, les années passent. Noël Bordes ne cesse de clamer la vérité : il est un mauvais garçon, un dur, mais jamais il n'a tué ! Personne ne l'entend. On a bien autre chose à faire, dans les années qui suivent, que d'entendre le cri d'un prisonnier.

La guerre arrive. Noël Bordes est transféré de prison en prison, au hasard des décisions des occupants et des bombardements. Il finit par se retrouver en 1947 à Alger.

Et c'est là, pour la première fois, que la chance lui sourit... Depuis plusieurs mois déjà, il est malade. Une mastoïdite, mal soignée en prison, s'aggrave. Il est admis à l'hôpital Mustapha.

L'infirmière qui le soigne, Pierrette Lacour, est une jolie brune, à l'air doux. Noël sympathise avec elle. Elle semble s'attacher à lui. Il lui raconte toute son histoire. Et elle le croit ! Noël Bordes n'en revient pas. Et il est plus stupéfait encore quand, réunissant tout son courage, il lui avoue ses sentiments. Pierrette les partage. Ils se marient avant qu'il retourne en prison. Neuf mois après, Noël est père d'une petite fille.

Pierrette est sûre de son innocence. Elle a entrepris les démarches pour la faire reconnaître. C'est en grande partie grâce à ses efforts que Noël Bordes est libéré huit ans après son mariage, en 1955. Il a passé vingt ans en prison.

Noël et Pierrette Bordes décident de s'installer à Lens. C'est Noël qui l'a voulu. C'est son pays, et surtout il n'a pas perdu l'espoir de retrouver Joséphine Ladot ou Michel Ferrand. Il veut que son innocence soit proclamée. Ce n'est pas tant pour lui. Il serait prêt à tout oublier et à commencer une nouvelle vie avec Pierrette. Non, c'est pour sa fille. Il ne veut pas qu'elle puisse croire qu'elle est l'enfant d'un assassin.

Quand il débarque à Lens, ses amis – il y en a encore quelques-uns – ont bien du mal à le reconnaître. Le jeune homme blond aux traits durs a fait place à un quadragénaire qui dégage une étrange impression de sérénité. Il a déjà les cheveux gris, son visage s'est adouci. En prison, il a beaucoup lu, beaucoup réfléchi. C'est un autre homme à présent. Seulement, dans l'immédiat, il a une tâche à accomplir : retrouver Joséphine ou Michel et lui faire avouer sa trahison. Alors il pourra tenir, la tête haute, sa place dans la société.

Noël Bordes met un mois pour retrouver l'adresse de son ancienne compagne. C'est un hôtel borgne du centre de la ville. Elle a fini prostituée, ce qui ne l'étonne guère. Michel Ferrand, lui, il ne pourra pas l'interroger : il est mort à la guerre.

Noël arrive dans l'établissement sans se faire annoncer. Joséphine est seule dans sa chambre. Il y monte… C'est l'instant qu'il attend depuis vingt ans. Tout son honneur, toute sa vie dépendent de ce qui va suivre. Il devra se montrer convaincant, menaçant s'il le faut. Mais il doit réussir !

Joséphine a bien changé en vingt ans, mais elle, ce n'est pas dans le bon sens. La femme qui vient lui ouvrir est flétrie. Sa déchéance est manifeste malgré les couches de maquillage qui couvrent son visage. Elle a démesurément grossi. Son corps s'étale dans sa jupe et son corsage.

— Qu'est-ce que vous voulez ?

Joséphine le considère sans le reconnaître, les yeux plissés. Il semble à Noël que sa voix est plus vulgaire qu'elle ne l'était.

— Joséphine, c'est moi, Noël Bordes…

Joséphine Ladot a un choc qui imprime une secousse à ses chairs molles. Un instant, elle a une expression de frayeur mais, voyant que Noël sourit, elle se rassure. Elle dit d'une voix traînante :

— Ah, c'est toi, mon pauvre vieux ! Ils ont fini par te relâcher.

Noël n'a pas de temps à perdre. Il vient au fait.

— Écoute, Joséphine, je sais pourquoi tu m'as accusé. C'est parce que tu étais avec Michel. Je sais que tu ne voulais pas ce qui est arrivé. Au début, il ne s'agissait que de quelques coups de feu sur un flic. Tu ne pouvais pas savoir que la même arme avait tué deux fois et que je serais condamné à mort…

Noël Bordes marque un temps. Il inspire profondément :

— Joséphine, je voulais que tu le saches : je te pardonne.

Il attend quelque temps. La femme sort de son sac une cigarette qu'elle colle entre ses lèvres badigeonnées de rouge et l'allume. Elle répond, sans se compromettre :

— Tu sais, c'est loin, tout ça. Il s'en est passé du temps depuis…

Instinctivement, Noël Bordes l'a saisie par le bras.

— Je sais qu'il s'en est passé du temps ! Un mois à attendre la guillotine chez les condamnés à mort et vingt ans aux travaux forcés : cela fait beaucoup de temps, tu as raison !

Joséphine Ladot se dégage. Elle a brusquement l'air inquiète.

— Laisse-moi ! Tu me fais mal… Qu'est-ce que tu veux à la fin ?

Malgré lui, Noël Bordes crie presque :

— Ce que je veux, c'est que tu ailles à la police. Que tu leur dises que tu as menti à l'époque. Que je suis innocent. Tu entends : il faut que tu leur dises que je suis innocent !

Sa voix s'adoucit brusquement :

— Ce n'est pas pour moi, Joséphine, c'est pour ma fille. Je ne veux pas qu'elle croie qu'elle a un assassin pour père…

Joséphine Ladot écrase sa cigarette… Elle recule.

— Je ne peux pas aller chez les flics. Ils me coffreraient. Et puis, je ne me souviens plus. C'est du passé.

Noël Bordes a de nouveau agrippé le bras de la prostituée. Il le serre si fort qu'elle commence à crier. Mais il couvre sa voix.

— Tu ne te souviens plus ! Tu as fait condamner un homme à mort, pendant un mois, tu as cru que j'allais, à cause de toi, monter sur la guillotine et tu ne te souviens plus ! Ose me dire que cela ne t'a pas empêchée de dormir ! Quand vous étiez ensemble, Michel et toi, ose me dire que vous ne pensiez pas à moi !

Joséphine Ladot est terrorisée.

— Laisse-moi ou j'appelle !

— Pourquoi ? Pour que les flics arrivent ? Je croyais que tu ne voulais pas les voir, que tu avais peur qu'ils te coffrent…

— Laisse-moi ! Va-t'en !

Sans s'en rendre compte, Noël Bordes a agrippé par son corsage son ancienne compagne.

— Avoue que tu as menti ! Que tu as fait un faux témoignage. Dis, tu vas avouer ?

Une minute plus tard, Noël reprend conscience. Il tient entre ses mains une masse inerte… Joséphine, qu'il lâche sans même s'en rendre compte, tombe sur le parquet et s'immobilise dans une pose grotesque. Elle est morte. Il l'a étranglée…

La police a retrouvé le lendemain Noël Bordes noyé dans le canal. Il n'avait donné aucune explication à son geste. Mais en avait-il besoin ? Il avait supprimé le dernier témoin qui pouvait l'innocenter. Et, de toute manière, cette fois, il était devenu un assassin, un vrai.

30

L'ours brun

Constantin Vasilevscu rajuste son cache-col de ses gros doigts de bûcheron et se frotte les mains pour se réchauffer. C'est vrai qu'il ne fait pas chaud, en cette fin novembre 1991. Le ciel est gris et bas, un vent glacial balaie le cimetière de Thiais, arrachant avec violence les dernières feuilles des arbres. Figé devant une tombe, Constantin Vasilevscu est tout tassé sur lui-même, ce qui ne l'empêche pas de conserver une masse imposante. Et il parle, d'une grosse voix bourrue. Il parle en roumain, parce qu'il est roumain et que celle à qui il s'adresse l'était aussi et il bute de temps en temps sur les mots, parce qu'il a de la peine.

— C'est la dernière fois que je viens, Elena. Je pars, je rentre au pays…

Il renifle deux ou trois fois.

— Pourquoi n'as-tu pas attendu un peu plus ? Nous serions rentrés ensemble.

Il parle encore quelque temps, avec le vent qui couvre parfois ses paroles et il lance enfin :

— Je ne te laisserai pas ici. Je ferai ce qu'il faut pour que tu sois enterrée chez nous. Je te le jure !

Tout en regagnant le petit appartement qu'il a habité pendant sept ans, dans cette banlieue de la Région parisienne, Constantin Vasilevscu revit l'existence qui a été la sienne :

un mélange étonnant de malheur, de révolte et de solidarité…

Constantin est né cinquante-cinq ans plus tôt, à Craiova, une jolie cité du sud de la Roumanie, non loin du Danube, qui forme la frontière du pays. Il a une enfance heureuse. Sa famille est relativement aisée, son père est greffier au tribunal, sa mère est institutrice, malheureusement, il va se trouver rapidement confronté à la tragédie.

En 1948, le roi Michel Ier est contraint à l'exil et c'est l'instauration du communisme. Son père ne le supporte pas et se suicide d'une balle dans la poitrine. Outre le drame que cela représente pour Constantin et sa mère, la famille est maintenant fichée comme hostile au régime et ils sont en butte aux tracasseries de la police.

Cela n'empêche pas le jeune homme de poursuivre ses études au lycée de Craiova. Il est bon élève ; il a déjà la carrure athlétique qui sera la sienne plus tard. Il fait de la politique secrètement, car le milieu scolaire est particulièrement surveillé. Il a quelques amis sûrs, avec lesquels il échange des idées ; pour l'instant, il est impossible de faire autre chose.

Et voilà qu'à ce groupe de garçons, vient se joindre une fille… Elena a son âge, elle est aussi blonde qu'il est brun, aussi frêle qu'il est massif. Mais ce petit bout de femme est animé d'une détermination extraordinaire… Ils ont dix-huit ans et ils passent leur bac. Elle poursuit ses études pour être médecin, lui, pour être professeur de lettres.

Entre Constantin et Elena, les choses ne tardent pas à évoluer… Leur fraternité de lutte se transforme en d'autres sentiments. À vingt ans, ils se marient. Ils ont, comme tous les jeunes couples, des projets d'avenir et, d'abord, avoir un enfant dès qu'ils auront terminé leurs études. Mais la vie en décide autrement : ils n'auront pas d'enfant et ils ne termineront pas leurs études.

L'année suivante, en 1956, c'est l'insurrection de Hongrie. Pour eux, c'est comme un signal : ils doivent agir eux aussi. Ils sont dix-huit à faire partie du réseau et ils mettent au point un plan pour s'emparer des endroits stratégiques de Craiova. Mais un mouchard parle – ils ne sauront jamais qui –, ils sont arrêtés et ils passent en jugement. Étant donné qu'ils ne sont pas passés à l'acte, ils bénéficient d'une relative indulgence : quinze ans de prison chacun.

Ses années de détention ne sont pas perdues pour Constantin. Il fréquente des personnalités de l'ancien régime, des gens cultivés, qui ont séjourné à l'étranger, en France surtout, il parle beaucoup français avec eux et bientôt il pratique la langue à la perfection.

Il sort en 1968, après avoir purgé douze ans de sa peine, il retrouve Elena, libérée deux ans plus tôt. Elle est infirmière, n'ayant pu mener à bien ses études de médecine et, lui, s'établit comme instituteur et non comme professeur de lettres, pour la même raison.

En tout cas, la prison n'a en rien entamé leur détermination. Ils complotent toujours, même s'ils n'arrivent à rien. C'est qu'avec le nouveau maître du pays, Nicolae Ceausescu, la vie quotidienne est pire que jamais. Sous le dirigeant précédent, Gheorghiu-Dej, sévissait la plus grande brutalité ; ce n'était qu'arrestations massives et exécutions. Maintenant, la répression est moins spectaculaire, mais il règne un climat étouffant et, de temps en temps, quelques personnes disparaissent…

Bientôt, Constantin et Elena n'en peuvent plus ; ils sont prêts à tout pour quitter le pays. Quelquefois, ils vont se promener près du Danube tout proche. De l'autre côté, c'est la Yougoslavie, un pays qui n'extrade pas les Roumains qui viennent s'y réfugier ; de là on peut passer sans problème en Occident. C'est si tentant, si attirant ! Évidemment, il y a les gardes, qu'on peut apercevoir un peu partout. Mais il faut les oublier et croire à la chance…

Constantin Vasilevscu finit par tenter l'aventure. Elena ne l'accompagne pas. Elle n'est pas assez bonne nageuse, mais cela ne fait rien : une fois qu'il sera de l'autre côté, il tentera, d'une manière ou d'une autre de faire qu'il la rejoigne… Il s'en va, par une nuit sans lune de juin 1977. Malheureusement, il est repéré par une patrouille et arrêté au moment où il allait se mettre à l'eau. Il est condamné, cette fois, à sept ans de prison.

Il est libéré au bout de cinq. Sa détention n'avait rien à voir avec la précédente. Il a été enfermé dans des conditions très dures, avec des droits communs. Quand il sort, il est tout aussi combatif, mais il est amer. Il a compris que l'opposition au pouvoir ne pouvait conduire à rien, sinon à de nouvelles souffrances. Elena partage son point de vue. Ils se tiennent tranquilles. Seulement, pour soulager sa fureur intérieure, il se met à écrire. Ce sont des textes incendiaires, qu'il ne lit qu'à Elena et qu'il cache soigneusement dans le tiroir à double fond de son bureau.

Mais tout recommence !... Il aurait dû se douter qu'un opposant aussi résolu que lui ne serait pas laissé en paix par le régime. Un beau matin, une escouade de policiers débarque chez eux et se livre à une fouille en règle. Ils n'arrêtent leurs recherches que lorsqu'ils ont fait main basse sur le contenu du tiroir à double fond.

Constantin Vasilevscu est arrêté de nouveau et, avec la teneur de ses écrits, il ne se fait aucune illusion : cette fois, c'est la condamnation à mort ou, plus vraisemblablement, l'exécution sans jugement, d'une balle dans la nuque, dans un petit bois ou les souterrains d'une prison.

Et pourtant, non : c'est à ce moment qu'a lieu le miracle ! Comme cela leur arrive parfois de manière inexplicable, les autorités décident de ne pas insister. Elles cèdent. Constantin et Elena Vasilevscu, considérés comme irrécupérables, sont déchus de la nationalité roumaine et expulsés. Comme pays d'accueil, ils choisissent la France où ils obtiennent aussitôt l'asile politique et ils s'installent à Thiais, dans la Région parisienne.

On est alors en 1985. Le couple vit petitement, mais il n'a jamais été aussi heureux, car il bénéficie enfin de ce qu'il n'avait jamais connu : la liberté... Malheureusement, il est dit qu'ils ne resteront jamais longtemps en paix et, cette fois, la politique n'y est pour rien. Deux ans après leur arrivée, Elena tombe malade. On diagnostique un cancer et les traitements sont impuissants. La fin des Ceausescu, à la Noël 1989, ne parvient pas à les distraire de leur malheur. Elena meurt en 1990, après de terribles souffrances, et Constantin, en ce mois de novembre 1991, rentre seul au pays.

En Roumanie, rien ne s'est passé comme dans les autres nations communistes. C'est le seul où le changement de régime s'est fait dans la violence et c'est également, avec la RDA, celui où la répression policière a eu le plus d'ampleur. Mais alors qu'en ex-RDA, la normalisation s'est faite sans problème, les archives de la Stasi étant rapidement ouvertes au public, pour la Securitate, son équivalent roumain, il faut attendre…

Constantin Vasilevscu est donc obligé de patienter. Il s'est réinstallé à Craiova. Il a repris son poste d'instituteur et il habite un petit appartement au centre de la ville, non loin du logement qu'ils avaient, Elena et lui. Il ne fait plus de politique. Maintenant que le régime qui l'avait persécuté a disparu, il considère que son rôle est terminé. Et puis, après la mort de son épouse, il n'a plus trop le goût à se battre.

Il n'a pourtant que cinquante-six ans et, bâti comme il est, il semble fait pour vivre des dizaines d'années encore. Mais quelque chose s'est brisé en lui. Il vit dans le souvenir d'Elena, dont la photo trône dans toutes les pièces… À l'école, une de ses collègues tente de l'arracher à son passé. Elle s'appelle Margareta, elle est veuve elle aussi et elle a visiblement le béguin pour lui. Constantin en est flatté, d'autant qu'elle est intelligente et jolie, mais il n'a pas envie d'aller plus loin avec elle…

Les années passent et le voile qui avait recouvert le pays se soulève peu à peu. Les Roumains découvrent progressivement l'ampleur de l'appareil répressif, qu'avait mis sur pied Ceausescu. La surveillance était quotidienne. Il y avait environ

300 000 informateurs et de 10 000 à 15 000 membres de la Securitate. Chaque informateur rencontrait au moins une fois par semaine l'agent de la Securitate chargé de lui...

Enfin, le grand moment arrive. Au mois de mai 1999, presque dix ans après la chute du régime, les archives de la Securitate sont ouvertes au public. Constantin Vasilevscu, qui avait fait sa demande parmi les premiers, va pouvoir y accéder dès le jour de l'ouverture. La veille, sa collègue Margareta lui fait part de sa réserve.

— Tu tiens absolument à y aller ?

— Évidemment. Ce ne serait pas la peine d'avoir tant attendu !

— Ce que tu vas découvrir ne te plaira peut-être pas. C'est la face sombre des gens, la trahison.

— Je veux savoir qui.

— Et quand tu le sauras, qu'est-ce que tu leur feras ? Tu les tueras ?

Constantin Vasilevscu écrase l'une contre l'autre ses mains de bûcheron.

— Peut-être !

Le lendemain, il se retrouve dans une vaste pièce moderne, avec de longues tables de bois blanc. Il prend place en compagnie de ceux qui ont fait la même démarche que lui. Des employés arrivent, apportant des dossiers sur des chariots. Sur la plupart, il y en un ou deux, quelquefois trois ou quatre, mais, pour Constantin, il n'y en a pas moins de vingt-deux, entassés en plusieurs piles, qui menacent de s'effondrer. L'employé lui adresse un sourire.

— Félicitations, Monsieur ! On peut dire que la Securitate s'est intéressée à vous !

Il les dépose devant lui. On peut lire la même mention sur chaque couverture : « Ours brun ».

— Pourquoi « Ours brun » ?

— La Securitate donnait un surnom à chacune des personnes surveillées.

Constantin Vasilevscu sourit. « Ours brun », cela lui convient. C'est tout à fait lui !... Il ouvre le premier dossier et il pousse effectivement un cri de bête, un cri de fauve, un rugissement, qui fait se tourner vers lui toutes les personnes présentes dans la salle... Il a sous les yeux un formulaire de collaboration avec la Securitate et il est signé Elena Vasilevscu !

Le temps s'arrête, le sol s'écroule sous ses pieds. Celui qui renseignait ses ennemis, le traître, c'était elle ? Il doit se tromper, il y a une erreur quelque part... Mais non, il n'y a aucune erreur et il ne se trompe pas. Le papier est daté de 1966, alors qu'elle était en prison et il est dit explicitement qu'en échange de sa collaboration, elle bénéficiera d'une remise de peine.

C'était donc cela, la raison ? Ils s'étaient souvent demandé pourquoi, alors qu'ils avaient été condamnés pour la même chose, il avait fait deux ans de prison de plus qu'elle. Ils avaient conclu que cela faisait partie des mystères de l'Administration ou alors, parce que c'était une femme. Eh bien, pas du tout, c'était le prix de la trahison !

Dans un état second, Constantin Vasilevscu poursuit sa lecture et il va d'abomination en abomination : la capture sur les bords du Danube, c'était elle, elle avait donné l'heure et l'endroit où il comptait faire la traversée ; la perquisition, qui avait abouti à la découverte du manuscrit dans le tiroir à double fond, c'était elle encore ! Bien sûr, elle n'était pas la seule à l'espionner : il découvre que des voisins, des collègues, des prétendus amis y ont participé, eux aussi. Il était observé à chaque instant de sa vie, il était comme un poisson dans un aquarium, exposé aux regards de tous. Mais tout cela n'est rien, il s'y attendait, la seule chose qui compte, c'est elle !

Il quitte la salle en vacillant. Il rentre chez lui. Il fait un soleil radieux, mais il a l'impression que c'est la nuit. En cet instant précis, sa plus grande douleur vient de ce qu'Elena est morte. Elle est morte, ce qui l'empêche de se venger. Sinon, il l'aurait peut-être tuée, il l'aurait certainement tuée !

Arrivé dans son appartement, il se jette sur les photos de sa femme. Il les piétine, il les réduit en miettes, avec des cris de rage. Et puis, il casse tout, la vaisselle, les meubles. Il ne s'arrête que lorsqu'il n'y a plus que des morceaux. Il songe un moment à se détruire lui-même, en se jetant par la fenêtre ou de n'importe quelle autre manière. Mais il y renonce. Il décroche le téléphone et il appelle Margareta.

Lorsqu'elle arrive, il s'est un peu calmé. Il est en état de discuter. Elle essaie de comprendre le comportement d'Elena et de lui trouver des excuses.

— Elle n'a pas supporté la prison. Tout le monde n'a pas l'étoffe d'un héros.

— Un si long mensonge ! Comment a-t-elle pu ?

— Elle était dans un engrenage, elle ne pouvait plus faire marche arrière...

Ils parlent ainsi longtemps et il finit par s'apaiser, mais il y a une chose qu'il ne parvient toujours pas à comprendre.

— Pourquoi ne m'a-t-elle rien dit à la fin ? Elle allait mourir, elle le savait. Pourquoi a-t-elle choisi de partir avec cette horreur sur la conscience ? Pourquoi a-t-elle refusé de me demander pardon ?

— Il faut laisser à chaque être son mystère...

Constantin Vasilevscu a épousé Margareta. Auprès d'elle, il a trouvé, non pas le bonheur, mais une certaine forme de paix et de sagesse. Et surtout, il a essayé d'oublier une triste tombe du cimetière de Thiais, que personne n'irait jamais fleurir.

31

Le gang des Siciliens

Joseph Lenoir rentre chez lui, ce 10 avril 1963. Il marche rapidement dans la rue Montmartre. Il n'est pas loin de 18 heures. Personne ne fait attention à lui, dans la foule toujours dense de ce quartier populaire de la capitale.

Il faut dire que Joseph Lenoir n'a rien qui puisse attirer l'attention. D'apparence, il est quelconque et même insignifiant : blond, la quarantaine, petit, presque chétif. Pourtant, il y a quelque chose d'étrange dans son comportement. De temps en temps, il tourne rapidement la tête à gauche ou à droite, comme s'il se sentait suivi.

Joseph Lenoir est arrivé devant chez lui : un immeuble ancien, plutôt vétuste. Il marque un temps d'arrêt. Il doit bien se l'avouer, il a peur d'entrer. Tant qu'il est dans la rue, au milieu de tous ces gens qui l'entourent, il peut espérer un secours, même si c'est de l'un d'eux que peut provenir le danger. Mais l'entrée sombre et silencieuse de l'immeuble le terrifie. C'est peut-être là qu'ils se sont cachés, qu'ils l'attendent…

Joseph Lenoir hésite encore un instant et puis, comme on se jette à l'eau, franchit le porche. Il se précipite dans l'escalier. Cinq étages c'est long, et ses jambes le portent à peine. Malgré le temps plutôt frais, il est trempé de sueur. Des mots défilent dans son esprit : « Salaud. On va te faire la peau. Tu as eu tort de doubler les Siciliens. Tu t'es bien engraissé avec ton petit trafic, mais maintenant tu vas payer. »

Au palier du cinquième, Joseph s'arrête hors d'haleine. Une image ne veut pas le quitter : la tête de mort, la signature des messages anonymes, découpée dans du papier de couleur et collée en bas des lettres. Joseph Lenoir sait qu'il va mourir. Il n'est pas combatif. Il ne fera rien pour se défendre. D'ailleurs, que pourrait-il faire ?

Joseph tourne la clé dans la serrure. Il ouvre. Des cris joyeux l'accueillent :

— Papa !

Son fils Raymond, treize ans, et sa fille Caroline, huit ans, se jettent dans ses bras. Lucienne vient vers lui à son tour.

— Bonjour, chéri… Eh bien, quelle tête tu fais ! Tu ne vas pas me dire que ce sont encore toutes ces bêtises ?

Joseph hoche la tête avec accablement et pousse un gros soupir. Sa femme se hâte de changer de sujet de conversation.

— Il n'y a rien à manger. Il faut que je fasse les courses. Allez, venez les enfants !

Le petit Raymond et la petite Caroline enfilent leurs manteaux et se précipitent vers la porte. Dans les yeux bleus de Joseph Lenoir, il y a un instant de désarroi.

— Vous n'allez pas me laisser seul ?

Lucienne lui répond gentiment.

— Allons, tu n'es plus un gamin ! Si on sonne, tu n'auras qu'à ne pas ouvrir, c'est tout. Nous serons là dans une demi-heure. À tout à l'heure, chéri.

Et elle s'en va, suivie du garçon et de la fillette.

Une demi-heure plus tard, Mme Lenoir revient de ses courses, avec son filet à provision chargé. Pour ne pas avoir à sortir sa clé, elle sonne. Elle attend, mais bien sûr son mari ne va pas ouvrir. En maugréant, elle prend sa clé et ouvre la porte. Elle fait quelques pas dans l'appartement et recule précipitamment. Elle revient vers Raymond et Caroline, qui étaient encore sur le palier.

— Ne restez pas là, mes chéris ! Allez chez la concierge. Je viendrai tout à l'heure…

Car le spectacle qu'elle vient d'entrevoir n'est vraiment pas pour les enfants ! Son filet de provisions toujours à la main, Lucienne Lenoir contemple, les yeux fixes, une vision de cauchemar. La salle à manger est dans un état indescriptible. On dirait qu'un ouragan l'a dévastée. Les meubles sont renversés, les bibelots éparpillés par terre. Et, au milieu de la pièce, Joseph est allongé. Il est mort, elle l'a compris tout de suite. N'importe qui l'aurait compris. Ses vêtements sont en lambeaux, son visage n'est qu'une plaie. Son torse et ses jambes sont couverts de taches sanglantes et surtout, vision horrible, un pied de chaise brisé est fiché au milieu de sa poitrine.

Une demi-heure plus tard, le commissaire Lionel est sur les lieux avec l'équipe habituelle : photographe, spécialistes des empreintes. Tandis qu'on emporte le corps à la morgue, il interroge la veuve avec ménagements. Lui-même est mal à l'aise. Rarement, dans sa carrière, il a vu un tel acharnement.

— Je suis navré, Madame, mais je dois vous poser quelques questions. Est-ce que vous connaissiez des ennemis à votre mari ?

Sans répondre, Lucienne Lenoir va dans sa chambre et en rapporte une feuille de cahier d'écolier.

— Voilà, Commissaire. Depuis deux mois, il recevait des lettres de ce genre. Celle-ci est arrivée hier matin. Je n'ai pas osé la lui montrer.

Le commissaire Lionel considère le document. Sur la feuille, un court message, écrit à la main en caractères majuscules : « Tes jours sont comptés. L'heure est arrivée. Tu as eu tort de défier les Siciliens. Bien le bonjour en enfer. »

En bas, l'expéditeur a collé une tête de mort, découpée dans du papier d'emballage vert.

Le commissaire tourne et retourne la lettre dans ses mains, visiblement impressionné.

— Savez-vous quand ont commencé ces messages ?

— Début février, juste après mon arrivée.

— Votre arrivée ?

Lucienne Lenoir pousse un gros soupir.

— C'est que… monsieur le Commissaire, avant nous habitions près d'Orléans. C'est là que nous nous sommes rencontrés et que nous nous sommes mariés. Mais il y a huit mois, nous nous sommes disputés, et Joseph m'a quittée pour venir habiter seul à Paris. Il y a deux mois, il m'a demandé de reprendre la vie commune et de le rejoindre. J'ai accepté…

Lucienne essuie ses larmes.

— Quand je l'ai retrouvé, ce n'était plus le même homme. Il était inquiet, nerveux. Il m'a dit : « J'ai fait des bêtises ». Je lui ai demandé de quoi il s'agissait, mais il n'a pas voulu m'en dire plus. Pourtant, une fois j'ai vu…

Lucienne Lenoir s'arrête un instant. Elle semble encore terrorisée.

— C'était il y a quinze jours… Il ne devait pas être loin de 11 heures du soir. On a sonné. Il m'a dit : « N'ouvre pas. Ce sont eux. » Je suis quand même allée voir par le trou de la serrure. Ils étaient trois, en imperméable, des colosses, très bruns, avec de grosses moustaches. Vous ne pouvez pas savoir comme j'ai eu peur. Ils avaient de vraies têtes d'assassins !

En quittant Lucienne Lenoir, le commissaire Lionel sent qu'il est devant une enquête particulièrement délicate. Ce meurtre horrible indique à coup sûr une vengeance. Mais il est rare que le milieu ait recours à de pareils paroxysmes dans la violence. Les truands s'exécutent entre eux au revolver ou à la mitraillette. Qu'est-ce qu'a bien pu faire ou découvrir Joseph Lenoir pour s'attirer un pareil supplice ?

Les jours suivants, le commissaire Lionel apprend peu de choses. Au sujet de Joseph Lenoir, les témoignages sont unanimes : un homme tranquille, sans histoire, sérieux, plutôt timide. Mais le commissaire sait qu'il ne faut pas se fier aux apparences…

Il cherche également la trace de ces mystérieux Siciliens, qui reviennent sans cesse dans les menaces de mort. Mais toutes ses investigations sont vaines. Il n'y a pas trace d'un gang sicilien opérant à Paris.

15 avril 1963. Le corps de Joseph Lenoir quitte les médecins légistes. Il va être enterré dans son village du Loiret. Le commissaire Lionel décide de se rendre aux obsèques, car il sent qu'il a beaucoup à apprendre là-bas...

Dès l'enterrement terminé, il se met au travail et il recueille des informations intéressantes. Les gens qu'il interroge parlent par sous-entendus, mais ils disent tous la même chose.

— C'est Marcel Compani, l'épicier, que vous devriez voir, monsieur le Commissaire. Lui, il en sait des choses. Et il la connaît bien, Lucienne Lenoir !

Le commissaire Lionel se rend à l'épicerie. Le propriétaire des lieux est un homme d'une soixantaine d'années, les cheveux en brosse déjà blancs, l'air autoritaire.

— Monsieur Compani, j'aurais quelques questions à vous poser...

L'épicier répond de mauvaise grâce.

— Vous auriez pu attendre un peu, Commissaire. Je reviens juste du cimetière. J'ai fait ce que j'ai pu pour consoler la malheureuse Mme Lenoir.

— Vous la connaissez bien ?

L'épicier hausse les épaules.

— Oh, je sais ce qu'on a dû vous dire au village ! Mais je n'ai rien à me reprocher. Après le départ de son mari, j'ai proposé à Lucienne de venir chez moi. Je l'ai engagée comme vendeuse. Et comme j'ai une grande maison, elle s'y est installée, avec ses enfants et ses frères.

— Ses frères ? Quel âge ont-ils donc ?

— Henri a vingt-huit ans, Gaston trente-trois. Cela peut vous paraître bizarre, mais ils ne sont pas capables de vivre seuls. Avant, d'ailleurs, ils habitaient avec leur sœur et Joseph Lenoir. Ils sont – comment dire ? – un peu simples. Mais ce sont quand même de braves garçons.

Le commissaire Lionel s'assied tranquillement.

— Eh bien, nous allons les attendre. Je suppose qu'ils ne vont pas tarder à rentrer…

Quelques minutes plus tard, effectivement, les deux frères arrivent. Ce sont deux colosses. Leur costume du dimanche, qu'ils ont mis pour l'enterrement, leur donne un air pataud. En voyant le commissaire, ils semblent surpris.

C'est Gaston, le plus grand et le plus fort – il doit peser au moins cent kilos –, qui se décide à parler en premier.

— Nous, on sait rien, Monsieur le Commissaire.

Il se tourne vers son frère.

— Hein, c'est vrai qu'on sait rien, Henri ? D'abord Joseph on l'aimait bien.

Le nommé Henri pousse un grognement approbatif.

— Ça, c'est sûr !

Le commissaire décide de s'en tenir là. Les jours qui suivent, il a fait le tour des racontars du village. La rumeur publique accuse l'épicier Compani, malgré ses soixante ans, d'être l'amant de Lucienne Lenoir. Selon les habitants, il l'était depuis au moins deux ans. C'était d'ailleurs la raison de la rupture entre Joseph et Lucienne.

Le commissaire n'est pas tellement surpris de ces informations. Une machination montée par la femme en compagnie de son amant où les deux brutes de frères ont joué le rôle d'exécuteurs, est un scénario qui lui semble plausible. Mais encore faudrait-il qu'il ait une preuve.

Marcel Compani a un alibi. Il était au café dans la soirée du 10 avril et il est impossible qu'il ait pu être à Paris à 18 h 30, l'heure du meurtre. Quant aux deux frères, ils prétendent être restés dans la chambre qu'ils partagent chez l'épicier. Bien sûr, ce n'est pas un alibi, mais jusqu'à une preuve du contraire, on est bien obligé de les croire.

C'est alors que le commissaire, qui s'est installé dans la gendarmerie, reçoit une visite inattendue. C'est un vieil homme tout voûté aux cheveux blancs. Il porte des lunettes cerclées de fer, comme dans l'ancien temps. Il s'est fait annoncer en prétendant qu'il apportait des informations très importantes au sujet de l'affaire Lenoir. En arrivant devant le commissaire, il ôte son chapeau, reste silencieux quelques instants et puis, il se décide :

— Monsieur le Commissaire, je ne peux pas me taire plus longtemps. Les menaces, les lettres anonymes, c'était moi !

Le commissaire ouvre des yeux ronds. Celui qui signait d'une tête de mort, ce gang des Siciliens, c'est ce petit retraité aux cheveux blancs ! L'homme parle d'une voix étranglée.

— Je ne pouvais pas savoir, Monsieur le Commissaire ! Je ne voulais pas faire de mal. J'ai fait cela pour rendre service.

— Curieuse manière de rendre service. Vous serez poursuivi pour menaces de mort. Continuez !

— C'est Marcel Compani qui me l'avait demandé. Il m'a dit que cela pourrait être utile à Lucienne Lenoir si elle voulait divorcer. Alors j'ai écrit ce qu'il m'a dicté...

Le commissaire Lionel conserve son air sévère, mais intérieurement il ressent une intense satisfaction. Enfin, une preuve ! Après avoir fait signer ses aveux au retraité, il retourne à l'épicerie. Son plan d'action est déjà fixé. Il va attaquer du côté des deux frères.

Henri et Gaston sont tout surpris de voir revenir le commissaire. Celui-ci les regarde sans rien dire, tandis qu'ils se dandinent gauchement devant lui d'une jambe sur l'autre, de plus en plus mal à l'aise, et brusquement il pointe le doigt vers eux.

— On vous a vus rue Montmartre. Je ne voulais pas croire que vous étiez des assassins. Et pourtant c'est vrai ! Pourquoi avez-vous fait cela ?

Immédiatement, les deux frères s'effondrent, s'écroulent... Ils tentent de se faire aussi petits que possible. C'est Gaston qui parle le premier.

— On voulait pas le tuer. On a tapé, c'est tout. On voulait lui donner une bonne correction au Joseph, mais il a tapé lui aussi. Alors, on s'est fâchés. C'est pas de notre faute. On est trop forts...

Le commissaire Lionel continue d'une voix plus douce.

— Je suis sûr que ce n'est pas tout à fait votre faute. Mais ce que je veux savoir, c'est pourquoi vous en vouliez tant à Joseph Lenoir. Qu'est-ce qu'il vous avait fait ?

Gaston se racle la gorge. Sa pomme d'Adam fait un va-et-vient pendant quelques instants.

— C'est quand on a appris ce qu'il faisait à notre sœur. Tous les jours, M. Bernard venait nous dire que Joseph battait Lucienne. Il lui prenait ses sous. Quand il nous a dit que Joseph voulait lui faire faire le trottoir, alors, on a vu rouge. On est partis pour Paris. Même que M. Compani nous a conduits à la gare d'Orléans, avec sa camionnette.

— Et comment êtes-vous entrés ? Méfiant comme il l'était, Joseph Lenoir n'aurait jamais dû vous ouvrir.

— On avait la clé. C'est Lucienne qui nous l'a envoyée.

Pour le commissaire Lionel, l'enquête est terminée. Il inculpe de meurtre les deux frères, Lucienne Lenoir et Marcel Compani.

Aux assises de la Seine, le procès des quatre accusés a vite mis en évidence le rôle de Lucienne et de son amant, tandis que ses frères sont apparus pour ce qu'ils étaient : des ins truments manipulés au cours d'une machination particulièrement odieuse.

Marcel Compani a été condamné à huit ans de prison. Henri et Gaston à six ans chacun. C'est Lucienne qui a été le plus lourdement condamnée : dix ans. Sans doute parce que les jurés ont trouvé sa trahison particulièrement ignoble. Ils ne lui ont pas pardonné ce calvaire qu'elle a infligé à son mari pendant deux mois par lettres anonymes interposées, les réconforts hypocrites qu'elle lui a prodigués, alors qu'elle était à l'origine de tout, son sang-froid, enfin, lorsqu'elle est descendue faire les courses, en compagnie de ses enfants, tandis qu'on l'assassinait.

Et puis, il y a eu aussi la comédie de la douleur qu'elle a jouée après. Plusieurs journaux avaient publié, à cette époque, sa photo à l'enterrement de Joseph. Elle était en larmes devant la couronne où elle avait fait inscrire : « À mon mari chéri. Regrets éternels. »

32

Le Suisse allemand

Hans Müller se prépare à allumer une cigarette, dans le train qui le conduit de Londres à Glasgow. La trentaine, de petite taille, habillé de manière bourgeoise en costume strict et gilet, Hans Müller a l'allure passe-partout des gens respectables et sans histoire. Avant d'allumer sa cigarette, il s'adresse à la personne qui est assise en face de lui : un pasteur, plongé dans la lecture de la Bible. Hans Müller a un fort accent germanique…

— La fumée ne vous dérange pas, mon Révérend ?

L'homme d'église lève les yeux.

— Mais non, je vous en prie…

Tandis qu'Hans Müller allume sa cigarette, le pasteur le détaille d'un air soupçonneux.

— Vous êtes allemand ?

Il faut préciser que nous sommes au début décembre 1912 et que les rapports entre Britanniques et Allemands sont loin d'être cordiaux. Müller a un large sourire, en tirant sa première bouffée.

— Non, mon Révérend, suisse allemand. Je suis de Bâle.

L'évocation de ce pays neutre provoque aussitôt une mimique bienveillante sur le visage du pasteur qui se remet, l'âme en paix, à sa lecture religieuse… Hans Müller regarde intensément son vis-à-vis. Dieu que les gens sont crédules ! Il suffit qu'on leur dise quelque chose pour qu'ils le croient.

Mais non, il n'est pas suisse allemand. Il est allemand, tout simplement. Et, s'il se rend à Glasgow, ce n'est pas pour admirer les paysages écossais. C'est qu'il a été chargé par son pays d'une mission délicate et dangereuse, une mission de guerre.

Cela fait déjà six ans que le lieutenant Hans Müller est employé par les services secrets allemands. Il a donné toute satisfaction à ses chefs et c'est pourquoi il a été désigné pour ce travail minutieusement préparé.

Il s'agit d'espionner l'usine ultra-secrète Breadmore and Co, installée à Glasgow. Elle fabrique, pour la Royal Navy, des appareils optiques de pointage à longue distance, destinés aux canons de gros calibre… Hans Müller ne s'inquiète pas trop. D'abord, il est sûr de lui et, ensuite, ses chefs ont admirablement organisé les choses. Il n'aura qu'à suivre point par point leur plan. Un plan, il faut bien le reconnaître, diabolique !

Février 1913. Hans Müller est penché sur le mécanisme compliqué d'un chronomètre… Il n'a eu aucun mal à se faire engager par les ateliers Gladstone, la plus grosse fabrique de montres de Glasgow et même de toute l'Écosse. Avec les certificats qu'il a présentés au patron et qui le faisaient venir d'une des firmes suisses les plus réputées, il a été pris tout de suite. Les certificats sont faux, mais Hans Müller a subi avant de partir, un intense apprentissage en horlogerie et il est suffisamment habile de ses mains pour donner le change, du moins le temps de sa mission.

Les ateliers de Gladstone n'ont rien à voir ni de près ni de loin avec les usines Breadmore and Co, qui fabriquent le matériel de guerre. Mais c'est là que se situe la première étape du plan préparé par les services secrets allemands. Et Hans Müller a déjà beaucoup progressé dans ce sens…

Son compagnon d'établi s'adresse à lui, sans quitter des yeux la montre qu'il est en train de monter. C'est un grand gaillard aux cheveux poivre et sel, à la moustache tombante.

— Dites donc, Hans, vous êtes toujours aussi mécontent de votre logeuse ?

Hans Müller ne quitte pas, lui non plus, son travail des yeux.

— Et comment ! Elle me facture chaque broc d'eau pour ma toilette. Et de l'eau à peine tiède, en plus ! Elle n'est pas écossaise pour rien, celle-là !

Son compagnon de travail hoche la tête.

— Vous savez, j'ai pensé à une chose. On est plutôt au large dans notre pavillon, ma femme, mon fils et moi. Alors si cela vous disait, on pourrait vous louer une chambre.

Intérieurement, Hans Müller a un sentiment de triomphe. Il sait fort bien que William Mac Murphy vit très au large dans sa grande maison, avec sa femme Wilma et son fils Angus. C'est précisément pour cela et uniquement pour cela qu'il s'est fait engager aux ateliers Gladstone. C'était le premier point dans le plan de ses chefs : il devait acquérir l'amitié de William Mac Murphy. Et il y est arrivé sans mal. Comme tous les bons espions, Hans Müller a une qualité innée : il est sympathique… Il fait semblant d'être réticent.

— Non, je ne veux pas vous gêner. Vous êtes en famille. Vous n'avez pas besoin d'un étranger.

— Vous m'ennuyez ! Vous allez vous installer chez moi à un loyer raisonnable. Je veux vous prouver que tous les Écossais ne sont pas des voleurs !

Hans Müller discute encore un peu pour la forme et finit par se laisser convaincre… Tout va bien ! À la deuxième étape, maintenant. Cela ne devrait pas poser de problème non plus.

Angus Mac Murphy, le fils de William, est un peu plus jeune qu'Hans Müller : il n'a pas encore la trentaine. Il a les yeux bleus, un visage ouvert et une chevelure aussi rousse que possible, ce qui n'a rien de spécialement remarquable en Écosse… Conformément aux instructions, Hans Müller a tout fait pour s'attirer l'amitié du jeune homme et il y a réussi. Car Angus Mac Murphy est la pièce centrale de toute la combinaison : il est ingénieur aux usines Breadmore and Co et, plus précisément, il fait partie du bureau d'études qui fabrique l'appareil de pointage optique…

Ce 4 avril 1913, Hans Müller dîne, comme chaque soir, à la table familiale. Angus Mac Murphy semble d'excellente humeur.

— Je vais faire des heures supplémentaires. L'État vient d'accélérer sa commande. Maintenant, je travaille jusqu'à minuit. Ce sera dur, mais il y a une sacrée prime au bout !

Hans Müller s'enquiert poliment.

— C'est toujours vos appareils pour la marine ?

— Oui. Notez bien, que je ne devrais pas vous le dire. Normalement, nous n'avons pas le droit d'en parler à des étrangers. Mais si on ne peut plus faire confiance à personne…

Hans Müller s'éclipse un instant et revient avec un appareil photo dernier modèle, accompagné d'un flash à magnésium.

— Je ne vous avais pas dit que la photo était mon violon d'Ingres ?

Tandis que la famille Mac Murphy trinque au brillant avenir d'Angus, Hans Müller fait plusieurs clichés. Lui aussi a toutes les raisons d'être d'excellente humeur. Tout se déroule comme l'avaient prévu ses chefs. Maintenant, il est temps de passer à l'action !

12 avril 1913. Dans sa chambre, au deuxième étage de la maison Mac Murphy, Hans Müller se livre à un travail délicat. En face de lui, il a une glace et une photo très agrandie d'Angus Mac Murphy, une de celles qu'il a prises au cours de la soirée. Il a déjà mis sur sa tête la perruque rousse qu'il s'est procurée ; maintenant, il s'efforce, à l'aide de cire, de rajeunir ses traits et de modifier la courbe de son nez. Quelques applications encore… Voilà : c'est parfait !

Il est minuit et demie. Angus Mac Murphy est rentré il y a un quart d'heure environ. Comme d'habitude, il a dû laisser son pardessus au porte-manteau de l'entrée et Hans Müller sait, pour l'avoir déjà fouillé, qu'il contient les clés du coffre renfermant les plans secrets.

Hans Müller descend les escaliers à pas de loup. Une fois dans l'entrée, il s'habille prestement du pardessus et il part d'une allure pressée.

L'usine Breadmore and Co est à peine à cinq minutes de marche. C'est maintenant le moment crucial. Hans Müller serre contre lui l'appareil photo et le flash.

Voilà l'usine... Surtout, avoir l'air le plus naturel possible ! Hans franchit les grilles. Une ombre se dresse brusquement dans le poste du gardien.

— Qu'est-ce que c'est ?

Hans Müller s'est entraîné à imiter la voix du jeune Écossais et il y parvient assez bien, malgré son accent. Il connaît également le prénom du gardien de nuit. C'est Angus qui le lui a dit au cours d'une conversation.

— C'est moi, Wilbur, ne vous inquiétez pas. J'ai oublié un papier sur mon bureau.

La lumière d'une torche électrique passe rapidement sur son visage.

— Bonsoir, M. Mac Murphy. Vous n'avez pas honte d'être distrait comme cela ?

Après un petit rire et un signe de la main, Hans Müller s'en va... Le reste devrait aller sans peine... Effectivement, il n'a aucun mal à ouvrir le coffre, à en sortir les documents, à en choisir quelques-uns et à les photographier.

Il repasse rapidement devant le poste de garde.

— Bonne nuit, Wilbur !

— Bonne nuit, M. Mac Murphy.

Voilà, c'est fait ! Maintenant, il n'a plus qu'à aller développer les clichés dans le laboratoire sommaire qu'il a installé dans son cabinet de toilette et il les enverra par la poste, tout simplement. Il les enverra en Suisse où l'un de ses correspondants les fera passer en Allemagne. Cette dernière précaution a été prise, au cas, bien improbable, où son courrier serait surveillé. Tout cela est simple, ingénieux et terriblement efficace. Le seul ennui est qu'il est loin d'avoir tout photographié. Il devra revenir.

22 juin 1913. Le capitaine French, de l'Intelligence Service, se trouve à Glasgow, dans l'usine Breadmore and Co. Si ses chefs l'ont envoyé là, c'est que la situation est grave. Un agent anglais opérant à Berlin les a prévenus que les Allemands étaient en possession des plans du système de visée pour canons lourds. Les fuites doivent logiquement provenir de l'usine.

Le directeur a rétorqué au capitaine French qu'il était sûr de tout son personnel, principalement des ingénieurs, mais le capitaine sait par expérience qu'on ne peut être sûr de personne et il poursuit une enquête approfondie. Enquête qui ne donne rien jusqu'au moment où il interroge Wilbur, le gardien de nuit.

— Non, Capitaine, personne n'est entré pendant que j'étais de service. Enfin, personne d'étranger à l'usine.

Les réflexes professionnels du capitaine French se mettent brusquement en alerte.

— Comment cela : « d'étranger à l'usine » ?

— Eh bien oui, je ne compte pas M. Mac Murphy. Un sacré distrait ! Il est venu deux fois après la fermeture, parce qu'il avait oublié quelque chose sur son bureau.

— Vous êtes sûr que c'était lui ?

— Bien sûr. Sans quoi je ne l'aurais pas laissé passer... Dites, capitaine, vous n'allez pas lui faire avoir des histoires à cause de moi. C'est un type bien, Mac Murphy !

Oui, un type bien : c'est exactement la conclusion que tire le capitaine French de l'étude du dossier Mac Murphy, qu'il est allé consulter à la direction de l'usine. Élève modèle, ingénieur brillant, animé, selon le rapport, de sincères sentiments patriotiques, Angus Mac Murphy paraît le moins soupçonnable des employés.

Le capitaine contemple ce visage ouvert, avec un rien de candide dans le regard et le sourire… Il soupire. Il a beau y être habitué, il est, à chaque fois, choqué de constater que la trahison peut se glisser derrière les apparences les plus irréprochables.

Il retourne devant la grille, trouver Angus.

— À partir de cette nuit, je ferai équipe avec vous.

Le gardien affiche une mine passablement vexée.

— Vous n'avez pas confiance en moi ?

Le capitaine sort un revolver de gros calibre de sa poche.

— Si, mais on ne sera pas trop de deux, je vous l'assure !

La nuit qui vient, il ne se passe rien, la nuit suivante non plus, mais tout va changer, lors de la troisième, celle du 24 juin 1913.

Pour Hans Müller non plus, elle ne s'annonce pas comme les autres. L'espion allemand est trop avisé pour ne pas redouter que son manège attire un jour l'attention. Aussi, il a décidé que cette fois serait la dernière. Au lieu de choisir plusieurs plans, pour les photographier, il va emporter tout le contenu du coffre et disparaître. Ses arrières sont admirablement préparés : un canot rapide l'attend sur une plage et le conduira sur un navire allemand, qui mouille au large.

Une ombre se présente devant les grilles des usines Breadmore.

— Bonsoir Wilbur ! J'ai encore oublié quelque chose.

La torche électrique éclaire un visage roux, aux allures encore juvéniles.

— Ça va, M. Mac Murphy. Vous pouvez passer.

L'ombre reprend le chemin de l'usine, tandis que le capitaine French et le gardien la suivent sans bruit… La lumière s'allume dans le bureau d'Angus Mac Murphy. Les deux hommes attendent quelques minutes encore et ils se ruent à l'intérieur… Le coffre est grand ouvert ! L'homme, surpris, se relève vivement. Le capitaine French crie :

— Rends-toi, Mac Murphy !

Mais l'espion est le plus rapide. Il a dégainé et deux coups de feu claquent. Le capitaine et le gardien s'effondrent, tandis que, posément, il ramasse les plans secrets et s'enfuit.

En raison de son importance stratégique, l'usine Breadmore and Co, est surveillée par la police de Glasgow, qui effectue des rondes la nuit. Il se trouve que les deux agents de service à bicyclette arrivent quelques minutes seulement après l'agression. La lumière allumée dans le bureau attire tout de suite leur attention. Ils se précipitent et découvrent le tragique tableau des deux hommes baignant dans une mare de sang. Le lieutenant French ne bouge pas, mort ou seulement inanimé, mais le gardien Wilbur geint sourdement. L'un des policiers se penche sur lui.

— Qui a fait ça ?

— Angus Mac Murphy. Il faut le coincer, vite !

— Où habite-t-il ?

Le gardien fait un énorme effort pour parler. Il est très faible, il bute sur les mots, mais il y arrive quand même.

— Toutes les adresses du personnel sont dans ma guérite...

Le temps de téléphoner à l'hôpital pour appeler les secours, les agents se précipitent dans la guérite. Ils trouvent sans mal la liste du personnel. L'adresse se situe dans un quartier résidentiel de Glasgow. Ils s'y rendent en pédalant avec toute l'énergie dont ils sont capables, mais ils ne se font guère d'illusion. Il est peu probable qu'après avoir abattu deux hommes, le coupable soit retourné se coucher dans son lit.

Ils arrivent sur les lieux. Il s'agit d'un vaste pavillon, qui semble endormi. Ils se demandent comment ils vont y entrer. Ils ne vont tout de même pas sonner pour donner l'alerte ! Heureusement, la chance est de leur côté : en raison, sans doute, de la chaleur qui règne cette nuit, une fenêtre du rez-de-chaussée est restée entrebâillée. Ils entrent et se heurtent à William Mac Murphy, le père, qui est allé à la cuisine se chercher un verre d'eau.

— Angus Mac Murphy, c'est vous ?

— Non, c'est mon fils.

— Où est-il ?

— À cette heure-ci, dans sa chambre. Où voulez-vous qu'il soit ?...

Les policiers se ruent dans la chambre et découvrent Angus dans son lit, en train de dormir ou, du moins, de faire semblant. Ils ne peuvent s'empêcher d'être impressionnés par le sang-froid du personnage... L'un des deux agents le secoue brutalement.

— Allez, debout ! Suivez-nous !

Le jeune homme ouvre des yeux ahuris. Il a effectivement l'air de quelqu'un qu'on vient de réveiller en sursaut.

— Mais de quoi voulez-vous parler ?

Le policier lui passe les menottes.

— Vous êtes un traître et vous serez pendu, Angus Mac Murphy !

29 juin 1913. Il y a maintenant une semaine qu'Angus a été arrêté sous l'inculpation de haute trahison et de tentative d'assassinat du gardien de son usine et du capitaine French de l'Intelligence service, car tous les deux ne sont que blessés. Pour la centième fois, il clame son innocence devant le lieutenant Lennox, de Scotland Yard, qui s'est déplacé spécialement de Londres.

— Mais ce n'est pas moi ! Je vous jure que ce n'est pas moi !

— Le gardien et le capitaine vous ont formellement reconnu. Dès qu'ils seront remis de leurs blessures, nous les confronterons avec vous.

— Mais enfin, si c'était moi, je ne serais pas rentré chez moi. J'étais dans mon lit, quand vous êtes venus m'arrêter.

— Parce que vous pensiez les avoir tués tous les deux, pardi ! Malheureusement pour vous, ils ne sont pas morts.

— Je ne suis pas coupable. C'est ce Suisse que nous logions chez nous, ce Hans Müller, qui a dû se déguiser pour me ressembler. Il a disparu la nuit-même de l'agression. C'est bien la preuve que c'est lui.

— Effectivement, Hans Müller est vraisemblablement un espion allemand et c'est sans nul doute lui qui a les plans à l'heure actuelle.

Le lieutenant Lennox hausse la voix.

— De quelle manière les lui avez-vous remis ? Quels sont vos autres complices ? Dénoncez toute votre organisation, c'est votre seule chance de sauver votre tête !

Angus ne répond pas. Il n'y a rien à répondre, c'est inutile.

18 novembre 1913. Angus Mac Murphy passe en jugement devant les assises de Glasgow. Malgré l'insistance des policiers, il n'a rien avoué et, malgré les conseils de son avocat, il a choisi de plaider non coupable. De l'avis de son défenseur, c'est un véritable suicide. Avec les charges qui pèsent contre lui et les arguments dont dispose l'accusation, il n'a pas la moindre chance.

Effectivement, les débats tournent au complet désavantage de l'accusé, surtout quand le gardien Wilbur et le capitaine French viennent déposer. Ils sont on ne peut plus affirmatifs.

— C'est lui, Votre Honneur, j'en jure devant Dieu !

— C'est lui. Il n'y a aucun doute à ce sujet !

19 novembre 1913. Dernière journée du procès d'Angus Mac Murphy, qui a été prévu pour durer deux jours seulement. À quoi bon, en effet, débattre davantage ? Angus est coupable, tout le monde en est persuadé, même, visiblement, son avocat. Il n'y a que l'accusé pour prétendre l'inverse, mais cette attitude puérile ne le sauvera pas, bien au contraire.

La cour fait son entrée. Personne ne s'attend à quoi que ce soit de spécial, lorsque le président prend la parole d'une voix émue.

— Messieurs les jurés, j'ai une communication de la plus haute importance à vous faire…

Il exhibe une photo.

— J'ai reçu ce cliché hier soir. Il était expédié d'Allemagne et s'accompagnait d'un mot : « Quels que soient les événements qui ont pu nous opposer, je ne souhaite pas qu'un innocent soit condamné à ma place. » Et c'est signé Hans Müller.

Il y a un silence de mort. Le temps semble s'être arrêté dans la salle d'audience. Le président reprend :

— Cette photo, que je vais faire circuler parmi vous, montre un individu qui ressemble à s'y méprendre à l'accusé, mais qui n'est pas l'accusé, puisqu'il tient à la main un journal de la semaine dernière.

L'émotion est à son comble… Le cliché passe de mains en mains provoquant des cris de stupéfaction et le procès est suspendu pour complément d'enquête, dans la confusion générale.

L'enquête a, bien entendu, prouvé l'entière innocence d'Angus Mac Murphy, qui a tout de même été renvoyé de son usine, pour s'être montré trop bavard avec un étranger. Quant à Hans Müller, la presse britannique n'a pas tari d'éloges sur son geste et lui a décerné le plus beau compliment que puisse faire un Britannique à un non-Britannique : elle l'a qualifié de gentleman.

33

Le policier et le révolutionnaire

En ce début des années 1880, la Russie vit au rythme des bombes. Les hauts personnages de l'État et le tzar en particulier sont sans cesse victimes d'attentats. Ce n'est pas le fait des marxistes, qui prendront le pouvoir quelques décennies plus tard, mais des anarchistes, ou nihilistes, comme ils aiment volontiers se nommer. Ils ne veulent rien, ils ne croient en rien, leur but n'est pas de construire, mais de détruire.

Et il faut reconnaître que le régime tsariste a de quoi inspirer l'hostilité, voire le dégoût. La Russie est, de loin, le pays le plus rétrograde d'Europe. Le servage – qui existait encore ! – vient juste d'être supprimé, mais la société reste cloisonnée, fermée. La noblesse accapare tous les postes, la bourgeoisie n'a aucun espoir de promotion ; quant aux millions d'habitants des campagnes, les moujiks, s'ils sont devenus théoriquement libres, ils sont maintenus dans un état de pauvreté et d'ignorance effrayant.

Face à cette situation, des individus de plus en plus nombreux se dressent. Ils sont jeunes, ils sont étudiants ou ils viennent juste de terminer leurs études, ils comptent beaucoup de femmes dans leurs rangs, ils sont idéalistes et prêts à faire le sacrifice de leur personne.

Le décor est planté et notre histoire peut commencer. Il faut pourtant ajouter une dernière composante : l'âme slave, tourmentée, exaltée, tortueuse, imprévisible. Ce qui va suivre semble sorti tout droit d'un roman de Dostoïevski et n'aurait sans doute pas pu se dérouler ailleurs qu'en Russie.

Sergueï Petrovitch Degaev naît en 1857, à Moscou, dans une famille de la bourgeoisie moyenne. Il est vif, éveillé, bon élève et, après de brillantes études secondaires, il passe le concours de l'École militaire de Saint-Pétersbourg. Malheureusement, ses espoirs de carrière ne tardent pas à prendre fin.

De cœur, même s'il s'abstient d'agir, Sergueï Degaev est du côté des révolutionnaires. Or, l'École militaire, qui forme les cadres du régime, est particulièrement surveillée. Sergueï ne saura jamais pour quelle raison – sans doute des conversations imprudentes –, mais il est renvoyé brutalement. Il a vingt ans et c'est un premier tournant de son existence. Il ne sera pas militaire, il sera ingénieur. Il s'inscrit dans une école scientifique et, cette fois, il se lance vraiment dans l'action politique.

Avec ses allures romantiques et ses yeux rêveurs, il devient vite une figure dans ce milieu à part. Pendant des soirées entières, il refait le monde, en compagnie de ses camarades. Il n'est pas anarchiste, la destruction et la négation de tout ne l'attirent pas. Il voudrait construire, mais il ne sait pas exactement quoi. Il a de grandes idées, généreuses et confuses.

À ce moment, l'organisation terroriste la plus puissante est « La Volonté du peuple ». C'est elle que les autorités rendent responsable des attentats qui se multiplient, c'est elle que la police traque sans relâche. Sergueï Degaev rejoint ses rangs, mais malgré ses efforts, il reste confiné à un niveau subalterne. Il ne comprend pas pourquoi, alors que son engagement est total. En fait, il a une faiblesse : il a horreur du sang, de la violence et il l'a exprimé à plusieurs reprises. Dans son esprit, c'est une marque de respect pour la vie, mais les autres auraient plutôt tendance à y voir un signe de lâcheté.

Il s'en explique une fois avec Vera Figner, un petit bout de bonne femme qu'il voit de temps en temps. Il ne le sait pas officiellement, mais il se doute qu'elle fait partie du Comité exécutif de l'organisation, là où se prennent les grandes décisions. Il vient la trouver à l'issue d'une réunion.

— J'aimerais faire plus pour la cause, m'impliquer davantage.

— Un attentat contre le tzar, par exemple ?

Il y a déjà eu cinq attentats contre Alexandre II. Ils ont échoué, mais ils ont été sanglants, faisant des victimes dans l'entourage impérial. Plusieurs de leurs auteurs ont été arrêtés, jugés et pendus… Sergueï Degaev fait la grimace.

— Non, ça, je ne crois pas que je pourrais. Mais je peux faire d'autres choses, de la propagande, par exemple.

— On verra…

13 mars 1881, cette fois, les terroristes sont parvenus à leurs fins : Alexandre II n'a pas survécu à un nouvel attentat. L'émotion est énorme et entraîne une répression sans précédent. Tous ceux qui sont plus ou moins suspects de sympathie pour les révolutionnaires sont arrêtés et, parmi eux, Sergueï Degaev. C'est la première fois qu'il se retrouve en prison. Il n'en mène pas large. Bien sûr, il n'a rien fait, mais sait-on jamais ? Ses craintes sont pourtant vaines : il est libéré pratiquement tout de suite, avec le menu fretin dont il fait partie.

Des moments heureux succèdent à cette alerte. Il passe son diplôme d'ingénieur en chemins de fer et il fait la connaissance de Luboia Ivanovna, une étudiante qui partage ses opinions politiques. Elle devient sa femme. Elle ne tarde pas à être enceinte. C'est une parenthèse de bonheur et d'insouciance dans son existence mais la politique ne tarde pas à se rappeler à lui.

Il a gardé des contacts avec La Volonté du peuple et Vera Figner vient le trouver.

— Tu n'avais pas dit que la propagande t'intéressait ?

— Plus que tout !

— Alors, nous te confions une mission importante : monter une imprimerie clandestine à Odessa.

Sergueï est transporté de fierté et de joie. En compagnie de son épouse, il s'installe à Odessa et là, il suit les instructions. Il s'agit de récupérer le matériel à la gare et de le convoyer jusqu'à l'appartement qu'il a loué en ville. Mais il commet des imprudences et ne tarde pas à se faire repérer. La police ne l'arrête pas tout de suite. Elle attend que l'ensemble soit installé pour faire irruption chez lui. Luboia Ivanovna, emmenée avec lui, est mise rapidement hors de cause.

Mais lui reste en prison. Et ce n'est pas du tout dans les mêmes conditions que la première fois. Il est maintenant sous le coup d'un chef d'accusation précis : imprimerie clandestine. Or, pour les autorités, c'est presque aussi grave qu'un attentat. Si ce n'est pas puni de mort, cela peut valoir la prison à vie. Du coup, ses conditions de détention ne sont plus les mêmes. Il est conduit à la prison d'État de Saint-Pétersbourg, celle qui abrite les terroristes et il est soumis au régime qui leur est réservé : une cellule sans fenêtre, avec une mince ouverture très haut dans le mur et un silence absolu ; le garde qui lui apporte une fois par jour sa nourriture n'a pas le droit de lui parler. Dans cette solitude effrayante, il sent progressivement sa raison vaciller.

Enfin, au bout d'un temps qu'il ne peut pas estimer, il est sorti de sa prison et, après un long chemin dans des couloirs lugubres, il est conduit dans un bureau. C'est là que l'attend son destin.

Gueorgui Porfirevitch Soudeïkin est sans conteste, en cette année 1883, le meilleur policier de Russie… Un peu plus âgé que Degaev, il est né en 1850, dans la province de Smolensk. Sa famille appartient à la petite noblesse désargentée. Après des études secondaires, il entre à l'École militaire. Il en sort parmi les premiers et, d'une manière surprenante, demande à faire partie du corps de la gendarmerie, pourtant loin d'être le plus prestigieux.

À la différence de la plupart de ses camarades, il n'est, en effet, pas attiré par la guerre, les batailles, les grandes chevauchées sabre au clair. Sa passion de toujours, c'est la traque des criminels. Dès son enfance, il s'est nourri de romans d'aventures, notamment ceux d'Alexandre Dumas et il veut marcher sur les traces de ses héros, égaler dans la réalité leurs exploits de fiction.

Le voici donc gendarme... À cette époque, les plus dangereux criminels sont les nihilistes et c'est à eux qu'il va faire la chasse. Ce n'est pas par idéologie. Il n'a rien d'un absolutiste. Il n'a aucune considération pour la monarchie tsariste, qui n'accorde pas de possibilité d'ascension sociale aux membres de la petite noblesse comme lui. Il aurait même tendance à avoir plus d'estime pour ses adversaires terroristes.

En tout cas, il fait preuve dès le début d'une incroyable efficacité. Il est affecté à Kiev, en remplacement du responsable de la police, qui vient d'être assassiné et, en quelques années, il démantèle tous les réseaux révolutionnaires, qui étaient pourtant particulièrement actifs.

C'est qu'il n'a pas du tout les mêmes méthodes que ses prédécesseurs. Ceux-ci ne connaissaient que la répression et la violence. Or les terroristes n'ont, le plus souvent, peur ni de la prison ni de la mort. Gueorgui Soudeïkin emploie, lui, des moyens beaucoup plus sophistiqués : il infiltre de l'intérieur les organisations, il fait courir des rumeurs, pour provoquer des brouilles entre les différents groupes ou faire suspecter l'un ou l'autre d'être un traître.

Contrairement à ce qui se faisait auparavant, il n'arrête pas un révolutionnaire dès qu'il est identifié. Il le fait surveiller jusqu'à ce qu'il puisse mettre la main sur tout le réseau. Une fois celui-ci arrêté, il interroge ses membres et les divise en deux catégories : les corrompus et les idéalistes. Il achète les premiers et, avec les autres, il discute. Il se présente comme un fonctionnaire progressiste. Il tente de les convaincre que le terrorisme est contre-productif et leur propose une collaboration avec lui. Le plus souvent, il n'obtient pas de résultat, mais certains sortent de ces entretiens profondément déstabilisés. Ils sont remis en liberté et sèment le trouble parmi leurs camarades…

Ces brillants résultats attirent l'attention du nouveau tzar Alexandre III, qui, depuis qu'il est au pouvoir, vit dans la terreur d'un attentat. Gueorgui Soudeïkin est affecté à Saint-Pétersbourg. Là, il reçoit une promotion sans précédent. Il est élevé au grade de lieutenant-colonel et nommé directeur des investigations politiques, un poste créé pour lui.

Il a trente-trois ans et il a atteint l'apogée. Il est le chef de tous les services de police secrète, l'un des personnages les plus puissants de l'empire. Sa physionomie est bientôt connue de tous et il faut dire qu'elle a de quoi frapper : une stature de colosse, de longs cheveux noirs et une barbe noire très fournie. Il est plus qu'impressionnant, il est terrifiant et il est, bien entendu, le cauchemar des révolutionnaires.

En même temps, il est conscient des risques qu'il court. Il sait que le chasseur qu'il est, est aussi une proie. Il mène une vie extrêmement irrégulière. Il a plusieurs passeports à des noms différents, plusieurs uniformes. Il change de logement au bout de quelques semaines. Il rencontre ses agents dans des voitures et à des heures inhabituelles. Il a logé sa famille dans la prison d'État de Saint-Pétersbourg, l'endroit le plus sûr de Russie, selon lui… Et il s'y trouve lui-même en cet instant, pour interroger le terroriste arrêté à Odessa.

Lorsque la porte du bureau s'ouvre, Sergueï Degaev a un sursaut : l'homme qui est assis, cette stature de colosse, cette barbe et ces cheveux noirs qui font penser aux ogres des contes, c'est Soudeïkin ! Il a vu plus d'une fois son portrait dans les journaux, en même temps qu'étaient racontés ses exploits contre les leurs. Il est aux mains du plus impitoyable de ses ennemis, il est perdu !

Il s'avance, en s'efforçant de ne pas trembler, essayant de soutenir le regard perçant fixé sur lui. Et, soudain, tout change : un sourire illumine le visage du policier, tandis que ses yeux s'éclairent et que s'élève une voix incroyablement chaleureuse.

— Je suis heureux de vous voir, Sergueï Petrovitch, vraiment heureux !

Il lui désigne le siège devant lui.

— Mais prenez place, je vous en prie !

Sergueï Degaev s'exécute, interdit. Il y a un samovar sur le bureau. Gueorgui Soudeïkin lui sert une tasse.

— Vous savez que je vous envie, Sergueï Petrovitch ?

— Vous vous moquez de moi !

— Pas du tout. C'est vous qui êtes du bon côté. Vous vous battez pour une juste cause, tandis que moi, je travaille pour des imbéciles et je défends un régime d'incapables.

Devant un tel langage, le jeune révolutionnaire se raidit. Tout cela sent le piège, il ne doit pas y tomber… Son interlocuteur continue à parler, sans avoir l'air de se rendre compte de ses réticences et y met une telle conviction que, peu à peu, Sergueï commence à lui prêter une oreille attentive.

— Il faut faire changer les choses ! La société russe est d'un conservatisme inacceptable. Tenez, moi, qui suis chef de la police secrète, je suis considéré à la cour comme un moins que rien, parce que je n'appartiens pas à la haute noblesse !…

C'est la parfaite vérité. Gueorgui Porfirevitch Soudeïkin, qui a sauvé plusieurs fois la vie du tzar en déjouant des complots contre sa personne, est d'extraction trop basse pour avoir accès à lui. Alexandre III ne lui a jamais fait la faveur d'un entretien. Il en souffre énormément et les discours qu'il tient à ses prisonniers pour les déstabiliser reflètent une partie de sa pensée… Il poursuit :

— Votre combat et juste, mais vos méthodes sont mauvaises. Si vous continuez, vous perdrez la vie, sans bénéfice pour personne. D'ailleurs, je suis certain qu'on ne vous emploie pas à votre juste valeur.

Gueorgui Porfirevitch Soudeïkin a visé juste. Pour la première fois, Sergueï prend la parole.

— Qu'est-ce que je peux faire d'autre ?

— Ce sont les réformes qui font avancer les choses, pas les attentats. Travaillez avec moi. Je vous présenterai au tzar, qui fera de vous le chef d'un parti réformiste : « La Volonté du peuple reconstruite ».

— Et, en échange, qu'est-ce que vous me demandez ?

— Les noms de ceux que vous connaissez.

— Pas question !...

Soudeïkin ne s'émeut pas de ce refus : les prisonniers n'acceptent jamais la première fois. Degaev est reconduit dans sa cellule, avec son obscurité et son silence et, plusieurs jours plus tard, il se retrouve dans le bureau du chef de la police secrète. Cette fois, il est plus disposé à l'écouter. Et il n'y a pas que la voix chaleureuse et les gestes amicaux. Ce que lui dit Soudeïkin correspond à ses propres convictions. Il a toujours été opposé à l'action violente, aux attentats, il est, au contraire, partisan de méthodes pacifiques pour faire évoluer le régime. De plus, le policier semble avoir de l'estime pour lui, il lui fait entrevoir un rôle important à jouer.

Alors, il se lance : il donne tous les noms qu'il connaît, y compris celui de Vera Figner. En entendant, ce dernier, Gueorgui Soudeïkin bondit.

— C'est elle qu'il me faut ! Vous pourriez m'aider ?

— Comment faire en prison ?

— Je vais vous libérer. Cela ne pose pas de problème...

Trois jours plus tard, le 14 janvier 1883, Sergueï Degaev est sorti en fourgon cellulaire, soi-disant pour être conduit à Odessa en vue d'une reconstitution. Escorté de deux gendarmes, il prend la direction de la gare. Mais à un arrêt, il les bouscule, s'enfuit dans la neige et disparaît, malgré les coups de feu.

Il se rend chez un camarade, l'un de ceux qu'il a dénoncés, un officier favorable aux révolutionnaires. Ce dernier l'accueille sans méfiance et accepte de le cacher tant qu'il voudra. Il ajoute :

— Demain, je te conduirai chez Vera. Il faut qu'elle sache ton évasion !

Le domicile, de Vera Figner, Sergueï Degaev ne le connaissait pas. Elle n'avait pas assez de considération envers lui pour le lui révéler : s'il avait encore des scrupules à la faire arrêter, ils ont disparu… Le lendemain, en compagnie de son camarade, il se rend chez elle. Elle habite un petit appartement du centre de Saint-Pétersbourg, sous un nom d'emprunt.

Elle aussi est sans méfiance. Elle jubile, quand il lui fait part des circonstances de son évasion et elle lui demande de rester chez l'officier, le temps qu'elle prépare son départ de Russie. C'est la première fois qu'elle lui parle avec sympathie, c'est malheureusement trop tard… Sergueï Degaev n'a rien à faire pour renseigner Soudeïkin, il est filé en permanence et, peu après, la dirigeante de La Volonté du peuple est arrêtée chez elle.

C'est une grande victoire pour les autorités russes. Le tzar Alexandre III exulte. Il écrit dans son journal : « Dieu soit loué, cette horrible femme a été arrêtée ! » Il a appris le rôle qu'a joué Soudeïkin dans l'opération, mais il ne lui accorde pas d'entrevue pour autant. Quelle que soit son efficacité, il est de trop basse naissance pour y prétendre. Ce dernier en est vivement affecté, ce qui ne l'empêche pas de continuer son travail : il fait arrêter les autres personnes dénoncées par Degaev, en tout cent quarante.

Sergueï Degaev continue à fréquenter ceux qui sont toujours théoriquement ses camarades, mais les soupçons commencent à naître autour de lui. Il y a forcément un traître dans le mouvement. S'il n'est pas accusé formellement, il devient suspect. D'autant qu'à la réflexion, les circonstances de son évasion ne sont pas claires. Et les soupçons s'accroissent encore, quand, au cours d'une soirée où il a trop bu, un certain colonel Nikolaev raconte à qui veut l'entendre que l'évasion a été une mise en scène. Pourtant, il ne se passe rien.

Été 1883. Le chef des services secrets propose une nouvelle mission à Sergueï Degaev. Pour la première fois, elle va lui faire quitter le pays. Il s'agit de rencontrer en Suisse Lev Tikhomirov, le chef de La Volonté du peuple en exil et de le persuader de rentrer en Russie où il se fera arrêter…

De Saint-Pétersbourg à Genève, le trajet en train est long et le jeune homme a tout le temps de réfléchir. Il est amer. Plus le temps passe et plus son humeur s'assombrit. Il y a le remords, bien sûr, non pas pour Vera Figner, dont le sort ne l'émeut guère, mais plusieurs de ceux qu'il a dénoncés lui étaient chers. Et tout cela pour quoi ? Pour rien, car Soudeïkin n'a pas tenu ses promesses. Il ne lui a pas fait rencontrer le tzar, il n'a pas fait de lui le chef du grand parti réformiste qui transformerait la Russie. Non seulement il est devenu un traître, mais il a été trahi lui-même ! Le voyage avançant, la colère de Sergueï Degaev contre lui-même s'accroît et, quand il arrive en gare de Genève, il a pris sa décision : il va tout dire à Lev Tikhomirov. Celui-ci risque de l'abattre sur place, mais tant pis !

La rencontre a lieu à Mornex, un village près de Genève où vit l'exilé. Les deux hommes commencent à parler de choses et d'autres, quand Sergueï interrompt brusquement son interlocuteur :

— Je vais te dire la vérité. Ensuite, tu pourras me juger.

— Quelle vérité ?

— Je suis un traître. J'ai dénoncé Vera Figner et plus de cent des nôtres !

Lev Tikhomirov a bondi sur un revolver et le pointe sur lui.

— Tu as fait cela ?

Sergueï Degaev reste calme. Il a eu le temps de se préparer à ce moment. Lui, d'habitude si craintif, garde tout son sang-froid.

— C'est Soudeïkin qui m'a convaincu. Malheureusement, il m'a trompé…

Et il raconte, d'une manière aussi complète que possible, les événements tels qu'ils se sont produits. Lorsqu'il a terminé, Lev Tikhomirov baisse son arme. Il avait été tenté un instant d'abattre le scélérat, mais il se rend compte qu'il y a bien mieux à faire. Il y a longtemps que La Volonté du peuple cherche à éliminer Soudeïkin, son ennemi mortel, mais il est si bien protégé et il prend tant de précautions que la chose est pratiquement impossible. Or, Degaev peut le voir comme il veut. C'est une chance à ne pas laisser passer !

En le voyant baisser son revolver son vis-à-vis a un large sourire.

— Tu me pardonnes ?

— Pas encore. La Volonté du peuple te pardonnera à une condition : que tu tues Soudeïkin.

— Je ne pourrai jamais !

— C'est cela ou une mort déshonorante. Ta femme et ton fils porteront le nom d'un traître. Choisis !

Rentré à Saint-Pétersbourg, Sergueï Degaev… ne fait rien. Il ne fait rien parce qu'il en est incapable. Tuer est au-dessus de ses forces, même pour racheter sa faute, même pour sauver son honneur. Il tourne en rond chez lui et son épouse, qu'il n'a pas mise au courant, n'y comprend rien. Il tremble qu'un envoyé de Tikhomirov vienne l'abattre sans autre forme de procès.

Pour le reste, il continue comme avant : il trahit. Les arrestations déciment La Volonté du peuple et, malgré les soupçons qu'on peut avoir contre lui, il connaît une ascension fulgurante. Il entre au Comité exécutif et bientôt, il en prend la tête…

Il obéit toujours aux instructions de Soudeïkin. Sur son ordre, il monte une imprimerie clandestine et publie des tracts et des journaux que le policier rédige lui-même. À partir de ce moment, s'installe une situation incroyable : un mouvement révolutionnaire entièrement dirigé par le pouvoir en place !

Mais Gueorgui Soudeïkin a d'autres projets. Ses relations avec Degaev sont devenues plus étroites. Il a maintenant une réelle sympathie pour lui. En même temps, son ressentiment envers le tzar et la cour prend des proportions grandissantes. Tant et si bien qu'il décide de passer à l'action.

Son objectif est le ministre de l'Intérieur, le comte Dimitri Tolstoï, qui l'a toujours écrasé de son mépris et de sa morgue. Il conçoit le projet de le faire éliminer par les hommes de La Volonté du peuple. Une fois celui-ci disparu, le tzar, malgré ses réticences, ne pourra que le remplacer par le seul policier digne de ce nom qui soit à son service, c'est-à-dire lui-même. Il sera alors le véritable maître du pays, en s'appuyant sur les révolutionnaires, qu'il contrôle.

Il approche Sergueï Degaev dans ce sens.

— J'ai un très gros coup à vous proposer, Sergueï Petrovitch : le comte Tolstoï.

— Vous n'y pensez pas, il est beaucoup trop protégé !

— Je le sais, c'est moi qui assure sa protection. Mais si je vous donne les bonnes informations et si vous avez les hommes qu'il faut, il n'y aura pas de problème…

Telle est la situation invraisemblable dans laquelle se trouve plongé Sergueï : il a la possibilité de réaliser l'attentat le plus spectaculaire depuis l'assassinat d'Alexandre II, mais cette possibilité, il la doit à Gueorgui Soudeïkin, l'homme qu'il devait assassiner !

Pendant des jours, il réfléchit fébrilement. Est-ce que l'élimination du comte Tolstoï remplacerait, aux yeux de Lev Tikhomirov, celle de Soudeïkin et lui vaudrait son pardon ? Car, bien entendu, il ne commettrait pas lui-même l'attentat contre le ministre. Fort de sa position à La Volonté du peuple, il désignerait des militants déterminés pour l'accomplir, des hommes qui ne craignent pas de tuer ni d'être exécutés et qui réussiraient certainement dans leur entreprise…

Il est en train de se poser ces questions, lorsque se produit un événement qui va faire basculer définitivement le cours des choses.

En cette fin de l'année 1883, ce qui reste de La Volonté du peuple est en effervescence : German Lopatin vient d'arriver à Saint-Pétersbourg, après s'être évadé du bagne de Sibérie. Condamné pour avoir participé à un attentat contre le tzar, il avait échappé miraculeusement à la peine de mort et s'était retrouvé pour le restant de ses jours dans ce bagne, dont personne ne s'était échappé jusque-là. D'abord pris en charge par les militants, il est, bien sûr, conduit devant le chef du mouvement, Sergueï Degaev.

Bien qu'il soit son supérieur, Degaev ne peut s'empêcher d'être impressionné lorsqu'il se trouve devant Lopatin : un visage taillé à la hache, des cheveux courts, une mâchoire carrée, des petits yeux gris au regard inquisiteur. Lui, c'est un homme d'action, un dur, un vrai, le contraire de ce qu'il est lui-même. Cela n'empêche pas ce dernier de l'aborder avec chaleur.

— C'est un grand honneur de faire ta connaissance, Sergueï ! D'autant qu'on m'a dit que tu t'étais évadé toi aussi. Raconte-moi...

Degaev déteste parler de son évasion. Mais il n'a pas le moyen de faire autrement, sous peine d'éveiller les soupçons. Il relate donc les circonstances dans lesquelles il s'est échappé de la prison de Saint-Pétersbourg et, à mesure qu'il parle, il voit le visage de son interlocuteur se fermer. Lorsqu'il a terminé, German Lopatin déclare d'un ton cassant :

— Ça ne colle pas !

— Qu'est-ce qui ne colle pas ?

— Rien ne colle. Deux gendarmes pour convoyer un prisonnier, ce n'est pas assez. Et puis, tu dis qu'ils ne t'ont pas poursuivi : c'est invraisemblable...

Sergueï Degaev essaie de se justifier, mais les petits yeux inquisiteurs ne le lâchent pas. Il se sent perdre pied, il s'embrouille, il se contredit et, à la fin, il craque.

— Tu as raison : c'est Soudeïkin qui a arrangé l'évasion.

— Et pourquoi ?

— Parce que j'ai accepté de trahir.

Il y a un long silence entre les deux hommes. Parlant de cette scène plus tard, Degaev le qualifiera de « sinistre et terrifiant. » Lopatin le fixe sans parler, d'un air impitoyable. Alors, il raconte, il raconte tout : les noms de Vera Figner et des autres, qu'il a livrés au chef de la police, l'aveu qu'il a fait à Tikhomirov et sa promesse à ce dernier de tuer Soudeïkin, promesse qu'il n'a pas tenue par manque de courage. Enfin, il évoque le projet d'attentat contre le comte Tolstoï… Quand il s'est tu, German Lopatin lui dit simplement :

— Tu vas tuer Soudeïkin.

— Mais Tolstoï…

— Ne t'occupe pas de Tolstoï. C'est Soudeïkin qu'il faut tuer.

— Je ne pourrai pas.

— Tu le feras. Sinon, c'est moi qui te tuerai.

— Je peux désigner des hommes pour le faire…

— Non. Tu le feras toi, de tes propres mains !

Placé devant l'obligation, Sergueï Degaev se décide à agir, il va tuer pour la première fois de sa vie. Il obtient quand même de se faire assister d'une équipe. Lopatin, y consent, à condition que les autres n'aient pas d'armes à feu… Sergueï Degaev porte son choix sur deux hommes déterminés : Vassili Konachevitch et Nicolaï Starodvorski, tous deux ex-séminaristes. Il les convoque chez lui.

— Je vais attirer Gueorgui Soudeïkin ici, pour le tuer. C'est moi qui agirai. Vous devrez vous tenir à l'écart, prêts à intervenir.

Ni l'un ni l'autre ne font de commentaire. Qu'un homme aussi méfiant que le chef de la police secrète se rende chez un révolutionnaire évadé de prison est plus que surprenant, mais ils ne sont pas là pour se poser des questions, ils sont là pour obéir. Ils demandent seulement quand aura lieu l'opération. Degaev leur répond qu'ils seront prévenus en temps utile.

C'est qu'il a d'abord une chose à faire : protéger sa famille. Il envoie sa femme à Paris, avec leur fils, lui disant qu'il va les rejoindre et il se prépare à l'épreuve qui l'attend. Il sait qu'elle sera terrible. Gueorgui Soudeïkin est un adversaire redoutable. Outre sa force athlétique, il a toujours une arme sur lui et c'est un tireur d'élite.

La tentative est fixée au 16 décembre, à 16 h 30. Sergueï a dit au policier qu'il voulait lui faire rencontrer une femme au courant d'un attentat contre le tzar. Gueorgui Soudeïkin n'a pas manifesté de méfiance. Les deux hommes de main, Konachevitch et Starodvorski, arrivent un quart d'heure avant. Il leur remet une barre de fer à chacun et leur donne ses instructions.

— Cachez-vous dans la chambre. C'est moi qui tirerai sur lui. S'il n'est que blessé, je vous appellerai et vous m'aiderez à l'achever.

Gueorgui Soudeïkin est ponctuel : on sonne à 16 h 30 précises. Malheureusement, ce n'est pas une silhouette de colosse qui s'encadre dans la porte, mais deux. Soudeïkin est venu avec son neveu Nikolaï Soudovski, policier lui aussi et aussi athlétique que lui. Lui-même est heureusement sans méfiance : il enlève son manteau, dans lequel il met toujours son revolver, et dépose sa canne épée dans le porte-parapluies. Il lance à son neveu :

— Attends-moi dans l'entrée.

Il se tourne vers Sergueï :

— Où est la dame ?

Ce dernier est tellement ému qu'il en a oublié son propre mensonge.

— Quelle dame ?

— Eh bien, celle de l'attentat contre le tzar !

Sergueï se ressaisit.

— Dans mon bureau.

Toujours sans méfiance, le chef de la police s'y rend, tandis que son neveu Nikolaï allume une cigarette. Il entre et Sergueï, qui l'a suivi, tire immédiatement. Il a visé le bas du dos, car il sait qu'il porte un gilet pare-balles. Le policier est touché, mais il n'est pas mort. Il pousse un cri terrible :

— Nikolaï, au secours !

Bien loin de venir à son aide, le neveu est pris de panique. Il tente d'ouvrir la porte d'entrée et de s'enfuir. Mais les deux révolutionnaires sont immédiatement sur lui et lui fracassent le crâne. Puis, ils se ruent sur Soudeïkin et ils l'achèvent de la même manière. C'est un véritable carnage, mais l'autopsie montrera plus tard que la balle de Degaev, qui a perforé le foie, était mortelle. C'est bien lui qui a tué Soudeïkin.

Il s'enfuit, en compagnie de ses deux complices. Peu après, La Volonté du peuple publie un communiqué de victoire :

« Aujourd'hui, 16 décembre 1883, des agents du Comité exécutif ont exécuté le chef de la police secrète, le lieutenant-colonel G. P. Soudeïkin. Le policier chargé de sa protection a été tué également. »

C'est la terreur et la consternation au gouvernement. Le tzar Alexandre III écrit dans son journal :

« Cette nouvelle m'a terriblement choqué et bouleversé. Bien sûr, nous avons toujours craint pour Gueorgui Porfirevitch, mais cette mort perfide et horrible… ! Qui voudra, maintenant, se charger d'une pareille fonction ? »

La réponse à cette dernière question est : personne. Le poste de directeur des investigations politiques, qui avait été créé pour Soudeïkin, est supprimé. Il aura été le premier et le dernier à l'occuper.

En tout cas, l'émotion des autorités se traduit sans attendre. Les jours suivants, des affiches sont placardées dans toute la Russie, promettant dix mille roubles pour l'arrestation de Sergueï Degaev. C'est la première fois que le pouvoir russe promet ainsi une récompense publique. Mais c'est peine perdue : l'intéressé, pris en charge par l'organisation, a quitté le pays le jour même de l'attentat, à destination de Paris.

Ce n'est pas pour y recevoir des félicitations. Car, si les militants ne sont pas au courant de sa trahison, les dirigeants le sont. Peu après son arrivée dans la capitale française, il passe devant un tribunal, réunissant Tikhomirov, Lopatin et quelques autres. L'atmosphère est dramatique. Degaev commence par dire qu'il est prêt au suicide, si on le lui demande, puis, il remet la liste des militants qu'il a trahis, ainsi que celle des agents du pouvoir infiltrés dans La Volonté du peuple.

Ce sont peut-être ces documents qui lui valent l'indulgence. Le verdict qui suit est tout ce qu'il y a de clément : il est exclu de l'organisation et il lui est interdit, sous peine de mort, de retourner en Russie. Il lui est conseillé de s'exiler en Amérique. Il reçoit même de l'argent pour s'y installer.

Sergueï tarde pourtant à s'y rendre. Il s'attarde en Europe, tentant de fréquenter les milieux révolutionnaires. Dans son esprit fantasque et quelque peu coupé de la réalité, il pense qu'avoir tué Soudeïkin a racheté toutes ses fautes précédentes et qu'il doit être traité en héros. Mais les militants, qui sont maintenant tous au courant, ne lui manifestent que mépris et dégoût. Alors, il finit par partir.

Il émigre en 1886. Aux États-Unis, il prend le nom de Pell et trouve un poste de professeur de mathématiques à l'Université du Dakota du Sud. Sa femme meurt quelques années plus tard. Il se remarie avec l'une de ses élèves et meurt lui-même en 1921. Sa veuve crée alors une modeste bourse pour les étudiants en mathématiques, sous le nom de « Fondation Pell ». Elle existe toujours.

34

Une trahison retentissante

L'homme est français. Il a un peu plus de quarante-cinq ans, mais il ne les fait pas. Il est de haute taille, avec les traits bien marqués, une fière moustache. Il est habillé d'une redingote tout ce qu'il y a de distingué, mais une certaine raideur dans son maintien trahit le militaire. Pour l'instant il attend dans une antichambre de l'ambassade d'Allemagne à Paris.

Un militaire français à l'ambassade d'Allemagne, ce n'est pas très courant, en cette année 1894. Depuis la guerre de 1870 et la défaite qui a enlevé à la France l'Alsace et la Lorraine, les relations sont tendues entre les deux pays. Pire : chacun sait qu'il y aura un jour un nouveau conflit et, de part et d'autre, on s'y prépare. Alors, un Français chez les Allemands, cela ne peut signifier qu'une chose : une histoire de trahison.

— Si vous voulez bien me suivre, Monsieur, l'attaché militaire vous attend…

Peu après, l'arrivant se trouve dans un élégant bureau. En face de lui, un homme à peu près de son âge et qui lui ressemble physiquement… Maximilien von Schwartzkoppen, l'attaché militaire allemand, a la même haute taille, la même moustache distinguée et, bien qu'il soit en civil lui aussi, on devine qu'il est militaire.

— Vous vouliez me voir, Commandant Esterhazy ?

Ce dernier répond avec assurance. Il n'a l'air nullement gêné de la démarche qu'il est en train de faire. Il a même un léger sourire.

— Assurément, Monsieur. Ma position au 74e régiment d'infanterie me met au courant de beaucoup de choses.

— Je ne demande qu'à voir...

— C'est que j'attends de votre part un effort financier. Je traverse en ce moment une période délicate.

— Nous verrons. Vos renseignements seront payés en fonction de leur intérêt...

Les deux hommes échangent encore quelques mots et le visiteur se retire... Un traître qui vend des renseignements pour de l'argent, quoi de plus banal ? Il y en a toujours eu et il y en aura toujours. Pourtant, cette fois, c'est différent. La trahison du commandant Esterhazy va avoir des conséquences inimaginables. Elle va déclencher un véritable cataclysme.

Marie Charles Ferdinand Walsin-Esterhazy est né le 16 décembre 1847, à Paris. Ses origines semblent sorties tout droit d'un roman. Son grand-père, Jean Marie Walsin-Esterhazy, est le fils naturel de la comtesse Marie-Anne Esterhazy de Galantha et du marquis Jean André César de Ginestous.

Il n'est pas question de mariage entre eux. La famille Esterhazy, la plus illustre de Hongrie, est de rang princier et, même avec un marquis, il s'agit d'une mésalliance. L'enfant est adopté par le Dr Walsin, le médecin français de la famille hongroise. Cela n'empêche pas le grand-père de se faire appeler comte Esterhazy, ce qui donne lieu à un procès. Le tribunal lui donne en partie raison : il peut utiliser le nom d'Esterhazy, mais non le titre de comte.

Son fils, le père de Ferdinand, fait carrière dans l'armée et de manière assez brillante, puisqu'il termine général. Quant à Ferdinand lui-même, il fait ses études au lycée Bonaparte, aujourd'hui Condorcet. Voulant marcher sur les traces de son père, il tente le concours de Saint-Cyr, mais il échoue.

Il persévère dans la carrière des armes par des voies moins glorieuses : il s'engage dans les zouaves pontificaux, puis dans la Légion étrangère où il obtient le grade de sous-lieutenant, de manière semble-t-il frauduleuse, en falsifiant ses papiers militaires. Puis, il prend part à la guerre de 1870, sans qu'on puisse mettre à son actif quoi que ce soit de notable.

En 1874, il est affecté à Paris, comme officier d'ordonnance d'un général. Paris, c'est la ville des plaisirs et il se lance à corps perdu dans la grande vie. Le séducteur impénitent qu'il a toujours été multiplie les aventures. Tout cela coûte cher et il essaie de compenser les sorties d'argent en spéculant en bourse. Malheureusement, il n'est pas doué pour la finance et il ne fait qu'aggraver sa situation. Il s'en sort quand même tant bien que mal, en soutirant de l'argent à ses maîtresses. Il est à noter que, durant cette période, il est affecté au service de renseignement, qu'on nomme avec discrétion « Section de statistique ». Il y reste trois ans, de 1877 à 1880, sous les ordres du colonel Sandherr.

En 1886, il convole enfin en justes noces, il épouse Anne-Marie de Nettancourt-Vaubécourt. Il s'agit, bien entendu, d'un mariage d'argent. La dame n'a pas pour elle que son nom ronflant, elle est fort riche. Avec sa dot, Ferdinand Esterhazy peut se remettre à flots et s'offrir, sans la moindre gêne, de nouvelles maîtresses.

En 1894, il est commandant au 74e régiment d'infanterie et sa situation est redevenue catastrophique. Il est de nouveau pris à la gorge. La dot de sa femme est épuisée, ses créanciers le harcèlent, alors il franchit le pas, il va chercher l'argent là où il se trouve, à l'ambassade d'Allemagne.

Tel est l'édifiant parcours du commandant Esterhazy... À cette même époque, la Section de statistique est toujours installée dans une annexe du ministère de la Guerre. Elle est toujours dirigée par le colonel Sandherr, mais elle a quelque peu changé ses méthodes : elle surveille l'ambassade d'Allemagne, à l'aide d'un procédé d'un amateurisme déroutant, mais qui s'avère efficace. Tous les matins, une femme de ménage française nettoie les locaux et rapporte le contenu des corbeilles.

Or, il apparaît vite qu'un officier français fournit des renseignements à l'attaché militaire allemand Schwartzkoppen. Les documents sont brefs, allusifs et ils ne disent rien de suffisamment précis, jusqu'à ce qu'arrive la découverte décisive.

Au mois de septembre 1894, la femme de ménage retire de la corbeille de Schwartzkoppen une lettre sur papier jaunâtre déchirée en morceaux. Elle présente un intérêt considérable, car elle émane du traître lui-même et elle est manuscrite. C'est le commandant Henry, directeur adjoint de la Section de statistique, qui en prend le premier connaissance. Il la nomme « le bordereau » et c'est le nom qu'elle gardera pour l'histoire. En voici le contenu :

Sans nouvelles m'indiquant que vous désirez me voir, je vous adresse cependant, Monsieur, quelques renseignements intéressants.

1°) Une note sur le frein hydraulique de 120 et la manière dont s'est conduite cette pièce

2°) Une note sur les troupes de couverture

3°) Une note sur une modification aux formations de l'artillerie

4°) Une note relative à Madagascar

5°) Le projet de manuel de tir de l'artillerie de campagne (14 mars 1894).

Je vais partir en manœuvres.

Aussitôt, une enquête a lieu, à la section de Statistique. Pour des raisons qui ne sont pas évidentes, les participants décident que, pour apporter de tels renseignements, il faut faire partie de l'état-major. On se renseigne donc sur ses membres et les soupçons se portent vite sur le capitaine Alfred Dreyfus.

Il a vingt-trois ans, c'est un polytechnicien tout ce qu'il y a de brillant et son dossier militaire est excellent, mais il n'est pas aimé de ses supérieurs, qui lui reprochent d'être froid et distant. Et surtout, il est juif et le colonel Sandher est un antisémite virulent. Il confronte son écriture avec celle du bordereau : il y a, effectivement, une ressemblance. Il ordonne deux expertises graphologiques, qui sont confiées à des militaires non-spécialistes et qui sont positives. C'est suffisant pour que le dossier soit transmis au général Mercier, ministre de la Guerre, qui décide l'arrestation de Dreyfus.

Le capitaine est enfermé au secret à la prison du Cherche-Midi. Il ne comprend rien à ce qui lui arrive. On lui a dit qu'il était accusé de haute trahison, sans autre précision. Sa femme n'est informée de rien, pas plus que sa famille. Dans sa cellule, de nouvelles expertises graphologiques sont pratiquées : elles se révèlent contradictoires. Il n'y a aucune véritable preuve contre lui et on va sans doute se résoudre à le relâcher…

C'est alors que les faits, qui étaient jusque-là secrets, sont rendus publics. Un article paraît dans *La Libre parole*, quotidien antisémite : « Haute trahison, arrestation de l'officier juif Alfred Dreyfus ». La fuite – on le saura plus tard – provient du commandant Henry, qui a trouvé ce moyen pour que l'action judiciaire aille jusqu'au bout. Cette fois, effectivement, on est obligé d'agir et, le 18 décembre 1894, Alfred Dreyfus est traduit devant le Conseil de guerre.

Il n'y a rien de sérieux contre lui, mais le ministre et ses collaborateurs font pression sur le tribunal, en lui communiquant un dossier secret, dans lequel ils lui demandent de condamner l'accusé. Les juges militaires s'exécutent : le capitaine Dreyfus est condamné à la dégradation publique et à la déportation à vie.

La cérémonie de dégradation a lieu dans la cour de l'École militaire et le condamné est envoyé pour le restant de ses jours à l'île du Diable, un îlot désolé au large de Cayenne. Les faits ne suscitent aucune indignation dans l'opinion. Elle ne sait rien de l'inexistence de preuves ; elle pense sincèrement que le capitaine est un traître. Il n'y a que sa famille qui soit persuadée de son innocence, mais elle est impuissante.

Tout va pourtant changer très vite. En 1895, le colonel Picquart succède au colonel Sandherr, à la tête de la Section de statistique. Il n'est pas au courant des irrégularités qui ont entouré la condamnation de Dreyfus et il est persuadé, lui aussi, de sa culpabilité. Aussi, on peut imaginer sa stupeur, lorsque la femme de ménage lui apporte un nouveau papier déchiré provenant de la corbeille de Schwartzkoppen. C'est un pneumatique adressé par l'attaché militaire à un officier français, le commandant Esterhazy.

Monsieur, j'attends avant tout une explication plus détaillée que celle que vous m'avez donnée l'autre jour sur la question en suspens. En conséquence, je vous prie de me la donner par écrit, pour savoir si je dois continuer mes relations avec la maison R. ou non.

Il pensait l'affaire terminée, mais non, il y a un second traître à l'ambassade d'Allemagne, cet Esterhazy, auquel a écrit Schwartzkoppen ! Il fait prendre des renseignements sur le commandant : ils sont déplorables et correspondent tout à fait à ce qu'on peut attendre de ce genre de personnage. Mais, dans le dossier qu'on lui transmet, il y a aussi des échantillons de sa correspondance. Elle montre chez lui des sentiments patriotiques pour le moins modérés. « Nos généraux sont des clowns. Les Allemands remettront tous ces gens en place avant qu'il soit longtemps. » Ou bien encore : « Si on venait me dire que je serais tué demain comme capitaine de uhlans en sabrant des Français, je serais parfaitement heureux… Je ne ferais pas de mal à un chien, mais je ferais tuer cent mille Français avec plaisir. »

Pourtant, ce n'est pas le contenu de ces lettres qui fait bondir le colonel Picquart, c'est leur écriture : c'est celle du bordereau ! Cela signifie qu'il n'y a pas deux traîtres, il n'y en a jamais eu qu'un et c'est Esterhazy. Dreyfus est innocent !

Le colonel Picquart court annoncer la nouvelle au général Gonse, son supérieur direct au ministère de la Guerre.

— Mon général, Dreyfus est innocent ! J'en ai la preuve. C'est un autre officier le coupable, le commandant Esterhazy !

Il lui communique tous les éléments qu'il a en sa possession, mais la réaction du général n'est pas du tout celle qu'il attendait.

— Allons, Picquart, ne nous emballons pas. Il faut rester prudent…

Le chef de la Section de statistique insiste. Alors, le général se fâche.

— Vous allez cesser immédiatement cette enquête ! C'est un ordre.

— Mais la vérité va éclater tôt ou tard !

— Si vous ne dites rien, personne ne le saura…

Alors, est-ce que le général Gonse, le ministre de la Guerre et les officiers qui l'entourent sont devenus fous ? Non, mais ils tiennent le raisonnement qu'on va retrouver chez tous les adversaires de Dreyfus : Dreyfus est coupable parce qu'il a été condamné par l'armée et que l'armée a toujours raison. Reconnaître le contraire, ce serait attenter à son honneur. De plus, Dreyfus est juif et un juif, c'est forcément un traître !

Le colonel Picquart se tait donc, mais il continue son enquête sur Esterhazy. Il ne peut se résoudre à laisser un traître en activité. Ses supérieurs l'apprennent et le résultat ne se fait pas attendre : il est démis de ses fonctions et envoyé au fin fond de la Tunisie. À sa place, est nommé son adjoint, le commandant Henry, à l'état d'esprit tout différent et entièrement dévoué à sa hiérarchie. À partir de ce moment, Henry ne va plus avoir qu'une activité : faire des faux, des faux pour accabler Dreyfus, des faux pour innocenter Esterhazy.

Pour ce dernier, tout va bien. Il a appris avec stupeur et ravissement qu'un autre avait été condamné à sa place et il poursuit sa collaboration rémunératrice avec Schwartzkoppen.

Sa situation financière s'est rétablie, il peut, de nouveau, avoir des maîtresses et mener grande vie. Il se croit parfaitement à l'abri et, pourtant, sa trahison ne va pas tarder à être connue de tous…

D'abord, le colonel Picquart, qui craint pour sa vie dans le sud tunisien, a envoyé le dossier Esterhazy à un de ses amis, le vice-président du Sénat Scheurer-Kestner. C'est un homme droit, à l'autorité morale incontestable. Au début, il est très surpris de cette mise en cause d'un autre officier, alors qu'on croyait Dreyfus coupable, mais il est vite convaincu qu'il s'agit de la vérité. Et il est en train de se demander de quelle manière il va agir, lorsque le nom d'Esterhazy arrive sur le devant de l'actualité, de la manière la plus inattendue.

L'initiative en revient à la famille Dreyfus. Mathieu, frère d'Alfred, a eu l'idée de photographier le bordereau en un très grand nombre d'exemplaires et de le distribuer dans la rue comme des tracts, dans l'espoir fou que quelqu'un reconnaîtrait l'écriture. Et c'est ce qui arrive ! Boulevard Montmartre, un banquier, M. de Castro, reconnaît l'écriture d'un de ses clients, Esterhazy. Mathieu Dreyfus publie une lettre ouverte au ministre de la Guerre, accusant le commandant de trahison et Scheurer-Kestner l'appuie, en rendant public le dossier Picquart.

Cette fois, les autorités militaires doivent agir, d'autant qu'Esterhazy lui-même se fait entendre, réclamant à cor et à cri qu'on lave son honneur, souillé par une bande de juifs. Il comparaît devant un tribunal militaire, le 10 janvier 1898. Les débats ont lieu à huis clos. La famille Dreyfus n'a pas eu le droit de se porter partie civile. Des experts graphologues, qui ont agi sur ordre, viennent dire qu'il n'est pas l'auteur du bordereau et, le lendemain, le Conseil de guerre prononce à l'unanimité son acquittement, après seulement trois minutes de délibération.

Esterhazy est acquitté : cela signifie, dans le droit de l'époque, qu'il est définitivement innocent. Même si, par la suite, il se reconnaît coupable – ce qui sera le cas –, il ne pourra plus être condamné. Les autorités triomphent : elles pensent avoir définitivement enterré le dossier. Le Premier ministre Méline vient proclamer martialement à la chambre :

— Il n'y a pas d'affaire Dreyfus !

Elle va éclater le lendemain.

Le 13 janvier 1898, paraît, dans le journal *L'Aurore*, l'article le plus célèbre de l'histoire de la presse française. Il est signé Émile Zola et porte le titre *J'accuse !* Scandalisé par l'acquittement d'Esterhazy, le grand écrivain a décidé de frapper aussi fort qu'il pouvait. Son article occupe toute la première page du quotidien. Il se présente sous forme d'une lettre ouverte au président de la République Félix Faure et raconte tous les détails de l'affaire Dreyfus, qui étaient, jusque-là, inconnus du grand public. Zola termine par une déclaration aux accents de défi :

En portant ces accusations, je n'ignore pas que je me mets sous le coup de la loi, qui punit les délits de diffamation. Et c'est volontairement que je m'expose. Qu'on ose me traduire en Cour d'assises et que l'affaire ait lieu au grand jour ! J'attends.

Cette fois, c'est bien le début de l'affaire Dreyfus, qui va ébranler la France pendant des années et diviser le pays jusqu'à l'intérieur des familles… Obligée de réagir, l'armée le fait avec habileté. Dans son article, Zola a dit que le Conseil de guerre avait acquitté Esterhazy sur ordre. C'est la vérité, mais il ne pourra jamais le prouver et il sera condamné.

Émile Zola passe en jugement le 7 février 1898, dans un climat de violence inimaginable et, après une semaine de débats, il est condamné à un an de prison avec sursis et trois mille francs d'amende, le maximum de la peine ; de plus, on lui retire sa Légion d'honneur. En danger de mort s'il restait en France, il s'exile en Angleterre.

Les anti-dreyfusards triomphent, mais leur joie sera de courte durée. Le 30 août 1898, le commandant Henry est reconnu coupable d'un faux contre Dreyfus. Emprisonné, il se suicide dans sa cellule. Cette fois la révision du procès est inévitable et Esterhazy a compris que le vent avait tourné. Il suit le même chemin que Zola. Il va d'abord en Belgique, puis en Hollande, puis à Londres.

Il se dissimule sous des noms d'emprunt, vivant des subsides de mouvements antisémites. Avec l'assurance qui le caractérise, il reconnaît être l'auteur du bordereau. Dans un récit publié par *Le Matin* en 1899, il affirme avoir été un agent double, il aurait écrit le bordereau sur ordre de ses chefs, afin d'intoxiquer les Allemands.

En août 1899, Alfred Dreyfus, ramené de son bagne de l'île du Diable, passe de nouveau en jugement. Esterhazy n'a pas été convoqué parmi les témoins. L'ancien capitaine est reconnu coupable avec circonstances atténuantes et condamné à dix ans de prison… Les choses ne peuvent pourtant en rester à cette demi-mesure. Dreyfus finit par être réhabilité officiellement, le 12 septembre 1906, et décoré de la Légion d'honneur dans la cour de l'École militaire, à l'endroit exact où il avait été dégrade.

Pendant ce temps, celui qui est à l'origine de tout, continue son existence paisible de l'autre côté de la Manche. De 1903 à 1906, il est le correspondant en Angleterre du journal anti-dreyfusard *La Libre Parole*. En 1908, il s'installe dans la ville de Harpenden, à une trentaine de kilomètres de Londres et rédige des articles pour le journal *L'Éclair*, une autre publication antisémite. Il continue de se prétendre agent double et avoir écrit le bordereau sur ordre de l'armée.

Alors, maintenant que l'affaire Dreyfus est terminée et que l'innocence de ce dernier a été prouvée, quel crédit peut-on accorder aux affirmations d'Esterhazy ? Plusieurs historiens ont affirmé qu'elles étaient dignes de foi. Récemment, encore, c'est la thèse que défend l'historien Jean Doise, dans son essai *Un Secret bien gardé*, paru en 1994.

Selon lui, l'affaire Dreyfus aurait été, en réalité, une intoxication, visant à préserver le secret sur la mise au point du futur canon de 75 mm. Cette opération aurait été montée par le colonel Sandherr, chef de la Section de statistique. Pour la mettre en œuvre, il se serait servi du commandant Esterhazy, qui avait été autrefois sous ses ordres. Sandherr aurait agi sous l'impulsion directe du général Mercier, qui, lui-même, aurait été influencé par le général Deloye, directeur de l'Artillerie.

Mais disons-le tout de suite, c'est invraisemblable. Car, si c'était le cas, en découvrant le bordereau, les services secrets auraient reconnu l'écriture de leur agent Esterhazy, qui faisait son travail, et n'auraient pas été accuser quelqu'un d'autre, en l'occurrence Dreyfus. C'est pourquoi, la quasi-totalité des historiens ont conclu que la réalité était plus prosaïque et qu'Esterházy avait tout simplement trahi pour de l'argent.

Ce dernier a fini ses jours on ne peut plus tranquille. Il est mort, en 1923, à Harpenden, sans avoir jamais été condamné. Il s'est fait enterrer sous le nom de « comte de Voilemont, né en 1849 » : un faux nom, un faux titre et une fausse date de naissance, comme si, par-delà la mort, il avait voulu demeurer sous le signe du mensonge.

35

De Staline à Hitler

Tous les traîtres ne sont pas d'infâmes individus, des félons, des pourris. On peut parfois trahir avec les meilleures intentions du monde. Malheureusement, comme chacun sait, l'enfer est pavé de bonnes intentions. L'histoire du malheureux général Vlassov en est la parfaite illustration.

Andrei Andreievitch Vlassov naît en 1900, dans la région de Nijni Novgorod. Il appartient à un milieu modeste, son père est tailleur. À l'âge de sept ans, il entre au séminaire, comme Staline lui-même et, tout comme lui, ce n'est pas une question de vocation, c'est qu'il s'agit souvent de la seule manière de s'instruire dans les villages.

Bientôt, c'est la révolution d'Octobre et la guerre civile entre les Rouges et les Blancs. Andrei n'hésite pas : il rejoint les Rouges comme simple soldat et se bat si bien qu'il est officier à vingt ans. La guerre civile terminée, il entre à l'Académie militaire, dont il sort dans les premiers. Il est colonel en 1936. Il se distingue par une vive intelligence et un physique hors du commun : une voix de basse profonde et une taille exceptionnelle pour l'époque : 1,96 m, ce qui n'est toutefois pas unique, puisque c'est exactement celle du général de Gaulle.

En 1938, il est envoyé en mission en Chine, ce qui lui permet d'échapper aux purges qui déciment l'armée. De retour en Russie en 1939, il est nommé général de brigade. C'est le plus jeune à ce poste. On lui confie la 99e division de fusiliers, l'une des plus mauvaises unités de l'Armée rouge. En quelques mois, il en fait « une troupe d'élite exemplaire », selon un article du quotidien *L'Étoile rouge*. Ses collègues militaires viennent le voir de partout pour savoir comment il s'y est pris. Les résultats qu'il a obtenus sont même connus à l'étranger.

Le 21 juin 1941, c'est l'opération Barbarossa, l'attaque de la Russie par la Wehrmacht. Totalement surprises, les forces soviétiques refluent en désordre ou sont cernées et détruites. Dans cette débâcle générale, ils sont bien peu à faire face. Mais c'est le cas de Vlassov : à Lvov, puis à Kiev, ses troupes résistent victorieusement.

En octobre 1941, s'engage la bataille décisive, celle de Moscou. En raison de l'efficacité qu'il a démontrée, il est l'un des principaux organisateurs de la défense. C'est là qu'il réalise son exploit le plus remarquable. Il crée de toutes pièces une armée entière, à partir de prisonniers de droit commun, à qui il a promis la liberté et de Sibériens, insensibles au froid, et chasseurs, pour la plupart. On dit qu'ils sont si bons tireurs qu'ils visent l'œil des écureuils, pour ne pas endommager leur fourrure.

En décembre, par une température glaciale, cette armée improvisée, qui occupe le centre du dispositif de défense, résiste mètre après mètre aux fantassins et aux chars allemands et, lors de la contre-attaque qui suit, elle perce le dispositif de l'ennemi, le contraignant à une retraite de 130 km ! En janvier 1942, Andrei Vlassov est décoré de l'ordre du Drapeau rouge et nommé général de division. Il est alors, avec le général Joukov, le militaire le plus populaire du pays.

Mais la guerre n'attend pas. Tout de suite après, Staline lui ordonne de libérer Leningrad, qui subit un siège dramatique. Il se fait déposer en avion dans les armées russes, pour remplacer le général Kilkhov, qui a perdu l'esprit sous le déluge de feu des batteries allemandes. Là, il trouve une situation très délicate. Il reçoit l'ordre d'attaquer à tout prix, mais ses soldats sont décimés par les obus, la faim et la dysenterie. Le 6 juin, c'est, au contraire, l'ennemi qui passe à l'offensive. Staline lui envoie un avion léger pour le ramener à Moscou, mais il refuse. Il dit simplement au pilote :

— Je reste avec mes hommes.

Il n'y a malheureusement plus rien à faire. Le 24 juin, il donne à ses troupes l'ordre de se disperser. Presque tous ses hommes sont capturés et il est lui-même fait prisonnier après trois semaines d'errance... Ainsi se termine la première partie de la vie d'Andrei Vlassov : il a donné à tous l'image d'un militaire brillant et exemplaire, il est la fierté de son peuple. La seconde partie commence et elle va être tout autre.

Vlassov est traité avec les plus grands égards par ses adversaires. Il est envoyé dans un camp de prisonniers en Ukraine où il est accueilli par le général Lindemann, un militaire de la vieille école à l'esprit chevaleresque. Ce dernier a de longues conversations avec lui.

— Savez-vous que vous êtes connu dans l'armée allemande, général ? La façon dont vous avez transformé la 99e division de fusiliers a été donnée en exemple chez nous.

Andrei Vlassov est, bien sûr, flatté de voir qu'il a acquis une telle réputation chez les Allemands. Mais il n'est pas près de sympathiser avec eux. Il y a à cela un obstacle majeur, Hitler... Il a suivi l'arrivée au pouvoir du dictateur. Il a écouté ses discours et il est révolté par le personnage. La brutalité de ses méthodes, son antisémitisme, en particulier, sont inacceptables à ses yeux. Il le dit franchement au général Lindemann et, à sa surprise, il trouve chez ce dernier un certain écho.

— Moi non plus, je n'approuve pas tout ce qu'il fait. Mais vous conviendrez que les méthodes de Staline ne sont pas un modèle non plus...

Sans en convenir tout à fait, Vlassov continue à discuter avec le général adverse. Il a mis le doigt dans l'engrenage et la suite va s'enchaîner logiquement. Le suivant à venir le trouver est le baron von Roenne, des services de renseignements. Lui aussi est un militaire de la vieille école, il appartient même à une prestigieuse famille de l'aristocratie… Le général Lindemann et lui sont convaincus que Staline ne sera vaincu qu'avec l'aide des Russes eux-mêmes. Or, le prestige du général Vlassov, sa prestance, sa taille imposante, le désignent pour prendre la tête d'une croisade anti-soviétique. À partir de ce moment, ils vont tout faire pour le convaincre.

Le général Lindemann, le baron von Roenne et d'autres se relaient auprès d'Andrei. Ce sont tous des officiers aux excellentes manières, professant un mépris réel pour Hitler, russophiles et, parfois, s'exprimant très correctement en russe. À leur contact, le général soviétique découvre une réalité qu'il ne connaissait pas et commence à envisager différemment son devoir.

— Savez-vous, général, que vous ne reverrez jamais votre pays ?

— Comment cela ?

— Staline vient de prendre un décret condamnant à mort tous les officiers russes, qui se sont laissé capturer.

— Je ne peux pas y croire !

— C'est pourtant l'exacte vérité. Si nous vous relâchons, vous serez aussitôt passé par les armes. Allez-vous rester au service de cet homme-là ?

— Je refuse de servir Hitler !

— Nous sommes d'accord. Vous commencez à nous aider à éliminer Staline et, ensuite, nous nous retournerons contre Hitler…

Le plus extraordinaire, c'est que les interlocuteurs de Vlassov ne mentent pas. Ce sont tous des anti-hitlériens convaincus ; ils appartiennent à la conjuration du colonel von Stauffenberg, dont il est question également dans cet ouvrage. D'ailleurs, von Stauffenberg lui-même, qui est présent à ce moment en Russie, est venu lui aussi trouver le général prisonnier.

Au fil des jours, des semaines, celui-ci se met à fléchir. Il y a pourtant un dernier obstacle qui lui interdit de franchir le pas : il refuse de devenir un traître. Et c'est le baron von Roenne, l'homme du service des renseignements, qui trouve l'argument décisif.

— Diriez-vous que Lénine a trahi ?

— Pourquoi Lénine ?

— En 1918, il a signé une paix séparée avec nous, ce qui a failli entraîner la défaite de ses anciens alliés. Pourtant, à ma connaissance, il n'a jamais été accusé par les Russes d'être un traître. Venez avec nous et personne, en Russie, ne dira que vous êtes un traître.

Et Vlassov accepte. Il fonde l'Armée de libération russe, qui combattra les Soviétiques sous l'uniforme allemand. L'entreprise va-t-elle réussir ? Les volontaires vont-ils être au rendez-vous ? En bien oui… Andrei parcourt d'abord les camps d'officiers et il rencontre un véritable enthousiasme. Non seulement un grand nombre de gradés, mais des généraux prestigieux se mettent à son service.

Ensemble, ils vont trouver les soldats et, là, c'est tout aussi extraordinaire : il y a une telle affluence qu'il faut refuser du monde. Sans doute, différents facteurs ont-ils contribué à ce résultat : les officiers, décimés par les purges staliniennes avaient gardé un violent ressentiment contre le régime et les soldats, internés par les Allemands dans des conditions très dures, voire inhumaines, étaient prêts à beaucoup de choses pour quitter leur camp. Il n'en reste pas moins que le succès est incontestable.

Les recrues sont envoyées au sud de Berlin, pour être formées au combat avec les méthodes allemandes. On leur enseigne aussi les méthodes de propagande, car ils devront en faire sur place. Pendant ce temps, Vlassov va dans les régions occupées par les Allemands et il parle aux populations. S'il est un médiocre orateur, son programme est rassembleur :

restitution de la terre aux paysans, libération des prisonniers politiques.

Il revient à Berlin pour prendre la tête de son armée, mais elle n'est pas encore opérationnelle. La cause du retard n'est autre qu'Hitler lui-même. C'est pratiquement de leur propre initiative que le général Lindemann, le baron von Roenne et les autres officiers ont mis sur pied cette opération. Le Führer lui-même est loin d'être enthousiaste.

Il n'est évidemment pas au courant de ce qu'ont dit de lui à Vlassov ses recruteurs. Il n'est pas au courant non plus des sentiments de Vlassov à son égard. Ce dernier, qui est de plus en plus effaré par son fanatisme, a pris l'habitude de l'appeler le « méchant nabot ». Non, Hitler se méfie seulement de lui parce qu'il est un nationaliste russe et, surtout, parce qu'il est un Russe. Or, il déteste les Slaves presque autant que les juifs. Pour lui, ce sont des sous-hommes, rien de plus.

Et puis, il y a les événements de la guerre. Le 2 février 1943, c'est la victoire soviétique de Stalingrad. La répercussion est considérable, non seulement sur le théâtre des opérations, mais sur le plan psychologique. Elle entraîne un sursaut de ferveur patriotique. L'Armée de libération russe n'est plus perçue par ses compatriotes que comme un ramassis de traîtres. Son action devient beaucoup plus délicate et elle n'a plus guère à espérer de ralliements… De toute manière, Hitler lui interdit de se mettre en marche. Elle se morfond donc pendant des mois, aux environs de Berlin.

L'attentat manqué de von Stauffenberg contre Hitler, le 20 juillet 1944, aggrave encore la situation. Vlassov se voit privé d'un coup de la plupart de ses protecteurs. Outre von Stauffenberg lui-même, le général Lindemann, le baron von Roenne et d'autres, compromis dans le complot, sont fusillés ou obligés de se suicider.

Ce n'est que tout à fait à la fin de la guerre, lorsque la situation du Reich est devenue désespérée, que Vlassov et les siens reçoivent enfin l'autorisation de se battre. Ils sont engagés sur l'Oder, en février 1945 contre l'Armée rouge. Écrasés sous le nombre, bousculés, balayés, ils doivent passer en Tchécoslovaquie.

Ils se retrouvent à Prague, que les SS sont en train d'investir et menacent de raser. Appelés au secours par les Résistants tchécoslovaques, le 7 mai 1945, un jour avant l'armistice, ils se portent à leur aide et sauvent la ville de la destruction. Paradoxalement, la seule action d'envergure de l'Armée de libération russe, aura été un engagement contre les Allemands…

Quatre jours plus tard, le 11 mai, Vlassov se rend, avec ses officiers, au QG allié de Pilsen. Il espère bénéficier d'une mesure de clémence, mais les Américains n'ont aucune envie de heurter Staline et lui livrent le chef de l'Armée de libération russe. Il sera pendu, après quinze mois de tortures, le 2 août 1946.

Ainsi s'est terminée la triste odyssée d'Andrei Andrievitch Vlassov, qui avait cru pouvoir emprunter des chemins de traverse pour réaliser son grand projet. Mais quand on s'écarte de la voie droite, on risque d'y perdre non seulement sa vie, mais son âme. Les Russes, en tout cas, ne le lui ont jamais pardonné. Alexandre Soljenitsyne, pourtant peu suspect de stalinisme, écrit, des années plus tard, dans *L'Archipel du goulag* : « L'adjectif "vlassovien" signifie "ordure". C'est un mot infamant. On a l'impression de se salir la bouche rien qu'en le prononçant. »

36

Le caporal algérien

L'année 1959 se termine à Bleida, une grosse bourgade à trois cents kilomètres au sud d'Alger, mais on a de la peine à s'imaginer qu'on vient d'entrer dans l'hiver : il fait 20 degrés dans la journée, même si les nuits restent fraîches, en raison de la proximité du Sahara.

Une cinquantaine de militaires français ont été installés près de l'agglomération, dans un poste improvisé : une ancienne exploitation agricole transformée en caserne, entourée de barbelés et flanquée d'un mirador. À leur tête, le sous-lieutenant Roque, un appelé, comme tous ses hommes. Il était étudiant en histoire lorsqu'il a été mobilisé et il sera professeur après son service, si tout va bien, évidemment…

Depuis des mois, c'est, pour eux tous, une routine à la fois éprouvante et dangereuse. Ils ont pour mission de faire régner l'ordre dans le village et la région qui l'entoure. Ce n'est pas facile, les combattants algériens, les « fellaghas », selon l'appellation de l'armée, sont très présents sur le terrain. Il faut surveiller les populations civiles, quelquefois les déplacer. Les accrochages avec l'ennemi sont relativement fréquents et souvent meurtriers.

La guerre d'Algérie, qu'on appelle officiellement et pudiquement « les événements d'Algérie », vient d'entrer dans sa sixième année. Le sous-lieutenant Roque n'aime pas ce qu'il fait, mais il accomplit son devoir. Les proclamations officielles le laissent de marbre. Les généraux parlent de « dernier quart d'heure » ; selon eux, la guerre serait sur le point d'être gagnée, voire est déjà gagnée. Il sait bien, lui, que ce n'est pas vrai, ni sur le terrain ni dans les esprits et les cœurs de la population.

Dans sa tâche ingrate, il bénéficie d'une aide précieuse : il s'agit d'appelés comme lui, mais d'origine algérienne. Ce ne sont pas des harkis, ils ont la nationalité française et ils sont là au titre du service militaire. Ils sont quatre : Taïeb, Ali, Hachemi et Ahmed. Ce sont eux qui lui permettent d'avoir un début de contact avec la population. Ils lui servent d'interprètes, ils lui signalent quand quelque chose ne va pas, ils lui donnent des conseils pour éviter les malentendus.

C'est surtout avec Taïeb que le sous-lieutenant Roque a noué des rapports de sympathie. C'est le seul qui soit sous-officier, il est caporal et il peut lui confier des responsabilités. C'est le seul, aussi, qui ait fait des études, il a son bac et il se destine à faire de l'économie plus tard. Mais ce n'est pas pour toutes ces raisons qu'il s'est attaché à lui c'est à cause de sa personnalité, de sa façon d'être.

Malgré ses origines modestes, Taïeb a quelque chose de racé, presque d'aristocratique. Il est fin, élancé, avec un regard profond. Il est calme, il parle peu et ce qu'il dit est toujours juste. Dans cette vie de guerre, à laquelle il n'était pas préparé, le sous-lieutenant passe par des hauts et des bas, pas Taïeb. Lui, il est toujours d'humeur égale. Dans les moments d'abattement, de doute, il arrive à Roque d'aller le trouver. Il ne dit rien, Taïeb l'accueille sans surprise.

— Ça va mon lieutenant ? Tu veux une cigarette ?

— Je veux bien…

Ils n'ajoutent rien d'autre. Ils fument leur cigarette ensemble et c'est suffisant.

Peu après Noël 1959, le sous-lieutenant Roque, se rend, avec une partie de sa section, dans un village des collines.

Les lieux sont très pauvres : des prairies caillouteuses où errent quelques chèvres ; après, c'est le commencement du désert. L'endroit est hostile aussi : d'après les renseignements, c'est une base de repos et de ravitaillement pour les combattants du FLN et les soldats ont mission d'emmener les habitants, pour les regrouper dans un camp.

Le sous-lieutenant investit le village et fait réunir la population sur la place. Il n'y a pas grand monde. Il n'y a surtout aucun homme, uniquement des femmes, des vieillards et des enfants. L'interrogatoire commence. Roque pose les questions, Taïeb traduit.

— Où est ton mari ?

— Il est parti.

— Parti quoi faire ?

— Chercher du travail.

— Où ça ?

— Je ne sais pas…

Et c'est la même chose pour toutes celles qui sont là… Pendant l'interrogatoire, les soldats fouillent les maisons. L'un d'eux revient avec un grand sac de semoule. Le sous-lieutenant demande :

— C'est à qui ?

Une femme entre deux âges se présente. Comme les autres, elle a le visage entouré d'un foulard poussiéreux.

— À moi.

— Vous êtes combien chez toi ?

— Il y a mon père et moi.

— Et c'est pour vous deux que tu as de quoi manger pour vingt ? Tu ravitailles les fellaghas !

La femme ne répond pas. Elle se contente de lancer à Taïeb, qui vient de traduire, un regard intense, qui exprime un mépris et une haine indicibles. Roque voit le jeune caporal être parcouru d'un frisson. C'est la première fois. Mais Taïeb se ressaisit aussitôt. Il est de nouveau maître de lui et traduit d'une voix ferme les paroles de son chef.

— Vous ne pouvez pas rester ici. Vous allez être conduits dans un camp. Vous aurez de la nourriture, des soins médicaux et une école pour les enfants…

Peu après, les soldats escortent les villageois, en colonne à travers les collines, vers le camp, situé non loin de Bleida. Ils vont rejoindre des habitants d'autres villages et s'entasser avec eux, dans des abris de fortune.

L'année 1960 arrive. Vers la mi-janvier, se déroule un épisode plus dramatique encore. Le lieutenant Roque et une partie de ses hommes partent, à bord de plusieurs camions, vers une autre région montagneuse de leur secteur. Un groupe de fellaghas a été repéré : ils ont pour mission de l'intercepter et, éventuellement, de le détruire… Les combattants du FLN finissent par être cernés dans la montagne. Bien que plus nombreux, ils doivent décrocher, avec de lourdes pertes. Les Français, quant à eux, ont un mort et plusieurs blessés. Des hélicoptères viennent les évacuer, ainsi que le corps.

Les corps des combattants algériens, une trentaine, sont ramenés dans un des camions, les soldats s'entassant dans les autres. Le retour au poste de Bleida est particulièrement pénible. Les cadavres des Algériens ont été allongés sur le sol, avec leurs armes déposées à leurs pieds. Il ne s'agit pas d'une mise en scène gratuite et macabre, c'est un décompte des pertes ennemies imposé par l'armée.

Le sous-lieutenant Roque n'est pas là. Il a délégué à Taïeb le soin de s'occuper du dénombrement. Il a préféré s'isoler dans la petite pièce qui lui sert de chambre… La victime dans leurs rangs était un gamin, il s'appelait Sylvain et il avait juste dix-huit ans. Il venait de la banlieue parisienne, dont il avait l'accent. Il était gouailleur, impertinent, il ne demandait qu'à vivre et voilà qu'il vient de mourir dans une guerre à laquelle il n'a rien compris… Le sous-lieutenant médite douloureusement. Quand tout cela s'arrêtera-t-il ? Combien de Sylvain devront perdre la vie, avant que cesse enfin cette absurdité ?

Le caporal Taïeb est songeur, lui aussi. Il contemple les corps alignés. Ils sont jeunes, pour la plupart, mais il y a aussi quelques-uns de leurs aînés, qui ont choisi de prendre les armes, malgré leur âge. Certains morts sont défigurés ou affichent un masque de douleur, mais pas tous. D'autres semblent calmes, sereins. Ils ont l'air en paix, comme s'ils étaient conscients d'avoir fait leur devoir et ne regrettaient rien… Il en est là de ses réflexions, quand une voix éclate derrière lui. C'est un vieillard, qui est sorti de Bleida, avec quelques femmes, pour contempler ce spectacle de deuil. Il l'apostrophe d'une voix tremblante :

— Regarde tes frères. Eux, ils ont voulu relever la tête. Toi, tu es avec leurs assassins. Sois maudit !

Comme dans le village, quand la femme lui avait lancé son regard, le caporal est pris d'un tremblement involontaire. Il regarde autour de lui, mais son chef n'est heureusement pas là.

Un mois a passé. Le sous-lieutenant Roque est seul, en ce jour de mi-février 1960. Il se trouve à Bou Saada, la ville la plus importante du secteur, où l'a convoqué son supérieur direct, le capitaine Frochot. Ce dernier l'a appelé à Bleida, par le téléphone de campagne et lui a ordonné de venir, toutes affaires cessantes. Une telle démarche ne peut avoir que des motifs graves, mais le capitaine n'a pas voulu s'exprimer sur ces derniers.

Il accueille le jeune sous-lieutenant dans son bureau. Il est d'une carrure imposante, avec une barbe noire taillée en carré. Il s'empare d'un carnet et l'ouvre.

— Prenez place, lieutenant. Je vais vous parler de ce qui va se passer dans votre poste, ce soir.

— Ce soir ?

— Ce sont bien deux appelés musulmans qui doivent monter la garde, n'est-ce pas ?

— Ahmed et Ali. Mais comment savez-vous… ?

— Laissez-moi continuer… Après le dîner, comme vous le faites chaque jour, vous discuterez quelque temps avec les sentinelles. Puis, vous passerez dans les chambrées où couchent vos hommes. Je me trompe ?

— Non…

— Après avoir échangé quelques mots avec vos hommes, vous gagnez votre chambre, une pièce un peu isolée, vers le fond du poste. Vous lirez un peu avant de vous endormir. C'est vrai ?

— Oui.

— Et, vers une heure du matin, le caporal Taïeb entrera dans votre chambre, pour vous égorger.

— Qu'est-ce que vous dites ?

— Les deux musulmans de garde ouvriront les portes, un commando du FLN investira les lieux et votre section entière y passera, sauf les musulmans, qui sont tous complices.

— Tous ?

— Tous !

Le sous-lieutenant Roque est livide. Il n'a sans doute jamais été aussi blanc de sa vie.

— Comment vous savez ça ?

— Ce carnet a été trouvé dans la poche d'un Algérien, qui a été arrêté par les paras. Tout y est et c'était prévu pour ce soir. À quelques heures près, vous étiez tous fichus !

Le sous-lieutenant reste totalement abasourdi. Il est incapable de dire quoi que ce soit. Son supérieur le tire de son abattement.

— Je comprends votre surprise et même votre désarroi. Mais il n'y a pas de temps à perdre. Vous allez retourner là-bas et prendre des mesures. Mais en douceur. Il faut qu'ils ne se doutent de rien. Demain, j'enverrai un camion pour les prendre. Encore une fois, il faut agir en douceur. Vous leur direz qu'ils doivent venir ici, parce qu'il y a des papiers à signer.

Rentré à Bleida, le sous-lieutenant Roque agit dans un état second, mais il se conforme exactement aux prescriptions du capitaine : il veille à ce que tout s'accomplisse dans la discrétion. Il remplace, aux postes de garde, Ali et Ahmed par deux métropolitains et lui-même décide d'effectuer, à une heure du matin, une veille supplémentaire, avec Taïeb.

À l'heure dite, le caporal est là. Il n'a pas l'air surpris de ce changement. Il est calme, comme à l'ordinaire. Il se met en marche avec son chef, le long des barbelés. Il y a un long silence, que ce dernier finit par rompre.

— Je peux te poser une question, Taïeb ?

— Bien sûr, mon lieutenant.

— L'autre jour, dans le village, quand cette femme qui avait de la semoule t'a regardé, tu as tremblé.

— Tu es sûr que j'ai tremblé ?

— Oui. Pourtant ce n'était sûrement pas la première fois qu'on t'adressait un regard mauvais. Alors, pourquoi cette femme ?

— Elle ressemblait à ma mère, mon lieutenant.

Le silence revient, à part un chien qui hurle à la mort au loin. Le caporal sort un paquet de sa poche.

— Tu veux une cigarette, mon lieutenant ?

— Je veux bien…

Et les deux hommes, jusqu'à la fin de leur veille, n'échangent pas d'autre parole.

Le lendemain, un camion militaire se présente dans le campement militaire. Tout se passe comme prévu. Apprenant qu'ils doivent aller à Bou Saada pour signer des papiers, ils montent, semble-t-il, sans méfiance et disparaissent.

L'épilogue a lieu une semaine plus tard. Appelé de nouveau par le capitaine Frochot, le sous-lieutenant Roque se retrouve dans son bureau. Son supérieur le prie de s'asseoir.

— Vos hommes ont parlé. Tous…

Le sous-lieutenant a un mouvement de recul. Frochot l'apaise d'un geste.

— Ils n'ont pas été torturés, si c'est ce qui vous préoccupe. Ils ont parlé spontanément et ils ont confirmé ce que je vous avais dit la dernière fois.

— Et le caporal Taïeb ?

— Lui aussi a avoué.

— Je veux dire : il devait réellement… ?

— Oui… Je comprends votre réaction. La trahison est quelque chose qu'on a toujours du mal à admettre, mais l'être humain est ainsi fait.

Peu après, Roque se retrouve dans la cour du camp. C'est alors qu'il voit ses hommes, qu'on fait monter dans un camion. Ils sont là, tous les quatre, menottés dans le dos. Son regard croise celui de Taïeb. Il est calme, comme à son habitude. Il lui lance, sans agressivité, sans haine, de la voix qui a toujours été la sienne :

— Vive l'Algérie, mon lieutenant ! Vive l'indépendance !…

Le capitaine Frochot se trompe, ce n'est pas maintenant que Taïeb a trahi, c'était avant qu'il trahissait les siens. Ou plutôt, non. Il a été placé dans une situation où il devait forcément trahir un des deux camps et, des deux trahisons, il a choisi la seule admissible.

Le sous-lieutenant regarde le camion disparaître dans un nuage de poussière… Quand tout cela finira-t-il ? Quand ?

Table

Du même auteur *(suite)*

Je me vengerai : 40 rancunes mortelles, avec Jean-François Nahmias, Albin Michel, 2001.

Les Dossiers extraordinaires, Vol.3, Éditions n° 1, 2001.

Les Dossiers extraordinaires, Vol.2, Éditions n° 1, 2000.

Les Dossiers extraordinaires, Vol.1, Éditions n° 1, 2000.

L'Empreinte de la bête : 50 histoires où l'animal a le premier rôle, Albin Michel, 2000.

Les Amants diaboliques : 55 récits passionnément mortels, Albin Michel, 1999.

L'Enfant criminel, Albin Michel, 1998.

Les Aventuriers du XXe siècle, Vol.3. Journées d'enfer, Albin Michel, 1998.

Les Aventuriers du XXe siècle, Vol.2. Ils ont vu l'au-delà, Albin Michel, 1997.

Les Aventuriers du XXe siècle, Vol.1. Carrefour des angoisses, Albin Michel, 1997.

Possession : l'étrange destin des choses, Albin Michel, 1996.

Issue fatale : 75 histoires extraordinaires, Albin Michel, 1996.

Tragédie à la une : la Belle Époque des assassins, avec Alain Monestier, Albin Michel, 1995.

Nuits d'angoisse : 50 histoires vraies, TF1 Éditions, 1995.

Crimes de sang, TF1 Éditions, 1995.

La Peur derrière la porte, TF1 Éditions, 1995.

Instant crucial : les stupéfiants rendez-vous du hasard, Albin Michel, 1995.

Instinct mortel : 70 histoires vraies, Albin Michel, 1994, rééd. Albin Michel, 1996, Éditions de la Seine, 2001.

Les Génies de l'arnaque : 80 chefs-d'œuvre de l'escroquerie, Albin Michel, 1994.

Dictionnaire des 1 000 trucs, TF1 Éditions, 1992.

L'Année criminelle : les 80 histoires extraordinaires de l'année, TF1 Éditions, 1992.

Dossiers secrets, Éditions n° 1, 1989.

Les Crimes passionnels : 50 histoires vraies, TF1 Éditions, 1989.

Par tous les moyens : 38 histoires bouleversantes de sauvetage, Éditions n° 1, 1988.

Histoires choc, Éditions n° 1, 1987.

Marqués par la gloire : 23 destins exceptionnels, Éditions n° 1, 1986.
Les Assassins sont parmi nous, Éditions n° 1, 1986.
Histoires de mystères, avec Jean-François Nahmias, Éditions n° 1, 1985.
Au nom de l'amour : 59 histoires de passion, Éditions n° 1, 1985.
Les Tueurs diaboliques, Éditions n° 1, 1985.
Dossiers secrets, Éditions n° 1, 1984.
Les Grands Crimes de l'histoire, Éditions n° 1, 1984.
Suspens, Vol.2, Éditions n° 1, 1994.
Suspens, Vol.1, Éditions n° 1, 1983.
Quand les femmes tuent, Éditions n° 1, 1983.
Histoires vraies, Vol.2, Éditions n° 1, 1982.
Histoires vraies, Vol.1, Éditions n° 1, 1981.
C'est arrivé un jour, Vol.2, Éditions n° 1, 1979.
C'est arrivé un jour, Vol.1, Éditions n° 1, 1979.
Les Dossiers d'Interpol, Vol.2, avec Jacques Antoine, Éditions n° 1, 1979.
Les Dossiers d'Interpol, Vol.1, avec Jacques Antoine, Éditions n° 1, 1979.
Les Aventuriers, avec Jacques Antoine, Fayard, 1978.
Les Dossiers extraordinaires de Pierre Bellemare, avec Jacques Antoine, Fayard, 1976.

NORD COMPO
multimédia

Composition et mise en pages
Nord Compo à Villeneuve-d'Ascq

N° d'édition : L.01ELKN000540.N001
Dépôt légal : mai 2015

Cet ouvrage a été imprimé en France
en avril 2015 par

CPi
FIRMIN-DIDOT

27650 Mesnil-sur-l'Estrée

N° d'impression : 127615